JN438097

마음의 문

신경호

PNP Monthly Pig Magazine PNP 도서출판 구로피엔피(주)

책머리에

학창시절부터 문학을 좋아했습니다. 작가의 꿈도 있었습니다. 그러나, 대부분의 꿈이 그렇듯이 그 꿈은 현실과의 괴리 속에 항상 우선순위에서 밀려왔습니다. 그렇지만 그 꿈을 잊어본 적은 없습니다. 또한 그 꿈을 버린 적도 없습니다. 언젠가는 그 꿈이 이루어질 수 있다는 막연한 희망도 놓아본 적이 없습니다. 그리고 마침내 이 책을 내놓게 되었습니다.

물론 이 책 한 권으로 꿈을 이뤘다고는 생각하지 않습니다. 작가가 되었다고는 더더욱 생각하지 않습니다. 그렇지만 이렇게나마 책을 낼 수 있게 되었다는 것이 기쁩니다.

저는 제 글이 잘 쓰여졌다거나 문학적 가치가 있다거나 하는 등의 인정을 받는 것은 감히 바라지 않습니다. 다만 누군가 한 사람이라도 힘들고 지친 생활에서 잠시라도 편안한 마음으로 휴가와 같은 시간을 가질 수 있기를 바랄 뿐입니다.

살아오는 동안 고마운 분들이 참 많았습니다. 이번 기회를 통해 그 모든 분들에게 감사의 인사를 올립니다. 아울러 지난 30년 간 제 옆을 지켜 준 아내 이상선님에게 감사와 사랑의 마음을 담아 이 책을 드립니다.

2019년 11월

신경호

목차

목차

목차

목차

아내의 진실

내가 신입사원이던 시절의 이야기다. 대학을 졸업하고 군 복무도 마치고 사회 초년병으로서 잔뜩 희망에 부풀었던 시절이었다. 나는 졸업과 동시에 남들이 부러워할 정도의 대기업에 당당히 합격하여 자만심에 충만해 있었다. 회사 생활도 비교적 순탄했다. 처음에는 군대보다도 더 엄격하게 느껴지는 대기업 문화의 속성상 어려운 점도 없지 않았으나 수습기간을 지나면서 바로 적응되어 갔다. 근무한지 일년이 채 되지 않아 나는 부서 안팎에서 능력을 인정받는 정도의 엘리트 사원의 길을 걷기 시작했다. 나는 회사 생활에 만족했고 더 큰 만족을 위해 열심히 일했다. 남들보다 일찍 출근했고 어렵거나 귀찮은 일은 자청해서 도맡다시피 했으며 필요하다면 야근도 마다하지 않았다.

그렇다고 일만 한 것은 아니었다. 사내외의 각종 동아리 모임이나 행사에도 최대한 참여했다. 주로 평소에 하고 싶었던 것들이었다. 이를 테면 등산, 바둑, 영화나 공연 단체 관람 등이었는데, 개인적으로 하는 것보다 재미도 있을 뿐 더러 취향이 비슷한 여러 사람들을 사귈 수 있어 일거양득이었다.

그러던 어느 날, 한 여인이 내 눈에 들어왔다. 아니 가슴에 들어와 박혔다. 내가 이성에 관심을 갖게 된 최초의 사건이었다. 물론 대학 때 여자친구가 없었던 것도 아니고 데이트를 안 해 본 것도 아니지만, 이번에는 경우가 달랐다. 그녀를 볼 때마다 나도 모르게 가슴이 뛰고 얼굴이 화끈거렸다. 혼자 있거나 다른 사람들과 있을 때에도 틈만 나면 그녀 생각 뿐이었다. 그러나 그 뿐이었다. 나는 그녀에게 다가갈 용기를 낼 수가 없었다. 왠지 그녀는 범접하기 어려운 위엄 같은 것이 있었다. 어느 누구에게나 거리낄 것이 없는 나였지만, 그녀에게만은 작아지는 느낌을 지울 수 없었다. 그녀는 항상 쾌활했고, 분위기를 주도했으며, 남을 배려하면서도 자신 있고 당당하게 행동했다. 너무나 당당하여 도도해 보이기까지 하였다. 상사 앞에서도 위축되는 법이 없었다. 그렇다고 경우가 없지도 않았다. 조금도 예의에 어긋남이 없이 공손함을 잃지 않으면서도 할 말은 다했다. 한 마디로 그녀는 부드러우면서도 냉정했다. 그런 그녀 앞에 열등감을 느끼지 않기란 쉽지 않았다.

그녀가 결정적으로 내 마음을 사로잡은 계기는 사내 예술제였다. 회사에서는 해마다 연말에 예술제를 열었다. 여기에는 임직원 누구나 참여할 수 있었는데, 참여도가 매우 높고 공연도 인기가 있어, 회사에 대한 자부심을 가질 만한 행사였다. 나는 참가에 의의를 두고 합창단에 지원했다. 그 합창단의 피아노 반주자가 바로 그녀였다. 수십 명에 달하는 합창단원 중에 나의 존재감은 그야말로 엔(N)분의 일 이상이 아니었다.

반면에 그녀는 피아노 연주 솜씨가 보통이 아닐 뿐 더러 노래 또한 성악을 전공한 사람 못지 않는 수준급이었다. 약 1개월의 연습 기간 동안 매일 같이 그녀와 같은 공간에 있으면서 내 마음은 그녀에게 완전히 사로 잡혀 버렸다.

그러나 나는 전혀 내색하지 않았다. 아니, 내색할 수가 없었다. 오히려 그녀가 다른 사람들과 웃고 떠드는 자리에도 다가가지 못하고 멀리서 맴돌다가 빠져 나오기 일쑤였다. 결국 내 속마음을 어느 누구에게도 들키지 않은 것을 다행으로 여기면서 연습과 공연은 끝이 났다. 그리고 짝사랑의 열병으로 잠 못 이루는 밤이 계속되었다. 짝사랑을 지나 서서히 상사병 증세가 나타날 무렵, 뜻밖의 전화가 왔다. 바로 그녀였다.

"김황씨 맞으시죠? 저 이인숙인데요. 누군지 아시겠어요?"

특유의 맑고 쾌활한 목소리였다. 누군지 모를 리가 있겠는가? 목소리만 들어도 충분히 알 수 있는데, 이름까지 밝히는 데야. 그러나 처음에는 도저히 믿기지가 않아 떨리는 목소리를 겨우 참아가며 짐짓 태연한 척 되물었다.

"아, 혹시 비서실의 이인숙씨인가요?"

이제까지 어쩌다 마주치면 눈 인사 정도 했을 뿐 단둘이 얘기 한번 한 적도 없는데 너무 아는 척 한 것이 아닌가 하는 생각도 들었지만, 그렇다고 능청스럽게 모르는 척 할 정도로 내 마음은 여유가 없었다.

"예, 바로 아시네요."

그녀가 웃으며 대답했다.

"그런데, 무슨 일로……"

"예, 실례가 되지 않는다면 한번 뵙고 드릴 말씀이 있어서요. 괜찮으시다면 이번 주말에 뵙고 싶은데요. 어떠신지요?"

그녀의 말투는 평상시와 다름 없이 깍듯하면서 쾌활하였다.

"다른 사람이면 몰라도 이인숙씨가 보자는데 열 일 제치고 나가야죠. 어디에서 뵐까요?"

조금의 여유를 찾은 나는 정신을 바짝 차리고 느긋한 척 대답했다.

통화가 끝난 후, 내 머리는 너무나 혼란스러웠다. 가장 궁금한 것은 그녀가 보자는 이유였다. 이유를 짐작하기 어려웠다. 웬만한 일이면 회사에서도 얼마든지 얘기할 수 있을 텐데 굳이 밖에서 보자고 하는 것은, 뭔가 그만한 이유가 있을 것이라는 생각은 들었다. 그러나 그 이상은 아무리 머리를 짜도 짐작이 되지 않았다. 그녀도 나처럼 마음 속에 나를 품고 있다면 답은 간단하다. 그렇지만 그녀가 나에게 꽂힐 만한 일이 없지 않은가? 나의 희망사항은 될지 언정 현실성은 전혀 없었다. 그러면 현실성 있는 가정은 무엇일까? 아무 것도 생각이 나지 않았다. 결국 그녀를 만나면 모든 것을 알게 되겠지 라는 생각으로 묻어두기로 했고, 마침내 그날이 왔다.

우리는 화사한 토요일 오후 조용한 찻집에서 만났다. 찻집 분위기는 아늑하고 편안해서 참 좋았다. 그녀의 느낌과 매우 비슷하다는 생각이 들었다. 그녀는 빨간 웃옷에 파란 치마를 입고 갈색 모자를 쓰고 있었는데, 평소보다도 훨씬 도드라져 보였다. 그리 많지 않은 손님이었지만 그 중에서 그녀는 단연 돋보였고, 나의 심장은 이미 터질 것 같은 박동을 주체하지 못하고 있었다. 뜨거운 커피를 한 모금 마시고, 그녀가 천천히 입을 열었다.

"여자친구 있으신가요? 없으시면 소개시켜 드릴까 해서요."

순간 나는 뒤통수를 심하게 맞은 느낌이었다. 전혀 예상하지 못했던 말이었다. 직접 사귀자는 것도 아니고 누구를 소개시키겠다니. 그럴 정도로 나에 대해 아는 것도 없지 않은가 말야. 나는 정신을 가까스로 추스리면서 대답했다.

"말씀은 감사합니다만 영문을 모르겠군요. 저 하고 얘기를 해 보신 적도 없고 저에 대해 아는 것도 없으실 것 같은데 왜 그런 생각을 하시는지 이해가 되질 않는군요."

"당연히 그러시겠죠. 설명을 드리겠습니다. 사실 저는 그 동안 김황씨를 지켜 봐 왔습니다. 그리고 최근 제 나름대로 결론을 내렸습니다. 성실하고 정직한 사람이라고요. 게다가 능력도 있고 생각도 바르신 것 같아 누구에게 소개해도 전혀 손색이 없겠다고요. 그런데, 제가 가장 아끼는 친구가 있습니다. 착하고 예쁘고 총명하고 뭐하나 나무랄 데가 없는 친구죠. 한 가지 흠이 있다면 너무 내성적이어서 저 말고는 친구가 거의 없죠. 남자 친구는 말할 것도 없고요. 그래서 오래 전부터 약속을 했죠. '네 신랑감은 내가 구해준다. 그리고 네가 결혼하는 것을 보고 나서 나는 그 후에 하겠다' 라고요. 그래서 김황씨도 눈 여겨 보게 되었는데, 이제까지의 어느 남자보다 적임자라는 생각이 들었죠. 두 사람은 참 잘 어울릴 것 같아요."

여기까지 말을 마친 그녀는 내 눈을 바라보면서 반응을 살폈다. 나는 어떻게 해야 할지 저으기 당황스러웠다. 한 동안 침묵이 흘렀다. 그녀는 자기가 할 말은 다했다는 듯 내 대답을 기다리고 있었고, 나는 할 말을 정리하기 위해 머리를 짜내느라 여념이 없었다. 내 나름대로 정리를 마쳤다고 생각한 나는 서서히 입을 열었다.

"우선 저를 그렇게 잘 봐주신 점에 깊이 감사 드립니다. 말씀하신 것도, 감사하고 영광스런 저에게는 과분한 제안이라고 생각합니다. 그러니 두 말 없이 말씀에 따르는 것이 당연한 도리라고 생각합니다만, 저는 아직 마음의 준비가 되어 있지 않습니다. 제 개인적인 사정을 일일이 말씀 드리기는 곤란하지만, 제가 하기로 마음먹은 일이 몇 가지 있는데 그것을 끝내기 전까지는 연애나 결혼을 생각할 마음의 여유가 없어서요. 이렇게까지 신경을 써 주시는데 죄송합니다."

나는 식은 땀을 흘리며 가까스로 말을 했다. 말이 되는지 안 되는지 가릴 여유도 없었다. 다만 그녀가 기분 상하거나 실망을 하지나 않을까 노심초사 하며 눈치만 살폈다. 그녀는 담담했다. 그 담담함에 내가 오히려 실망스러웠다.

"아니요. 제가 오히려 죄송하죠. 느닷없이 뵙자고 해서 사정도 모르고 불쑥 말을 꺼내 괜히 불편하게 해드린 것 같습니다. 사과 드립니다. 아울러 아쉽기는 합니다만 제가 말씀 드린 것은 일단 없었던 일로 했으면 합니다. 그리고 생각이 바뀌시면 언제라도 알려 주시면 감사하겠습니다. 저는 앞으로도 계속 김황씨를 지켜볼 겁니다. 제 판단이 옳았는지 확인하기 위해서라도요."

조금은 장난기가 섞인 듯한 말투로 그녀가 말했다.

"그렇게 말씀하시니 긴장되는데요. 그렇게 관심 가져 주시니 저도 더욱 노력하고 열심히 살겠습니다. 아무튼 여러 가지로 감사합니다."

나도 장난스럽게 맞받았다. 그리고 나서도 우리는 이런저런 얘기를 했는데 기억할 정도의 내용은 없었던 것 같다. 그렇게 그날 우리의 만남은 끝났다.

그 날 이후 나는 그녀를 내 가슴에서 지우기로 굳게 마음 먹었다. 나에 대한 그녀의 생각이 사랑은 아니라고 판단했기 때문이다. 그녀가 마음을 두고 있는 사람은 따로 있거나 이미 사귀고 있는 중일 거라고 생각했다. 만약 내가 정말로 마음에 들었다면 굳이 친구에게 소개를 하지 않을 테니까. 이렇게 결론을 내리고 나니 마음이 편하고 홀가분해졌다. 그래 일이나 열심히 하고 하려던 공부나 하지 뭐. 그게 남는 장사 아냐? 그렇게 생각하기로 했다.

그렇게 몇 개월이 흐른 어느 월요일이었다. 주말을 여느 때와 마찬가지로 집에서만 보내고 거래처를 들러 평소보다 다소 늦게 출근을 했는데, 회사 분위기가 여느 때와는 사뭇 달랐다. 나를 보는 사람들마다 의미심장한 미소를 보내거나 유난히 큰 소리로 말을 걸었다. 어깨를 치는 등 다소 과격하게 인사를 하는 사람들도 있었다. 영문을 모르고 의아해 하고 있는 나에게 한 친구가 다가와 귀띔을 해 주었다. 주말에 여직원들끼리 엠티를 갔었고, 밤에는 진실게임을 했고, 거기서 그녀는 사내에 마음 속으로 좋아하는 사람이 있다고 했고, 다른 여직원들의 집요한 추궁 끝에 결국 그게 나라는 것까지 밝혔다는 것이다. 얘기를 주고 받는 사이에 여기저기서 축하와 부러움과 질투가 섞인 박수가 쏟아져 나왔고, 몇몇은 엄지손가락을 치켜세우기도 했다.

그날 저녁 우리는 그 찻집에서 다시 만났다. 찻집 분위기는 여전히 아늑했고 친숙함이 더해져 지난 번 만남이 바로 어제 같이 느껴졌다. 다만 이제까지와는 전혀 다르게 다소곳이 앉아 있는 그녀의 긴장된 모습이 조금은 낯설고 어색했다. 하루 종일 궁금해서 견딜 수 없었던 나는 진실을 알고 싶은 조급함에 먼저 입을 열었다.

"얘기를 들었습니다. 그게 사실인가요?"

나는 최대한 간단하게 말했다.

"예, 지난 번에는 차마 제 속마음을 말씀 드리지 못했습니다. 김황씨가 어떻게 생각하고 계신지 알 수가 없어서요. 거절당하면 민망하기도 하고, 회사 생활을 하는 동안은 서로 보고 지내야 할 텐데 불편하기도 하겠고요. 그래서 끝까지 비밀로 하려고 했는데, 분위기에 휩쓸려 저도 모르게 사고를 내고 말았습니다. 정말 죄송합니다."

그녀의 목소리는 가늘게 떨리고 있었다. 그토록 당당하던 모습은 어디에 갔는지, 전혀 평소의 그녀답지 않았다. 어쨌거나 나는 속으로 쾌재를 불렀다. 그리고 이렇게라도 속마음을 공개한 그녀가 그렇게 고맙고 사랑스러울 수가 없었다. 나는 천하를 다 얻은 듯한 기분을 억누르며 대답했다.

"사고라니요. 천부당 만부당합니다. 오히려 왜 이제야 말씀을 하셨는지 그게 아쉬울 뿐입니다. 저도 이인숙씨를 많이 좋아하고 있었으니까요."

서로의 마음을 확인한 우리는 더 이상의 말이 필요 없었다. 사실은 정말로 궁금한 것이 한 가지 있기는 했다. 바로 나에게 소개하겠다던 그 친구 얘기다. 어떻게 된 것인지 묻고 싶었지만 다 된 밥에 재 뿌리는 꼴이 될 것 같아서 도저히 물어 볼 용기가 나지 않았다. 아무튼 우리는 그날 이후 바로 다정한 연인이 되었고 얼마 지나지 않아 결혼하여 아들 딸 낳고 지금까지 행복하게 잘 살고 있다.

그런데 아내가 말한 그 친구는 어떻게 됐느냐구? 그렇지 않아도 얼마 전 아내가 빙긋이 웃으며 그때 말했던 친구 한번 만나보지 않겠느냐고 물었다. 그리고는 내 대답도 듣지 않고 약속을 정했노라고 했다. 약속장소는 우리가 처음 만났던 바로 그 찻집이었다. 그런데 막상 나가보니 친구는 보이지 않고 아내 혼자 있었다. 내가 어떻게 된 거냐고 묻기도 전에 아내가 어색하게 웃으며 말했다.

"당신 오늘이 무슨 날인지 알아? 십년 전 우리가 여기서 처음 만난 날이잖아. 그리고 다른 데 볼 필요 없어. 그 친구는 예나 지금이나 내 안에 있으니까."

소라의 선택

소라는 하나밖에 없는 내 동생이에요. 동생이어서가 아니라 누가 봐도 소라는 참 예쁘고 착해요. 어릴 때부터 쭉 그래요. 이제까지 누구와 다투거나 화를 내는 것을 한 번도 본 적이 없어요. 웬만하면 양보하고 남을 먼저 생각하거든요. 저는 그런 소라가 얼마나 사랑스러운지 몰라요. 가끔 부럽기도 하고 질투가 날 때도 있지만 그건 어디까지나 한 순간일 뿐이에요. 어떻게 소라 같은 애를 미워할 수 있겠어요? 소라는 항상 행복한 모습이고, 다른 사람도 그 옆에 있으면 같이 행복해져요. 저는 소라가 내 동생인 게 정말로 고맙고 기쁘고 자랑스러워요.

그런 소라가 한번은 조금은 심각하게 묻더라고요.

"언니, 언니는 나중에 커서 결혼할 꺼야?"

"응? 글쎄, 언젠가는 하지 않을까? 근데, 그건 왜 물어?"

"그럼 나도 크면 결혼해야 해?"

내 말에는 대답도 않고 소라는 조금 더 심각하게 또 묻는 거예요.

"결혼을 꼭 해야 하는 건 아니지만, 다른 사람들도 거의 다 하니까 우리도 그렇게 되지 않겠니? 근데, 왜 그래?"

"나는 엄마랑 아빠랑 언니랑 지금처럼 오래오래 살고 싶은데, 결혼 하면 그렇게 못하는 거 아냐? 난 지금이 좋은데……"

그렇게 말하며 눈가에 눈물까지 글썽이는데, 슬픈 표정까지 어찌나 귀엽고 사랑스럽든지 지금도 그 모습이 눈에 선해요. 그 때 사진을 찍어 두지 못한 게 내내 아쉽다니까요.

"그래? 그럼 우리 시집가지 말고 계속 같이 살까?"

나의 한 마디에 소라는 좋아라 하며 손가락을 내밀었어요.

"그래, 언니. 약속 꼭 지켜야 해."

세월이 흘러 소라도 어느 듯 어엿한 숙녀가 되었어요. 소라의 인기는 대단했죠. 남녀노소 가릴 것 없이 누구나 좋아했으니까요. 아마도 소라 때문에 밤잠 설치는 총각들도 많았을 거예요. 데이트 신청도 많이 받았어요. 그러나 소라는 그 때마다 웃으며 정중히 거절했지요. 마치 어릴 때 결혼하지 말자던 약속을 잊지 않고 있다는 듯이요.

그러던 어느 날 소라에게 드디어 올 것이 오고야 말았어요. 처음으로 남자에게 관심을 갖기 시작한 거예요. 소라가 모처럼 선택한 사람은 과연 어떤 남자였을까요? 그 남자도 역시 소라만큼 착했어요. 마음 넓고 인정 많고 소라와 딱 맞는 나무랄 데 없는 성품을 지녔지요. 게다가 정직하고 부지런하고 성실한 아주 반듯한 청년이었죠. 그런데 외모는 딴판이었어요. 미남은 고사하고 한마디로 추남에 가까웠던 거예요. 하루는 소라가 말했어요.

"언니, 어떡하지? 나는 유찬씨가 참 좋은데, 얼굴을 보면 자신이 없어져. 잘 생긴 사람을 원하는 건 아니지만, 그래도 매일 쳐다보고 살아야 할 텐데."

소라의 말에 나는 단호하게 조언을 했죠. 사실 아직까지 변변히 연애 한번 해보지 못하고 삼십을 넘긴 노처녀지만 이론만은 누구에게도 지지 않을 자신이 있었거든요.

"소라야, 성격이 안 맞으면 그건 안 되지만 얼굴은 살다 보면 익숙해지기 마련이야. 그러니 어렵게 생각하지 말고 결정해. 그래도 혹시 모르니 내가 사전에 한번 만나 보면 어떻겠니?"

며칠 후 나는 유찬씨를 만나기 위해 소라가 말한 커피숍으로 갔지요. 소라와 유찬씨는 이미 와 있었는데, 소라가 나를 보자 손을 흔들었어요. 이윽고 그곳으로 다가가 인사를 나누는 순간 나는 정신이 아찔했어요. 못생긴 것도 못생긴 거지만 사십대라고 해도 믿을 만큼 노안인데다 머리는 또 왜 그렇게 벗겨졌는지 내가 상상했던 것 이상으로 최악이었죠.

어떻게 시간을 보냈는지 모르게 집으로 돌아온 나는, 내가 한 말을 번복하지 않을 수 없었어요.

"소라야, 웬만하면 좋다고 하겠는데 난 도저히 그럴 수가 없구나. 미안하지만 난 말리고 싶다."

이 말에 소라는 이미 짐작했다는 듯 깊은 한숨을 몰아 쉬며 자기 방으로 들어가서 한 없이 울었어요. 그리고 나서 소라는 마음을 정리하는 수순에 들어간 것 같더라구요. 한 동안 연락을 하거나 만나는 일 없이 아예 두문불출했지요. 이제는 다 끝났나 보다 생각할 무렵, 어느 날 갑자기 소라가 외출 준비를 했어요. 유찬씨가 마지막으로 한 번만 만나달라고 했다는 거예요. 그 날 밤 늦게 돌아 온 소라는 단호하면서도 밝은 표정으로 말했어요.

"언니, 유찬씨 마음을 받아들이기로 했어. 실망하지 말고 걱정하지도 마. 나 잘 살게."

과연 그날 무슨 일이 있었던 걸까요? 유찬씨는 소라를 사귀는 동안 정말 행복했었고 고마웠다고 했대요. 소라와의 추억만으로도 평생 여한 없이 살 수 있을 것 같다면서요. 그러면서, 보답으로 모든 걸 다 줘도 모자라겠지만 마지막으로 노래를 한 곡 불러주겠다고 했대요. 유찬씨가 부른 노래는 '만남' 이라는 곡이었지요.

우리 만남은 우연이 아니야
그것은 우리의 바램이었어
잊기엔 너무한 나의 운명이었기에
바랄 수는 없지만 영원을 태우리
돌아 보지 말아 후회하지 말아
아 바보 같은 눈물 보이지 말아
사랑해 사랑해 너를 너를 사랑해

기타를 치며 이 노래를 부르는데, 소라에 대한 감사한 마음과 애틋한 감정이 절절이 묻어 나와 감동하지 않을 수 없었다는 거예요. 더구나 타고난 미성으로 눈물을 글썽이며 온 정성을 다해 노래를 부르는 모습이 거룩해 보이기까지 했대요. 결국 유찬씨의 진심이 겉모습을 극복하고 소라의 가슴 속 깊이 안착을 한 거예요. 나도 그 얘기를 들으면서 코끝이 찡했어요. 우리는 서로를 부둥켜 안고 기쁨과 축하의 눈물을 실컷 흘렸어요.

시간이 흘러 드디어 약혼식 날이 되었지요. 단아하게 꾸민 소라의 모습은 하늘에서 내려온 선녀가 따로 없었어요. 그런데 선녀를 맞을 나무꾼 모습이 영 보이질 않는 거예요. 소라한테 묻지 않을 수 없었죠.

"얘, 유찬씨가 늦나 보다. 무슨 일 있니?"

그 말에 소라는 예상했다는 듯 깔깔거리고 웃으며 먼 발치를 가리켰어요.

"저기 있잖아. 유찬씨 오늘부터 가발 쓰기로 했어."

소라가 가리킨 곳을 보니 웬 그럴 듯해 보이는 훈남이 서 있었어요. 세상에! 가발 하나가 인물을 그렇게 다르게 할 수 있다니, 믿기지가 않더라구요. 도저히 가능할 것 같지 않은 일이 간단히 해결된 거예요. 그와 함께 한 동안 노심초사했던 내 마음도 한결 가벼워졌고요. 결혼식 때는 또 어떤 변화가 있으려나 은근히 기대가 되네요.

땅과 술

여보게, 이게 얼마만인가? 반갑네, 반가워. 모처럼 만났는데 옛날 얘기나 한번 해 볼까? 우리 어릴 때 얘기니 옛날 얘기라고 할 수 있겠나 모르겠네. 암튼 실화니까 한번 들어 보라구. 제목은 땅과 술이라 해 두고.

서울 끝자락에 최필중이라는 사람이 살고 있었어. 이 사람은 배운 것도 가진 것도 없는 그저 그런 사람이었지. 한 마디로 일자무식에 가난뱅이였어. 그 당시에는 초등학교도 못 다니고 글을 읽고 쓸 줄 모르는 사람도 많았는데 최필중씨가 바로 그런 사람이었던 거지.

게다가 가진 거라곤 물려 받은 자갈 밭이 전부였어. 이 사람은 해가 뜰 때부터 해가 질 때까지 오로지 밭에 매달려 일만 했지. 그것 말고는 할 수 있는 게 없었으니까. 그 밭이라는 것도 집에서

십 여리나 떨어져 있어서, 집에서 새벽 별을 보고 나가서 저녁 별을 보고 돌아오는 것이 거의 정해진 일과였어. 거리가 멀다 보니 점심이나 새참을 먹으러 집에 오거나 누가 가져다 줄 수가 없어, 항상 도시락을 보자기에 싸서 등에 매고 다녔지.

그렇게 고생고생 하면서 일을 해도 밭에서 나는 수확이 워낙 뻔해 겨우 식구들 입에 풀칠하기 바빴지. 그 당시 서민들 생활 수준이 지금과 비교하면 다 그렇고 그랬지만, 최필중씨는 그 중에서도 유난한 편이었지. 속된 표현으로 똥가래가 찢어지게 가난했던 거야. 그렇지만 최필중씨는 자기 신세를 한탄하거나 누구를 원망할 겨를도 없이 그저 그렇게 사는 것이 운명이려니 생각할 뿐이었어. 이게 그 당시 서울 변두리 사람들 일상의 한 단면이기도 하지.

서울 얘기가 나왔으니 그 당시 서울 얘기 좀 더 해 볼까? 말이 서울이지 그 당시 서울은 정말로 보잘 것 없었어. 제일 넓다는 종로거리도 겨우 사차선에 불과했고, 조금만 중심가를 벗어나면 포장되지 않은 도로도 수두룩했지. 제일 높은 건물이라는 화신 백화점이나 신신 백화점이 사층 오층에 불과했고. 그나마 엘리베이터가 그 건물의 자랑이자 구경거리가 되는 시절이었으니까. 우리 나라에서 에스컬레이터는 꿈도 꾸지 못하는 때였지. 서울의 가장 큰 구경거리는 창경원으로 불리던 동물원이었고 대표적인 교통수단은 지금은 박물관에서나 볼 수 있는 전차였잖아. 자네도 타 봤는지 모르지만 내 기억에 요금이 이원 오십전인가 했지 아마.

얘기가 잠깐 다른 길로 갔는데, 다시 우리의 최필중씨 얘기로 돌아와 볼까? 그래 그렇게 살고 있는데 뜻하지 않은 일이 생긴 거야. 마포아파트를 시작으로 서서히 불기 시작한 아파트 바람이 급기야 최필중씨 밭까지 불어 닥친 거지. 그 당시 아파트 부지로 결정되면 땅값이 엄청나게 뛰어 올랐던 것 기억하지? 바로 그런 일이 일어난 거야. 최필중씨 밭이 있던 일대가 아파트 개발 예정지가 되는 바람에 너도 나도 논밭을 팔아 하루 아침에 한 몫들을 챙기게 되었지. 한 마디로 대박이었지.

그런데, 그런 와중에도 유일하게 팔지 않고 버틴 사람이 바로 최필중씨 아니겠어? 왜긴. 평생 밭농사밖에 모르고 살아온 사람인데 돈이 얼마나 되는지 모르지만 전 재산인 밭이 없어진다고 생각하니 앞으로 살 일이 막막하기만 했던 거지. 마치 밭을 그냥 뺏기는 기분이랄까, 뭐 그런 거 아니겠어? 아무튼 건설회사에서 채근을 하면 할수록 최필중씨 마음은 더욱 더 굳게 닫혀만 간 거야. 더구나 세상 물정을 아는 게 없어 그 어떤 일에건 나서는 법이 없던 마누라까지 나서서, 땅은 평생 일궈 먹어도 그대로 있지만 돈은 아무리 많아도 한번 쓰면 없어지는데 그 돈 다 쓰면 우린 어떻게 사느냐고 울고 불고 난리도 아니었지.

난감한 것은 건설회사였어. 그 땅을 사지 않고는 아파트 공사를 할 수 없는 상황이었거든. 요즘 말로 마치 알박기 하는 것 같은 위치였던 거지. 어쩌겠어. 다른 땅의 몇 배를 주고 그것도 사정사정 해서 간신히 그 땅을 살 수 밖에 없었어.

그 바람에 최필중씨는 인생 역전 벼락부자가 되었지. 그렇지만 정작 최필중씨 자신은 자기가 얼마나 큰 부자가 되었는지 전혀 실감을 하지 못하고 있었어. 그저 적은 돈은 아닌 것 같으니 어떻게든 아껴 써서 평생을 버티고 한 푼이라도 더 남겨서 자식들에게 물려줘야지 하는 생각만 한 거야.

드디어 계약을 마치고 수표를 받아 든 최필중씨는 그 수표가 미덥지 못하여 현금으로 바꾸기 위해 바로 은행으로 달려 갔지. 그리고 기절초풍을 한 거야. 창구 직원이 내미는 사람 키를 넘기는 돈다발에 입을 다물지 못했지. 그 큰 돈을 현금으로 찾는 사람을 그 누구도 본 적이 없을 거야.

지점장까지 직접 나서서 차근차근 설명을 하고 설득을 하지 않았다면, 최필중씨는 아마 손수레라도 끌고 와 그 돈을 몽땅 집으로 날랐을 거야. 아무튼 은행 직원들의 설득과 도움으로 간신히 통장에 정리를 한 후, 최필중씨 가족은 생일에도 먹어 보지 못한 짜장면에 탕수육까지 포식을 했지.

그 후 이재에 하나하나 눈을 뜨기 시작한 최필중씨는 조그맣게 사업을 시작했는데 참 잘되었어. 최필중씨의 가장 큰 장점은 자신을 낮춘다는 거야. 자기 스스로 아는 게 없는 걸 인정하니 누구라도 다 선생님이라고 생각하고 무조건 머리를 조아리는 거지. 그리고 어려운 사람을 보면 옛날 생각을 해서 그러는지 그냥 지나치지를 않고 꼭 뭐라도 도와주려고 했지. 아마 최필중씨 주변에 그 사람 덕 보지 않은 사람이 거의 없었을 거야.

그런 걸 인복이라고 하나? 최필중씨도 최필중씨를 은인으로 여기는 사람들 도움을 받아 손 대는 일마다 모두 다 잘 되었으니, 결과적으로 최필중씨도 여러 사람들 덕을 본 셈이지. 어때, 사람 팔자란 알 수 없는 거 아냐? 중요한 건 이게 꼭 남의 얘기만은 아니란 거야. 우리도 언제가 그렇게 되지 말란 법이 없단 말이지. 말만 들어도 기분 좋지 않나? 내 얘기는 여기까지야.

지금까지 땅 얘기만 했지 술 얘기는 없지 않느냐고? 이런 둔하긴. 지금 우리가 마시는 게 술 아니고 뭔가? 땅 얘기 잘 들었을 테니 술은 자네가 사라는 얘기지. 자네도 얼마 전 고향 땅 좀 물려 받았다고 하지 않았나. 하하하.

고수

내 취미는 바둑이다. 특기 또한 바둑이다. 어릴 때 어른들 바둑 두는 것을 어깨너머로 보고 흉내 내기 시작한지 얼마 되지 않아, 나는 바둑 잘 두는 아이로 소문이 나기 시작했다. 초등학교를 입학할 무렵에 이미 우리 동네에는 바둑으로 나를 대적할 만한 사람이 없게 되었다. 아이들은 물론 어른들조차도. 그래서 나는 틈나는 대로 고수를 찾아 기원을 가곤 했다. 그러나 나를 어린아이로만 생각하고 귀엽다며 한 수 가르쳐주겠다던 대부분의 어른들은, 끝내 자식내지는 손자 같은 어린애한테 뜨거운 맛을 보는 수모를 당하곤 했다. 초등학교를 졸업할 무렵 나는 그 기원에서 프로기사 출신인 원장을 빼고는 일인자가 되어 있었다. 그러면서 바둑신동, 천재기사를 거쳐 내 성을 따라 허 국수라는 애칭을 얻게 되었다. 한 때 프로기사가 될까도 고민을 해 봤지만, 평생 피를 말리는 냉혹한 승부 세계에서 산다는 것에 자신이 없어 그냥 평범한 길을 택하기로 했다.

그러나 내 인생에서 바둑을 빼놓을 순 없었다. 어디 가나 항상 바둑 고수라는 이름이 꼬리표처럼 달려 있었으니 말이다. 그리고 유유상종이라고 내 주변에는 늘 바둑깨나 둔다는 친구들이 끊이질 않았다. 물론 그 중심에는 항상 내가 있었고.

대학에 입학해서도 마찬가지였다. 바둑 좀 두는 친구들은 모두 내 곁으로 모였다. 그들은 나의 대국을 한 번이라도 더 보고 싶어 했고, 한 수라도 더 배우기를 원했다. 그리고 무엇보다도 나하고 대국 한번 하는 것을 큰 영광으로 여겼다. 나도 은근히 그런 상황을 즐겼기 때문에, 최대한 성의껏 친구들과의 대국에 응했다. 사범과 같은 기분으로 지도대국을 두고, 다 두고 난 후에는 복기를 하면서 문제가 되었던 곳을 짚어주곤 했다. 그러면 관전하던 사람들까지 우르르 몰려들어 마치 인기 연예인이라도 된 듯한 기분이었다. 나는 그럴 때마다 속으로 한껏 거드름을 피우면서(겉으로는 전혀 그런 내색을 하지 않고 겸손함을 가장 했지만) 내 바둑 실력에 무한한 자부심을 느끼곤 했다.

그러나 무엇보다도 가장 크게 자부심을 느끼는 순간은 바로 대국을 시작할 때였다. 내가 백을 잡고 상대방은 흑을 잡는 것은 당연하거니와, 대개의 경우 상대방은 몇 점을 깔고 접바둑을 두었다. 맞바둑을 두었던 기억은 나지 않는다. 적게는 2점 많게는 9점까지 다양했지만, 그 기분은 거의 같았다. 접바둑을 둔다는 것은 시작 전에 이미 고수를 인정하고 대접한다는 것을 의미한다. 그 때

고수로서의 우월감은 실제로 경험을 해 보지 않고는 이해하지 못할 것이다. 마치 왕이 신하와 마주 앉아 있는 느낌이랄까? 바둑을 둘 때만큼은 천하가 내 것인 듯한 착각에 빠지곤 했다.

그러던 어느 날, 교정에서 우연히 우리 과의 과 대표하는 친구와 마주쳤다. 그 친구는 항상 낙천적이고 호탕하며 매사에 자신감이 충만해 있었다. 또한 탁월한 유머 감각으로 시험과 과제에 지쳐 있는 우리들의 활력소가 되곤 했다. 천부적인 장난기가 발동하면 그 누구도 당하지 않을 수 없었지만, 미팅 주선도 잘 하고 술자리에서 분위기도 잘 잡고 신나는 일도 잘 만들고 하니 친구들 사이에 인기 만점이어서 사년 내내 과 대표를 도맡아 했다. 못하는 게 없는 팔방미인으로 노는 건수에는 빠지는 법이 없지만, 공부는 또 언제 그렇게 하는지 학점도 아주 우수했다. 바둑 말고는 다른 재주가 없는 나는 그 친구가 부럽기도 하고 마음에 들기도 해서 언제고 친해질 기회를 엿보고 있었다. 그런데, 그 친구가 나를 보더니 대뜸

“너 바둑 잘 둔다면서? 시간 있으면 나하고 한판 둘래?”

하는 것이었다. 그 친구가 바둑 둔다는 얘기를 들어 보지 못한 나는 속으로 의아하게 생각했지만, 나한테 도전해 올 정도면 상당한 숨은 실력자인가보다 라고 생각했다. 그리고 무엇보다도, 자연스럽게 친해질 수 있는 좋은 기회라는 생각에 오후에 약속이

있는 것도 깜박하고 선뜻 응했다. 둘은 학생회관으로 가서 바둑판을 놓고 마주 앉았다. 그 친구가 물었다.

"그런데, 급수가 어떻게 되지?"

"일급이지 뭐."

나는 아마 삼단이라고 할까 하다가 큰 의미가 없을 것 같아 겸손하게 그냥 일급이라고 했다. 그랬더니 그 친구가 다시 물었다.

"공인이야? 공인 일급이냐구?"

순간 나는 당황했다. 이런 질문은 처음이었다. 일급이라고 하면 모두 아 그러냐고 하지 공인이냐 아니냐 따져 묻는 사람을 본 적이 없었다. 더구나 아마추어에 공인 제도가 있다는 얘기를 들어본 적도 없었다.

"응? 어, 그런 건 아니구, 일급이라는 사람들하고 둬서 별로 져 본 적이 없어서 그냥 일급이라고 하는 거야."

내가 멋 적게 웃으며 자신 없는 목소리로 말을 하자, 그 친구는 기다렸다는 듯이

"그래? 가만있자, 그럼 어떻게 하나?"

하고 뭔가 생각하는 듯 뜸을 들이더니, 이윽고 자기 앞으로 백돌을 끌어 당기며 말을 이었다.

"일단 넉 점만 깔아 볼래. 그러면 적당할 것 같은데, 한번 둬 보고 치수는 다시 고치면 되니까."

나는 그 친구 기력을 모르니 아무런 저항도 하지 못하고 얼떨결에 그러자고 했다. 무엇보다도 넉 점이나 깔라는 너무나 천연덕스런 그 친구의 당당함에 나도 모르게 주눅이 들고 말았던 것이다. 한편으로는 어차피 둬 보면 실력은 밝혀질 것이고 그 친구 말대로 그 때가서 치수는 바꾸면 되겠지 라는 생각도 들었다.

그렇게 해서 우리의 대국은 시작되었다. 내가 흑을 잡고 그것도 넉 점이나 깔고 두는 것을 보고 학생들이 하나 둘 모여들더니 급기야 우리는 완전히 사람들로 포위가 되었다. 나는 긴장하지 않을 수 없었다. 그럴 리는 없겠지만 만에 하나 지기라도 하면 어쩌나 하는 일말의 불안감도 감출 수가 없었다.

초반 포석은 팽팽하게 진행되었다. 그 친구는 큰 곳을 골라 두며 자신이 만만치 않은 상대임을 과시하려는 듯 했다. 구경하는 친구들도 오늘 내가 임자 만났다고 생각하는지 나보다 더 긴장하여 숨소리조차 내지 않았다.

그러나 오십 수를 넘어가면서 균형은 서서히 깨지기 시작했다. 백은 도처에 미생마가 생기면서 패색이 짙어 졌다. 초반의 긴장감은 사라지고 구경하던 친구들도 흥미를 잃어가고 있었다. 그러나 유독 그 친구만은 형세를 아는지 모르는지 느긋하게 대국을 즐기고 있었다. 아니 승부에는 관심이 없고 바둑돌 놓는 재미로 바둑을 두는 것 같았다. 그제서야 정신이 든 나는 내가 지금 뭐하고 있는 거야 하는 생각이 들었다. 내가 왜 흑을 잡고 그것도 넉 점이나 깔고 이런 친구를 상대해야 하나 생각하니 당해도 뭔가 크게 당한 것 같았다. 긴장이 풀린 나는 갑자기 약속이 있다는 사실을 기억해 내고 시간을 보니 약속시간이 임박해 있었다. 형편 없는 그 친구의 실력을 간파한 나는 이미 진작에 승부는 나 있는 바둑을 계속 둔다는 것이 무의미하다는 생각에,

"정말 미안한데 오늘은 이쯤하고 다음에 다시 두면 어떨까? 생각해 보니 오늘 중요한 약속이 있어 그만 일어나 봐야 할 것 같은데…… 오늘 바둑은 그냥 무승부로 하고."

라고 정중히 그 친구의 양해를 구했다. 확실하게 이긴 바둑이지만 먼저 일어서는 마당에 굳이 승패를 분명히 가리자고 하기가 뭐 해서 그냥 예의상 무승부를 제안한 것인데, 그 친구의 반응은 의외였다.

"그래? 그럼 그러지 뭐. 다 이긴 바둑이긴 한데, 우리 사이에 승패가 중요한가? 기회가 되면 다음에 다시 두자고."

나는 너무나 어처구니가 없어 약속이고 뭐고 끝을 보고 싶었지만 애써 분을 참으며 말했다.

"그렇게 이해해 주니 고마워. 그럼 다음에 두자고. 오늘은 정말 미안해."

그렇게 그 친구와 헤어진 나는 생각하면 생각할수록 어이가 없고 약이 올랐다. 한 마디로 그 친구의 장난에 완전히 제물이 되고 만 꼴이었다. 그렇지만 이미 엎질러진 물이 되고 말았으니 어쩌랴?

장담하건대 그 친구 기력은 잘 해야 십이 급 정도였다. 아무튼 그날 이후 그 친구가 두 번 다시 바둑을 두는 모습을 본 적이 없다. 혹시라도 누가 바둑 한 번 두자고 하면 그 친구는 대뜸,

"허 국수한테 이기면 그 때 내가 상대해 주지. 허 국수가 나한테 넉 점 까는 것 알지?"

하고 큰 소리를 쳤다. 나로서는 두 번 다시 기억하기 싫은 흑역사지만, 그 친구에게는 가문의 영광으로 여길 만한 자랑거리인가 보다. 어쨌거나 그런 실력으로 나한테 넉 점이나 깔게 한 것만으

로도 바둑 실력을 떠나 고수라는 것은 인정하지 않을 수 없을 것 같다. 그래서 그 친구한테 한 마디 한다.

"그래, 너 고수 맞다. 인정하마. 그런데 어떻게 해야 공인을 받을 수 있나?"

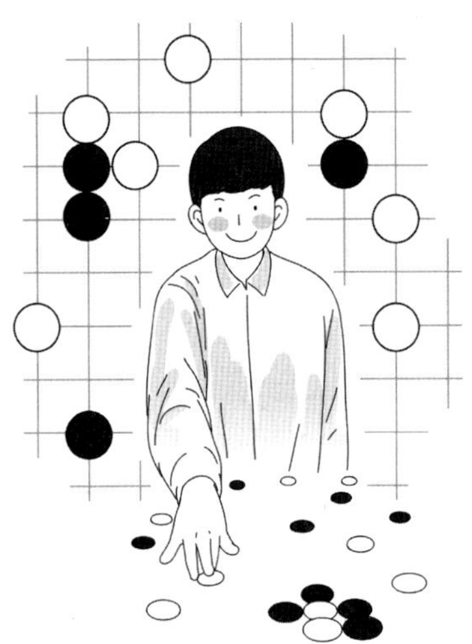

며느리 열전

김만복씨는 아들만 셋을 두었다. 셋 다 각각의 개성이 있지만, 공통점이 있다면 훤칠한 키와 준수한 외모, 그리고 나름대로 제 앞가림은 한다는 것이었다. 따라서 김만복씨는 자식들을 누구 못지않게 잘 키웠다고 자부하고 있었다.

다만 한 가지 서운한 것은 딸이 없는 것이었다. 딸만 하나 있었으면 금상첨화였을 것이라고 입버릇처럼 말하곤 했다. 사실 아들은 키우는 보람은 있을 지 몰라도 키우는 재미는 별로 없었다. 애교도 없고 수다도 없고 그냥 존재감만 있었다. 모처럼 같이 외식을 해도 대화가 거의 없었다. 뭔가 아쉽거나 필요한 것 이외에는 먼저 입을 열지 않았다. 기껏해야 묻는 말에 대답하는 것이 고작이었다. 그것도 단답형으로. 그나마 자발적으로 하는 말은 식사 후, "잘 먹었습니다." 하는 의례적인 인사 정도였다. 어쨌거나 요즘 같은 세상에 큰 탈 없이 이 정도로 반듯하게 커 준 것도 감지

덕지라고 생각하면서도, 셋 중 한 놈이라도 딸이었거나 아니면 딸이 하나 더 있었으면 얼마나 좋았을까 하는 아쉬움을 못내 떨쳐버리지 못했다.

이러구러 아들들이 장성하여 혼기가 되어가자 만복씨는 새로운 희망을 품기 시작했다. 비록 딸은 없지만 며느리는 셋이나 볼 수 있지 않은가? 그렇다면 며느리를 딸처럼 생각하고 잘 지낼 수 있지 않을까 하는 것이었다. 며느리 사랑은 시아버지라는 말도 있는데, 며느리와 부녀처럼 지내지 못할 것도 없지 싶었다. 더구나 기회는 세 번이나 있고, 그 중 한번만 성공하면 된다. 둘도 바라지 않는다. 이렇게 생각하니 어서 빨리 며느리 보고 싶은 마음에 은근히 아들 녀석들에게 압력을 가하기 시작했다. 슬쩍슬쩍 전화통화를 엿듣기도 하고 늦게 들어오면 누구를 만났느냐고 꼬치꼬치 캐묻기도 했다.

그러나 만복씨의 조바심은 그리 오래 가지 않았다. 아니 오래 갈 필요가 없었다. 어느 날 갑자기 큰 아들이 결혼할 여자라며 한 아가씨를 집에 데리고 왔던 것이다. 그 아가씨는 여성미가 물씬 풍기는 청순가련형의 천생 여자였다. 몸이 좀 약하지 않나 하는 걱정도 있었지만 상냥하고 조신하기가 이를 데 없어 만복씨는 마음속으로 쾌재를 부르며 쌍수를 들어 환영했다.

결혼은 일사천리로 진행되었다. 더구나 큰 아들 내외는 만복씨의 소망대로 집에 들어 와 같이 살겠다고 하니 만사형통이 되는 듯 싶었다. 큰 며느리는 매사에 고분고분 했으며 부지런했다. 누구보다도 일찍 일어나고 밥이며 빨래며 청소며 일거리가 있으면 미루지 않고 바로바로 해치웠다. 집안 일이란 것이 시작은 있어도 끝이 없어, 그렇게 쉴 틈 없이 일을 해도 자정 전에 잠자리에 들기가 힘들었다. 안쓰럽기도 하고 걱정이 되기도 하여 좀 쉬라고 해도 소용이 없었다. 일 시키려고 한 집에 살자고 한 것도 아닌데 저러다가 덜컥 병이라도 나면 어쩌나 조마조마했다.

우려는 얼마 가지 않아 현실이 되었다. 며느리는 시아버지의 마음과는 달리 시부모가 그리 편하지 않았던 것이다. 그러다 보니 몸이 고달파도 쉬거나 노는 것보다 일하는 것이 마음은 더 편했다. 쉴 때는 괜히 이 눈치 저 눈치가 보였지만 일할 때만큼은 그럴 필요가 없었다. 그러니 자연스레 일거리를 찾았고 일거리를 찾으면 득달 같이 달려들어 끝을 보고야 말았다.

이런 일이 반복되다 보니 어느 틈엔가 일 중독이 되어 체력이 감당도 안되면서 무리하게 일에 매달리게 되었다. 이로 인해 며느리는 결국 견디지 못하고 몸져누웠고 병원에 입원까지 하게 되었다. 더구나 몸이 문제가 아니었다. 몸보다 더 큰 문제는 마음의 병이었다. 워낙 내성적이다 보니 겉으로 표시를 안하고 참아서 그렇지, 속으로는 엄청난 압박감과 스트레스에 시달렸던 것이다. 정신과에서는 진단 결과 유일한 치료책은 분가뿐이라고 단호하게 잘라 말했다.

결국 첫 번째 좌절과 함께 큰 아들 내외를 분가시키면서, 만복씨는 눈물을 머금고 마음을 고쳐 먹기로 했다. 아무리 며느리라도 남의 딸을 내 딸로 삼을 수는 없다는 결론을 내린 것이다. 처음에는 실망도 컸지만 마음을 비우고 나니 한결 마음이 가벼웠다. 그동안 괜히 헛된 꿈을 꾸었구나 생각했다. 며느리는 며느리로 생각하고 또 그렇게 대하면 되는 거지, 굳이 억지로 딸처럼 생각하자 들어와 같이 살자 했던 것이 애당초 잘못되었던 것이라고도 생각했다. 그러면서 이제 더 이상 딸에 대한 미련은 깨끗이 버리기로 했다.

그런데 묘하게도 둘째 며느리가 시집살이를 자청했다. 그럴 필요 없다고 극구 만류를 해도 막무가내였다. 둘째 며느리는 무슨 재미로 둘만 따로 사느냐며 한사코 같이 살겠다고 했다. 며느리가 아닌 딸로 생각해 달라고도 했다. 만복씨는 난감했다. 며느리를 딸로 만들기 놀음에서 이제 겨우 벗어 났는데 다시 그 놀음을 반복해야 하나 생각하니 한숨부터 나왔다. 그러나 며느리 자신이 그리도 원하니 잘하면 이번에는 성공할지도 모른다는 희망이 언제부터인지도 모르는 사이에 서서히 피어 오르고 있었다. 게다가 둘째 며느리는 체격도 좋고 아주 건강하여 웬만큼 힘든 일은 거뜬히 해 낼 수 있을 뿐 아니라, 성격도 시원시원하고 할 말은 하는 스타일이어서 스트레스 받을 일도 없을 것 같았다.

과연 둘째 며느리는 큰 며느리와는 확연히 달랐다. 같은 일을 해도 전혀 힘들어 하지 않고 정말로 즐기는 듯 했다. 일만 하는 것이 아니라 쉴 줄도 알고 놀 줄도 알았다. 전혀 눈치를 보거나 어려워하는 기색도 없었다. 그야말로 시집살이를 만끽하고 있었다.

문제는 다른 식구들이었다. 한 마디로 며느리의 등쌀에 살 수가 없었다. 그런 폭군이 따로 없었다. 아침에 일어나는 것부터 자유가 없었다. 모처럼 주말이나 휴일에 늦잠을 자고 싶어도 그대로 넘어가질 않았다. 아무리 늦어도 7시에는 일어나야 했다. 식사 시간도 정해진 대로 지켜야 했고, 청소도 다 같이 해야 했다. 그 모든 스케줄은 둘째 며느리가 정했다. 식구들은 그저 시키는 대로 해야만 했다. 뭔가 잘못되어도 한참 잘못된 것 같았다. 누가 며느리고 누가 시부모인지 알 수가 없었다. 며느리가 아니라 악명 높은 유격 조교 같았다. 식구들은 모두 훈련소 신병처럼 며느리에게 완전히 군기가 잡혀 가고 있었다. 아무리 생각해도 주객이 전도되었다.

처음에는 며느리를 달래도 보고 으름장을 놓기도 해 보았지만 아무런 소용이 없었다. 논리적으로 무엇 하나 흠을 잡을 수 없었기 때문이다. 일찍 일어나고 부지런한 생활을 하자는 것이 무엇이 나쁘냐, 건강을 위해서라도 규칙적으로 식사하고 운동 삼아 집안일도 하고 하면 좋지 않느냐며 구구절절 옳은 말만 하는데 당할 재간이 없었다. 이제 상황은 며느리만 빼고 모든 식구가 지옥 속을 헤매는 형국이었다. 식구들은 며느리 눈치를 보며 어떻게든 몰아낼 궁리에 골몰하였다.

그러던 중 드디어 절호의 기회가 왔다. 둘째 아들이 타지로 발령이 난 것이다. 처음에 며느리는 한사코 따라 가지 않겠다고 버텼다. 그러나 신혼인데 부부가 떨어져 있는 것은 절대 좋은 일이 아니라는 명분에 밀려 결국 보따리를 쌌다. 둘째네가 이삿짐을 빼던 날, 식구들은 빼앗긴 나라를 되찾은 것 같은 감격의 기쁨을 느꼈다. 그 사이 만복씨는 며느리 공포증이라는 새로운 병을 얻었다. 며느리 생각만 해도 두통이 났고, 며느리 전화를 받거나 온다는 연락만 받아도 스트레스로 혈압이 올라 갔다. 어쨌든 가공할 둘째 며느리 소용돌이가 잠잠해지면서 집안은 모처럼 평화를 찾았다. 만복씨는 며느리에게 쓸 데 없는 욕심을 냈던 것을 깊이 후회하고 다시는 어떤 기대도 하지 않겠노라 다짐하고 또 다짐했다. 아예 며느리는 남이라고 생각하기로 했다.

그러나 셋째 며느리를 보는 순간 마음이 또 흔들리고 말았다. 어린 아이처럼 해맑은 미소와 비단결 같은 마음씨며 가식 없이 철철 넘쳐 흐르는 애교가 그렇게 예쁠 수가 없었다. 무엇 하나 버릴 것이 없었다. 보면 볼수록 천사가 따로 없었다. 며느리로부터 아버님 어머님 모시고 함께 살고 싶다는 말을 들었을 때, 그럴 필요 없다는 말을 몇 번이나 하려고 했지만 목에 걸려 끝내 하지 못하고 말았다.

다행히 셋째 며느리와는 서로가 편하게 지낼 수 있었다. 며느리도 싹싹하게 잘 해 주었고 만복씨도 이전의 경험을 거울 삼아 조심스럽게 대해 주었기 때문에 식구들 모두 만족해 했다. 이만 하면 그토록 어려웠던 만복씨의 오랜 꿈도 이루어지는 듯싶었다. 이대로 살다 가면 더 이상 바랄 것이 없겠다고도 생각했다. 한 마디로 천국 그 자체였다. 아침에 눈을 뜨면서부터 밤에 잠자리에 들 때까지 모든 일이 즐겁고 행복했으며, 오로지 하루 해가 왜 그렇게도 짧은지 그것만이 아쉬울 뿐이었다. 며느리 공포증도 언제 그랬냐 싶게 완전히 사라졌다. 그러면서 셋째 며느리야말로 내 딸이려니 하는 생각이 절로 들었다.

그렇지만 행복한 시간은 그리 오래 가지 않았다. 언제부턴가 그렇게 곱던 며느리 모습이 날로 초췌해갔다. 더불어 해맑던 미소도 사라지고 따라서 집안 분위기도 어두워졌다. 며느리는 밤이고 낮이고 집안을 밝히는 빛과 같은 존재였는데 그 빛이 사라지고 만 것이다. 어디가 아픈 것은 아닌지 아니면 혹시라도 힘들거나 불편한 일은 없는지 아무리 살펴보고 물어보고 해도 알 도리가 없었다. 며느리는 시종 괜찮다고 했으나 누가 봐도 괜찮은 것이 아니었다. 집안 식구들 모두 비상이 걸렸다. 하루 일과가 며느리 걱정으로 시작해서 며느리 걱정으로 끝났다. 집안 꼴도 날이 갈수록 엉망이 되어 갔다. 며느리는 병원에 가자고 해도 안 가고, 하다 못해 먹고 싶은 게 있는지 물어도 그것조차도 묵묵부답이었다. 잠이라도 푹 자라고 일러도 알았다고 말할 뿐 늦은 시간까지 침실에 불이 꺼지지 않는 것은 처음 시집 올 때나 매한가지였다. 아니 오히려 불 꺼지는 시간은 갈수록 늦어져만 갔다. 그러더니 종국에는 아예 불이 켜진 채로 밤을 보내는 경우가 비일비재 하였다.

이제 더 이상 가만히 있을 수만은 없게 된 만복씨는 한 밤중에 불 켜진 아들 내외 방을 몰래 들여 다 보았다. 그리고는 너무 놀라 비명을 지를 뻔 했다. 세상 모르게 자고 있는 아들을 뒤로 하고 며느리는 앙상한 몰골로 컴퓨터 앞에 앉아서 정신 없이 자판을 두들겨 대고 있었는데, 그 모습이 영락 없는 납량 특집의 유령이었기 때문이다. 아뿔싸, 며느리는 호환 마마보다도 더 무섭다는 바로 그 인터넷 게임 중독이었던 것이다.

어떤 축제

"저는 오늘의 주인공이신 정일평님의 장남 정두수입니다. 먼저 가족을 대표하여 바쁘신 중에도 참석해 주신 내빈 여러분께 깊은 감사의 인사를 드립니다. 감사합니다."

마이크를 잡은 두수씨의 인사 소리에 왁자지껄하던 장내는 우렁찬 박수 소리와 함께 곧 조용해졌다. 두수씨의 말이 계속 이어졌다.

"그럼 지금부터 저희 사 남매의 아버님이신 정일평님의 88세 생신, 미수 기념식을 시작하겠습니다. 식순에 따라 먼저 아버님의 인사 말씀을 듣도록 하겠습니다."

다시 한번 울려 퍼지는 박수 소리와 함께 정 노인이 서서히 연단으로 올라갔다. 많이 야위었지만 나이답지 않게 꼿꼿한 모습이었다.

"오늘 이 자리에 참석해 주신 여러분께 다시 한번 감사 드립니다. 오늘 이 행사는 오로지 저의 뜻으로 이루어졌습니다. 따라서 조금이라도 불편한 마음으로 이 자리에 오셨다면, 그 분들께는 사과 드리겠습니다. 얘들아, 사과 준비돼 있지? 지금 손 드시는 분들께 꼭 챙겨드려라."

여기저기서 웃음소리가 터져 나왔다. 웃음 소리가 멎기를 기다려 정 노인은 말을 이어 갔다.

"굳이 이런 자리를 만든 이유부터 말씀 드리죠. 아시다시피 저와 동고동락해 왔던 안사람이 얼마 전 세상을 떠났습니다. 일심동체를 잃은 그 순간부터 나 역시 이미 죽은 목숨이나 다름이 없다고 생각합니다. 실제로도 안사람을 잃은 후 건강이 급격히 나빠졌고 하루하루가 지날수록 더욱 악화되어 조만간 아내 곁으로 가게 될 것 같습니다. 아내를 만나는 것은 기쁜 일이지만 여기 모인 여러분과 헤어지는 것은 섭섭하고 서운한 일이니, 생일도 생일이지만 작별 인사를 미리 할까 하여 자리를 마련하게 된 것입니다. 내 그동안 많은 조문을 다녀봤으나 갈 때마다 이미 고인이 된 분과 말 한 마디 나누기는커녕 모습조차 뵐 수도 없고 기껏해야 영정을 보고 작별인사를 전할 수 밖에 없는 것이 못내 아쉬웠는데, 이렇게 미리 작별인사를 할 수 있으니 누구보다도 기쁜 마음으로 떠날 수 있을 것입니다."

갑자기 분위기가 숙연해지면서 긴장감이 감돌았다. 분위기를 간파한 정 노인이 말을 이어 나갔다.

"서운하고 섭섭한 마음은 어쩔 수 없지만 누구나 언젠가는 반드시 겪는 일인만큼 슬퍼할 일은 아닙니다. 오히려 기뻐해 주고 축하해 주기를 바라는 의미로 마련한 모처럼의 잔치이니, 마음껏 맛있게 많이 드시고 즐겁고 행복한 시간 가지시기 바랍니다."

정 노인이 말을 마치자 사람들은 박수를 치며 하나 둘 일어나더니 결국 모두 기립 박수를 치기 시작했다. 박수는 정 노인이 연단을 내려와 자리에 앉을 때까지 계속 되었다. 두수씨가 다시 진행을 이어갔다.

"다음은 약력 보고 순서입니다. 약력 보고는 차남인 정명수씨가 하겠습니다."

소개와 함께 명수씨가 연단에 올랐다.

"되도록 간단히 말씀 드리겠습니다. 자세한 내용은 뒤에 마련된 게시판에 사진과 함께 전시되어 있습니다. 올해로 미수를 맞은 저희 아버님 정일평님은 1927년 경기도 안성에서 태어나셨습니다. 33세 되시던 1959년에 어머님이신 강신혜님과 혼인하여 55년을 한결 같이 다정하게 지내시면서 슬하에 두수, 명수, 다복,

다정 등 저희들 2남 2녀를 두셨습니다. '필요한 사람이 되자' 라는 좌우명으로 평생을 성실하게 살아 오시며, 세상에 드러날 만큼 유명하거나 명예스러운 업적이 있는 것은 아니지만 항상 저희사 남매의 귀감이 되어 주셨습니다. 이점 이 자리를 통해 특별히 감사 드립니다. 아버님 존경하고 사랑합니다. 그리고 감사합니다."

말을 마치고 단상을 내려오는 명수씨의 눈시울이 붉어졌다. 흐뭇한 미소를 짓고 있던 정 노인의 눈가도 촉촉히 젖어 있었다. 우레와 같은 박수가 터져 나왔다. 박수가 멎기를 기다려 이번에는 다복씨가 마이크를 잡았다.

"다음은 여러분께 선물을 드리는 순서입니다. 어머님이 돌아가시면서 남기신 유품이 아직 그대로 있고 아버님의 소장품도 이제 정리를 해야 할 때가 되었습니다. 그래서 아버님 뜻에 따라 오늘 이 자리에서 필요한 분들에게 드리려고 합니다. 비록 대부분 새것은 아니지만 쓸 만한 물건들만 추려서 사진을 찍어 좌우 벽에 붙여 놓았습니다. 열람해 보시고 필요한 물건이 있으면 사진 밑에 이름과 전화번호 주소를 적어 주시기 바랍니다. 신청자가 없는 물품은 적절한 곳에 기부하거나 버릴 예정입니다. 주요 품목을 말씀 드리면 티브이 냉장고 세탁기 청소기 선풍기 등 가전제품, 밥솥 냄비 접시 등 주방용품, 다듬이 돌, 돌절구 등 골동품과 기타 액자, 그림, 책 등입니다. 선택하신 물건은 택배 등 적당한 방법으로 보내드리겠습니다. 모든 것은 무료입니다. 단, 굳이 사시겠다면 뒤에 마련한 모금함에 내시면 됩니다. 모인 돈은 좋은 곳에 기부하도록 하겠습니다. 그리고 오늘의 행사 비용은 지난번 저희 어머님 조의금으로 치르는 것인 만큼 별도의 축의금은 받지 않습니다. 이것 역시 아버님의 뜻입니다. 그럼 지금부터 마음에 드는 물건을 고르시기 바랍니다."

사람들은 서서히 자리에서 일어나 움직이기 시작했다. 처음에는 호기심으로 구경을 시작했으나 하나 둘 신청을 시작하더니 얼마 지나지 않아 거의 모든 물품의 주인이 정해졌다. 주최측의 계획은 성공적이었다. 물건 고르기가 얼추 끝나자 두수씨는 다음 순서를 안내했다.

"이상으로 1부 순서를 마치고 다음 순서는 사진 촬영입니다. 모두 앞으로 나가 촬영에 임해 주시기 바랍니다. 모처럼 많은 분들이 모였으니 좋은 기념이 될 것으로 생각합니다. 촬영이 끝나는 대로 식사를 하시고 식사가 끝나면 2부 순서가 이어지겠습니다."

식사 시간은 여느 잔칫집과 다를 바 없었다. 먹고 마시고 권커니 자커니 하면서 흥겨움이 무르익어 갔다. 정 노인은 사이사이 인사 오는 사람들과 일일이 정담을 나누고 사진도 찍고 포옹을 하기도 했다. 매우 피곤해 보였지만 워낙 즐거워 피로 따위는 전혀 문제가 되지 않는 것 같았다.

“자, 그럼 지금부터 오늘의 하이라이트 2부 장기자랑 순서를 갖도록 하겠습니다. 저는 2부 진행을 맡은 예나 지금이나 사 남매 중 비주얼, 즉 미모를 담당하고 있는 막내 정다정입니다.”

막내 다정씨가 인사를 하자 여기저기서 환호와 함께 휘파람 소리까지 등장했다.

“제대로 실력 발휘를 못하면 선물이 없어지거나 다른 곳으로 갈 수도 있다는 점을 명심해 주시기 바랍니다. 그럼, 오늘을 위해 합숙 훈련까지 했다고 하는 손주들의 노래와 춤 솜씨를 보도록 하겠습니다.”

젊고 발랄한 청소년들의 무대는 청중들의 마음을 사로잡기에 충분했다. 분위기가 무르익자 너도 나도 나서서 마음껏 숨은 재주를 뽐냈다. 여흥은 점차 무르익어 갔고 그렇게 축제는 마무리되었으며 모두들 뿌듯한 여운을 안고 헤어졌다.

몇 달 후 아직도 그날의 여운이 채 가시기도 전에, 참석했던 사람들은 한 통의 편지를 받았다.

“나 여기 하늘 나라에 무사히 도착해서 안사람도 만나고 잘 지내고 있습니다. 부디 그 곳에서 마음껏 행복한 시간 누리고 나중에 여기서 다시 만납시다. 그 동안 고마웠고 행복했습니다. 고인 정일평”

모태솔로 탈출기

고등학교 동창 중에 가장 기억에 남는 특별한 친구는 수연이다. 수연이는 학창 때 누구에게나 인기가 좋았다. 얼굴이 아주 예쁘거나 몸매가 유난히 날씬해서가 아니었다. 성격이 시원시원하고 포용력이 남달라 같이 있으면 푸근하고 편안한 느낌이 들었다. 마치 어머니나 누나와 같이 있는 느낌이랄까 뭐 그런 것이었다. 수연이와 함께 있으면서 이성이라고 느껴본 적은 없었던 것 같다. 그렇다고 수연이가 여성스럽지 않은 것은 아니었다. 수연이와 이성으로 사귀고 싶어하는 친구들도 상당히 많았던 것으로 기억한다. 어쨌든 졸업할 때까지 우리는 매우 친하게 지냈다. 그러나 졸업 후에는 서로의 소식을 모른 채 10년이 훌쩍 지나 버렸다.

또 한 친구 경환이는 처음부터 가깝게 지내는 사이는 아니었다. 착하고 성실하긴 한데, 도대체가 재미가 없었기 때문이다. 얼굴이 못생긴 것도 아니고 키가 작은 것도 아니지만, 취미도 없고 특기도 없고 유머 감각도 없고 그러다 보니 존재감 자체가 없고 아무 것도 있는 게 없었다. 인생을 무슨 낙으로 사는지 알 수가 없었다. 그러니 그나마 간혹 말이라도 걸어주는 나 빼놓고는 친구도 없었다.

그런데 사회에 나와보니 경환이 같이 한결 같은 사람이 흔치 않았다. 그리고 언제 어느 때나 항상 나를 기다려 주고 반갑게 맞아주는 친구도 경환이 뿐이었다. 그래서 경환이는 졸업 후에 점점 더 가깝게 지내게 되었다. 그러나 재미가 없는 것은 여전했다. 하도 답답하여 한번은 내가 물었다.

"경환아, 너는 소원이 뭐냐? 소원이 있기는 한 거냐?"

내 힐난 성 질문에 다소 당황해 하던 경환은 한참 만에야 입을 열었다.

"내 소원을 굳이 말하자면 데이트 한번 해 보는 거야. 내 주제에 연애나 결혼까지는 바라지도 않지만 제대로 된 데이트는 한번 해 보고 싶어."

비장할 정도로 정색을 하고 말하는 경환을 보고 나는 충격을 받았다. 경환은 그 때까지 자타가 공인하는 소위 모태솔로였던 것이다. 존재감 없는 경환에게 관심을 가질 여자가 있을 리 만무했고, 경환이 먼저 여자에게 접근한다는 것은 더더구나 상상조차 할 수 없는 일이었다. 나를 포함한 주변의 친구들도 경환이는 아예 여자와는 담 쌓고 사는 친구로만 여겼던 것이다.

그 날 이후 줄곧 나는 경환이가 말한 소원이 마음에 걸렸다. 세상에 데이트 한번 하는 것이 소원이라는데, 그래도 명색이 가장 가까운 친구인 내가 그것 하나는 해결을 해 주어야 하는 것 아닌가 하는 생각이 들었다. 그러고 보니 경환이는 이제까지 내 뜻을 참 잘도 받아 주었는데, 반대로 나는 해 준 게 없었다. 일방적으로 받기만 했던 것이다. 그래서 그 동안의 신세도 갚을 겸 경환이 여자 친구를 구해 주기로 마음 먹었다.

그러나 마땅한 사람을 찾기가 쉽진 않았다. 마음에도 없이 여자 친구 흉내만 내는 것은 의미가 없다고 생각했다. 단 하루, 아니 단 한 번의 데이트를 하더라도 그 순간만큼은 진심이어야 진정한 의미의 모태솔로 탈출이 되는 것 아니겠는가? 그래서 생각생각 끝에 찾아낸 사람이 그 동안 잊고 지냈던 수연이었다.

오랜 만에 보는 수연은 한결 성숙하고 아름다워져 있었다. 수연은 자초지종 내 얘기를 듣고 선선히 승낙했다. 수연이도 경환이가 어떤 친구인지 대강은 알고 있었다. 그럼에도 불구하고 내 제안을 받아들인 수연이가 얼마나 고마운지 몰랐다.

“수연아, 내키지 않는데 억지로 할 필요는 없어. 그리고 싫으면 언제라도 말만 하면 돼. 경환이도 당연한 것으로 알고 있으니……”

“내가 알아서 할 테니 걱정하지 마.”

수연은 짧게 대답했다. 그 후 나는 둘을 연결시켜 주었고, 그로써 마음의 짐을 덜 수 있을 것으로 생각했다. 그러나, 과연 그들의 관계가 얼마나 이어질지 몹시 불안해지기 시작했다. 나는 한두 번 만나면 다행이라고 생각했다. 그 이상 기대도 하지 않았고. 그런데 뜻 밖에도 아무리 기다려도 헤어졌다는 소식은 들려 오지 않았다. 오히려 그들을 아는 동창들 사이에 경환이와 수연이의 교제는 큰 화제가 되고 있었다. 전혀 어울릴 것 같지 않은 두 사람이 사귄다는 것은 도무지 이해가 되지 않았기 때문이다.

시간은 쏜살같이 지나 몇 개월이 흐르고 연말이 되었다. 그 동안 나는 못 견디게 궁금하면서도 일부러 연락을 하지 않았다. 회사 일로 바쁘기도 했지만, 무소식이 희소식이라고 믿고 싶었기 때문이다. 이제는 도저히 기다릴 수만은 없겠다 싶어 연락을 해야지 하고 있던 차에 동창 송년 모임이 있어 나가게 되었다.

뜻 밖에도 거기에 경환이와 수연이가 다정하게 손을 잡고 나타났다. 그 자리에 모인 친구들은 도저히 믿을 수 없다는 표정이었다.

그러나 그것은 시작에 불과했다. 경환의 다음 말 한 마디에 우리는 놀라 자빠졌으니까.

"우리 다음 달에 결혼해. 결혼은 꿈도 못 꿨는데, 나에게도 이런 날이 오네."

수연이는 그 옆에서 새색시처럼 수줍게 웃고 있을 뿐이었다. 친구들은 난리가 났다. 그리고 수연이가 연민 내지는 동정심으로 결혼을 하는 게 아닐까 하고 수군거렸다. 나도 비슷한 생각을 했다. 그렇지 않고서야 이해가 되지 않았으니까.

그러나 수연의 표정으로는 정말로 경환을 좋아하고 사랑하는 것 같았다. 경환이 옆에서 한시도 떨어질 생각을 하지 않고 경환이만 바라볼 뿐 다른 사람들은 안중에도 없었다. 경환의 무엇이 이토록 수연이의 마음을 사로잡았는지 전혀 짐작이 되지 않았다. 다만 분명한 것은 수연이가 정말로 지극히 행복해 보인다는 것이었다.

나는 경환이가 잠깐 자리를 비운 틈을 타서 간신히 수연이와 단둘이 얘기할 기회를 잡았다.

"수연아, 뭐가 그렇게 마음에 들었니?"

단도직입적인 내 질문에 수연은 망설임 없이 대답했다.

"주위에 잘난 사람은 많지만, 경환이처럼 한결같이 진실한 사람은 보질 못했어. 나는 남녀간에도 의리가 있어야 한다고 생각하는데, 경환이는 영원히 변치 않을 의리의 사나이라고 믿어. 그리고 이건 아직 경환이한테도 말하지 않은 비밀인데, 나 학교 다닐 때부터 경환이 몰래 좋아했다. 경환이 소원 이전에 내 소원이 이루어진 거야."

그래 경환이는 흙 속에 묻힌 보석이었고, 수연이는 그 보석을 진작에 알아 보았던 보석의 주인이었다. 그리고 그들은 내가 본 유일한 천상의 커플이었다.

매너 좋은 남자

나 곧 결혼해.

그래? 축하한다, 얘. 너도 때가 되니 가긴 가는구나? 영 못 가나 했더니. 근데 신랑은 누구니? 너희 회사에 모처럼 마음에 드는 사람이 있다고 하더니 그 사람이니?

글쎄, 어떻게 얘기해야 하나. 아무튼 그렇게 됐어.

무슨 소리야? 결혼을 누구랑 한다는 거야? 네가 말하던 그 사람 아니야?

보채지 말고 차근차근 내 얘기를 들어 봐. 내가 학교 다닐 때부터 좀 나가는 편 아니었니? 미모로나 몸매로나 아니면 능력으로나 봐 줄만 하지 않아?

그거야 인정하지. 학생 때 인기가 좀 많았니? 남자들이 꽤나 쫓아 다녔을 걸?

엄청들 들이댔지. 난 눈길 한번 주지 않았지만.

그래, 왜 그렇게 도도했니? 사귀는 사람이 있던 것도 아니면서.

한 마디로 하나 같이 매너가 없었던 거야. 그냥 자기 여자로 만들겠다는 욕심만 가지고 덤비는 것 같았거든. 난 그게 싫었어. 사실 난 그렇게 눈이 높은 건 아니었어. 그냥 착하고 순수한 사람이면 되는데 그런 사람은 오히려 시도조차 하지 않더라고. 내가 속으로 좋아했던 사람도 있었는데 정작 내가 먼저 말할 용기는 없었고. 그렇게 우물쭈물 하다 보니 졸업이더라고.

그래, 세월 참 빠르지? 그런데, 네가 말한 그 사람은 어디가 그렇게 마음에 든 거니?

그 사람은 정말 매너가 환상이었어. 동갑이지만 직급은 나보다 높은데도 예의에 어긋남이 전혀 없는 거야. 다른 사람들한테도 예의가 바르지만 특히 나한테는 그렇게 깍듯할 수가 없었지. 인사도 항상 90도로 정중하게 하고 차 탈 때 엘리베이터에서 출입문에서 길에서 황송할 정도로 챙겨주는 거야. 처음에는 오히려 당황스럽고 불편했어. 가식인 것 같기도 하고. 그런데, 시간이 지나면서 진심에서 우러나는 배려였다는 것을 느끼게 된 거야.

진심이라는 것을 어떻게 느낄 수 있는데?

그렇게 물으니 할 말이 없네. 육감이라고나 할까? 그냥 마음 속에서 우러나는 진심인 것을 저절로 알게 되더라고. 그러면서 자연스럽게 거부감도 없어지고 편안해졌지.

좋아 그렇다 치고, 그래서 어떻게 됐어? 사귄 거야?

일단 가까워졌지. 누구보다도 친하게 지냈어. 같이 밥도 먹고, 차도 마시고. 가끔은 영화도 보고, 항상 만나면 즐겁게 지냈어. 얘기도 많이 했지. 그 사람은 나하고만 있으면 그렇게 말을 잘 하더라고. 자기 얘기는 물론이고 자기 집안 얘기도 스스럼 없이 하는 거야. 그것도 아주 소상하게. 그래서 나중에 그 집 식구들을 만났을 때도 전혀 어색하지가 않았어. 어찌나 정확하게 묘사를 했는지 소개를 안 해도 다 알겠더라니까. 그 중에서도 특히 형 얘길 많이 했는데, 형제간 우애가 남다르다는 걸 알 수 있었어. 어떨 때는 우리 사이에 그 사람 형도 같이 있는 것 같은 느낌이 들 정도였으니까. 난 그런 게 싫지 않았어. 사람 사는 냄새가 물씬 나는 것 같았거든. 요즘 같이 정이 메마른 세상에 끈끈한 가족애를 안고 살아가는 모습이 정말 보기 좋았어. 그래서 더욱 그 사람이 마음에 들었지.

그래서 청혼은 받았어?

좀 더 들어 봐. 그런데, 시간이 지날수록 뭔가 이상한 거야. 분명히 계속 가까워지긴 하는데 매너가 좋아서 그런지 도대체 진도가 나가지 않는 거야. 마치 뭔가 눈에 보이지 않는 경계선이 있는 것처럼. 이를 테면 키스 같은 것은 고사하고 손목을 잡는 정도의 스킨십도 없고 말투도 처음과 변함 없이 너무나 정중하고 저녁을 먹으면 이차, 삼차 가는 법 없이 바로 헤어지고. 한번은 내가 마음 먹고 팔짱을 끼려 했더니 굉장히 어색해 하는 것 같아 나까지 머쓱해지더라니까. 이러니 우리 관계에 대해서 헷갈리지 않을 수 없었어. 처음부터 사귀자는 말 한 마디 안 했으니 사귀는 거라고 할 수도 없고 그렇다고 안 사귄다고 하자니 그럼 우리가 만나는 것은 뭐지 하는 회의가 들더라고.

당연하지. 그게 뭐냐? 무슨 청소년도 아니고 그렇다고 플라토닉 러브 뭐 그런 것도 아니고. 그건 그렇고 그래서 어떻게 된 거냐고.

그래서 더 만나야 되나 말아야 하나 심각하게 고민을 시작할 무렵, 그 사람이 어느 날 자못 진지하게 얘기를 하더라고.

고백? 프로포즈?

응, 비슷하긴 한데. 내용은 전혀 예상 밖이었어. 글쎄 나더러 자기 형수가 돼 달라는 거야. 알고 보니 처음 본 순간부터 형수 감으로 점 찍었던 거 있지.

우리 가족

제 이름은 솔이입니다. 나이는 세 살이고요. 저는 오늘 우리 가족 얘기를 하려고 합니다. 우리 가족은 저까지 모두 다섯 명입니다. 아빠, 엄마, 언니, 오빠, 그리고 나 이렇게요. 저는 우리 가족을 모두 사랑합니다. 물론 우리 가족들도 모두 저를 사랑합니다.

아빠는 항상 바빠서 아침에 일찍 나가고 저녁에 늦게 들어 오시니까 볼 수 있는 시간이 많진 않지만 저를 많이 예뻐하고 귀여워해 주세요. 들어 오시면 저부터 안아 주시면서 볼을 비비기도 하고 뽀뽀도 하고 그러셔요. 저도 아빠가 안아주면 그렇게 좋을 수가 없어요. 그렇지만 아빠는 너무 늦게 들어오고 항상 피곤해서 들어오시면 금방 잠이 들기 때문에 그게 불만입니다. 그것보다도 더 싫은 것은 바로 술입니다. 아빠는 술을 자주 드시는데, 저는 그 냄새가 그렇게 싫을 수가 없어요. 어쩔 수 없이 참긴 하지만 술은 제발 안 드시면 좋겠어요.

엄마는 저하고 보내는 시간이 가장 많아요. 아빠는 회사에, 언니는 학교에, 오빠는 유치원에 가고 나면 집에는 엄마와 나만 남지요. 엄마는 저를 위해 맛있는 것도 챙겨 주시고 장난감을 갖고 놀아도 주세요. 저는 엄마와 노는 것이 제일 좋아요. 그렇지만 엄마는 하루 종일 저와 놀아주지만은 않아요. 엄마도 집에서 할 일이 많잖아요. 빨래에 청소에 전화에 화장에 마사지에 운동에 할 일이 한두 가지가 아니죠. 그리고 외출도 자주 하지요. 장보러 마트에 가는 것은 물론 세탁소에 미장원에 헬스클럽에 카페에 다니는 곳도 엄청나게 많아요.

저도 같이 나갈 때가 가끔 있긴 하지만 대개는 집에 혼자 있게 돼요. 저는 집에 혼자 있을 때가 제일 싫어요. 그 시간이 별로 길진 않지만 그래도 어린 저를 잠깐이라도 혼자 둔다는 것은 옳지 못한 것 같아요. 겉으로 내색은 안 하지만 이런 일은 절대 있어서는 안 된다고 생각해요. 저 혼자 두고 밖에 나가는 것만 빼면 이 세상에서 엄마가 제일 좋아요. 엄마는 일하고 나하고 놀아 주고 하다가 피곤하면 낮잠을 자기도 하는데 그럴 때면 나도 옆에서 같이 자지요. 엄마 품에서 자는 낮잠은 그야말로 꿀맛이지요.

점심 시간이 지나면 유치원에 갔던 오빠가 돌아 옵니다. 오빠는 한 마디로 말썽꾸러기입니다. 아침에 늦게 일어나고 그것도 엄마가 몇 번을 깨워서. 양치질이나 씻는 것도 제대로 안하고, 밥도 입에 맞는 것만 골라 먹고. 게다가 아무 소리도 하지 않으면 하루 종일 컴퓨터 게임만 합니다. 유치원에 가서는 어떻게 참고 지내는지 모르겠다니까요. 하루에도 몇 번씩 그 놈의 게임 때문에 엄마와 전쟁을 치르곤 합니다. 저도 오빠가 저는 아는 척도 하지 않고 게임만 할 때는 그렇게 미울 수가 없어요.

오빠는 엄마 등쌀에 게임을 못하게 되면 그때서야 저를 찾습니다. 말하자면 오빠에게 저는 컴퓨터 대용품인가 봅니다. 그렇게라도 오빠가 저를 찾는 것이 그래도 다행이라고 생각합니다. 어쨌거나 오빠도 저하고 놀아줄 때 만큼은 자상하고 믿음직한 오빠가 되거든요. 오빠는 남자답게 이리 뛰고 저리 뒹굴고 하면서 신나게 놉니다. 그러면 저도 덩달아 신이 나지요. 오빠와 정신 없이 놀다 보면 금방 지쳐버리고 말아요. 그러면 우리는 정답게 간식을 먹고 낮잠을 자게 되지요.

꿀맛 같은 낮잠을 자다 보면 기다리고 기다리던 언니가 조용히 들어 옵니다. 언니는 오빠와는 대조적으로 항상 차분하고 상냥합니다. 얼굴도 예쁘고 마음씨도 고와서 누구나 좋아하고 어른들도 칭찬을 많이 하지요. 언니는 엄마 아빠 말도 잘 듣고 공부도 알아서 잘 하고 청소나 빨래 개는 것 같은 집안 일을 돕기도 해요. 엄마는 늘 언니가 맏딸다워 든든하다고 합니다. 저도 언니와 함께 있으면 어쩐지 모든 것에 안심이 됩니다.

언니는 특히 저를 예쁘게 꾸며 주는 것을 좋아합니다. 머리도 빗어

주고 핀도 꽂아주고 옷도 갈아 입혀 줍니다. 그리고 나서 저와 함께 밖에 나가 놀기도 하지요. 언니는 제가 그렇게 예쁘고 사랑스러운가 봐요. 기회만 있으면 데리고 다니면서 친구들에게 저를 보여주고 자랑하려고 해요. 그러면 언니 친구들도 이구동성으로 아이구 예쁘네 하면서 한번 안아보려고 난리가 나지요. 저도 언니 친구들은 다 좋아요. 어떤 때는 언니 친구들이 집으로 놀러 오기도 하는데 그러면 언니보다 제가 더 신이 나니까요. 언니들끼리만 깔깔거리면서 얘기하고 저를 모른 척 할 때도 저는 그저 마냥 좋아요.

제가 무엇보다도 좋아하는 것은 밖에 나가는 거예요. 집 앞에 잠깐 나가는 것 말고 차 타고 멀리 여행을 가거나 하는 것 말이예요. 처음엔 차 타고 멀리 가면 왠지 불안한 마음이 앞섰는데 이제는 오히려 집에만 있으면 답답한 생각이 들어요. 주말에는 가까운 곳이라도 드라이브를 다녀와야 직성이 풀린 다니까요. 아빠가 피곤해서 쉬고 싶다고 해도 내가 계속 보채면 아빠도 어쩔 수 없다는 듯 솔이 때문에 주말에 쉬지도 못하네 하시면서 오늘은 어디가 좋을까 하고 앞장을 서지요.

밖에 나가면 뭐가 좋으냐고요? 우선 공기부터가 다르죠. 집에 있을 때는 잘 모르겠는데 일단 밖으로 나가면 그렇게 상쾌할 수가 없어요. 시원한 공기만으로도 저는 만족해요. 저절로 기분이 좋아지니까요. 게다가 맛있는 것도 많고 볼 것도 많고 친구들도 많고 맘껏 뛰어 놀 수도 있고요.

물론 밖에 나오면 저만 기분이 좋은 게 아녜요. 우리 가족 모두 신이 납니다. 언니와 오빠는 말할 것도 없고 엄마도 얼굴에서 웃음이 떠나질 않지요. 처음에는 투덜거리시던 아빠도 나와 보니 역시 나오길 잘 한 것 같네 하면서 좋아하세요. 저 때문에 좋은 시간을 갖는다면서요.

지금까지 말씀드린 것처럼 우리 가족은 참 다정하고 서로를 사랑하고 아껴주는 남부럽지 않은 가족입니다. 그래서 저는 우리 가족이 이 세상에서 제일 좋은 가족이라고 생각해요. 그리고 엄마 아빠 언니 오빠와 함께 살 수 있어서 그렇게 행복할 수가 없어요. 제 얘기는 여기까지예요. 어때요? 저희 가족 자랑할 만한가요?

그럼 가족 누구에게도 아무런 불만이 없냐고요? 당연히 없지요. 그런데요, 곰곰이 생각해 보니 한 가지가 있긴 있어요. 정말로 말하기 싫고 생각하기도 싫지만 한 가지 있다는 것은 인정하지 않을 수가 없네요. 으으으, 이걸 제 입으로 말을 해야 하다니 정말 자괴감이 드네요. 제가 그토록 싫어하는 그것은 바로 가족들이 걸핏하면 내뱉는 이 말이예요.

"솔이는 제가 정말로 사람인 줄 안다니까."

저도 알 건 아니까 제발 제 앞에서 이 말 만은 말아 주세요. 꼭 그렇게 제 환상을 깨야 하나요?

축지법

"오늘도 저희 '마법의 세계'를 찾아주신 여러분께 감사 드리며, 지금부터 여러분께서 고대하시는 '마법의 세계일주' 공연의 막을 올리겠습니다."

사회자의 말과 동시에 막이 올라가면서 요란한 팡파르가 울려 퍼졌다. 객석을 가득 채운 관람객들도 일제히 환성을 지르며 화답했다.

"그럼 오늘의 첫 순서를 소개하겠습니다. 저희 마법의 세계가 아니면 결코 보실 수 없는 전 세계 유일의 축지법 보유자 한달음씨입니다."

다시 한번 울려 퍼지는 환성과 함께 한달음으로 소개 받은 사람이 무대에 나타났다. 거창한 소개와는 달리 런닝셔츠와 반바지에 운동화만을 신은 그는, 얼핏 보기에도 중년은 훨씬 지난 듯한 평범한 이웃집 아저씨 같은 인상이었다. 일반적으로 연상되는 마술사의 화려한 복장, 뭔가 호기심을 잔뜩 끌게 하는 이상야릇한 장비나 도구, 분위기를 잡기 위한 현란한 제스처와 언변, 이런 것과는 너무나도 거리가 멀었다. 관중들도 눈에 익숙지 않은 출연자의 등장에 다소 실망스런 표정이었다. 그럼에도 불구하고 다소 작지만 다부진 몸매와 깊게 패인 눈에서 뿜어 나오는 강렬한 눈빛은 매우 인상적이었다.

어쨌든 한달음씨는 관중석의 분위기는 전혀 신경 쓰이지 않는다는 듯이 공연을 위해 무대 앞쪽으로 길게 깔린 양탄자만을 주시할 뿐이었다. 이윽고 양탄자 한쪽 끝에 선 그는 반대 편을 향해 가볍게 걷기 시작했다. 아니 걷기 시작했나 싶은 그 순간에 벌써 십여 미터는 되어 보이는 무대 반대 편에 서 있었다. 아무리 빨리 뛰어도 도착할 수 있는 시간은 아니었다. 사람들은 보고도 믿기 어려웠다. 당연히 뭔가 속임수가 있을 거라고 생각했다. 마술이란 원래 그런 거니까.

그러나 이 공연에는 속일 수 있는 부분이 거의 없어 보였다. 기껏 의심을 할 수 있는 것이 운동화와 양탄자뿐이었다. 그러나 그가 신고 있는 운동화는 다른 여느 사람의 운동화와 다를 바가 없었다. 의심 많은 한 관중이 벗어 준 다른 운동화를 신고서도 같은 솜씨를 보여 주기도 했다.

그렇다면 양탄자는 어떨까? 여러 사람이 무대 위로 올라와서 이리 보고 저리 보고 했지만 별다른 단서는 찾을 수가 없었다. 심지어는 다른 마술사들까지 동원되어 마술의 정체를 밝히려 했지만 그마저도 실패하고 말았다. 최후의 검증을 위하여 양탄자를 걷어내고 무대 맨 바닥에서 공연할 것을 제안하였으나, 어떤 이유에선지 그것만은 받아들이지 않았다.

공연은 오로지 양탄자 위에서만 하겠다는 것이었다. 결국, 사람들은 양탄자에 뭔가 비밀이 있을 것이라는 잠정 결론을 냈지만, 정확한 것은 모르는 채로 넘어 갔다. 그래서 소위 이 축지법 공연은 특별히 재미있는 것은 아니지만 비밀을 알 수 없다는 것 한 가지 때문에 장기적으로 공연을 유지할 수 있었던 것이다.

그리 오래지 않은 옛날 어느 두메산골에 한 소년이 살고 있었다. 그 소년의 어린 시절은 매우 궁핍하여 끼니를 잇기 어려울 정도였다. 학교도 제대로 다니기 힘들었던 소년은 어느 날 우연히 읽게 된 홍길동전을 계기로 인생의 전환점을 맞게 된다. 이때부터 소년에게는 꿈과 희망과 목표가 생겨났던 것이다. 그것은 바로 홍길동과 같이 도술을 익혀 어려운 사람들을 도와주는 의인이 되겠다는 것이었다.

그 때부터 소년은 학교에 가는 것도 친구들과 노는 것도 다 잊고 오로지 도술을 어떻게 배울 수 있을까 하는 것에만 골몰했다. 여기저기 수소문을 해보았지만 헛수고였다. 그러나 소년은 포기하지 않았다. 오히려 소년의 의지는 점점 더 불타올랐다. 고민에 고민을 거듭하던 소년은 결국 스승을 찾아 가출을 감행했다.

말할 수 없는 고생과 우여곡절 끝에 소년은 도사처럼 보이는 한 노인을 만나 스승으로 섬기게 되었다. 이 때부터 소년은 이제까지 경험했던 어떤 것보다도 혹독한 고생과 시련을 겪게 된다. 노인과 소년은 그들 이외에 인적이라고는 찾아볼 수 없는 그야말로 첩첩산중에서 둘만의 평범하지 않은 생활을 계속하였던 것이다. 그 곳에서 소년은 노예 그 이상도 그 이하도 아닌 존재였다. 그러나 소년은 자신의 주인인 노인이 진정한 도사라고 믿어 의심치 않았다. 그 믿음만이 소년을 버티게 하는 유일한 힘이었다. 그러한 생활이 이십 년에 가까워질 무렵 소년은 드디어 꿈에도 그리던 노인의 비술을 전수 받는다. 그가 전수받은 비술은 바로 축지법이었다.

어엿한 성인으로 장성한 소년은 꿈에 부풀어 기쁜 마음으로 하산하였다. 그러나 속세에 나와보니 세상은 완전히 변해 있었다. 우마차가 다니던 길은 자동차가 다니고, 도로는 흙 바닥에서 아스팔트로 바뀌어 있었다. 가장 당황스러운 것은 아스팔트와 같이 단단한 인공물에서는 축지법이 먹히질 않는 것이었다. 십 년 공부 나무아미타불이 아니라 이십 년 공부 나무아미타불이 될 판이니 기가 막힐 일이었다.

아무리 생각을 해 봐도 축지법을 써 먹을 데가 없었다. 단순히 빨리 갈 수 있다는 것만으로 무엇을 할 수 있을까? 그것도 포장도로에서는 제대로 되지도 않는데. 더구나 아무리 빨리 달려도 자동차나 비행기와는 견줄 바가 아니었다. 젊은 세월을 다 바쳐 그토록 어렵게 터득한 도술인데 허무하기 이를 데 없었다. 세상을 위해 뭔가 큰 기여를 할 수 있으리라고 생각했으나, 세상은 그의 생각을 전혀 받아들일 마음이 없는 듯 했다. 세상을 위한 큰 일은 고사하고 당장 자기자신의 앞가림부터 걱정해야 할 판이었다.

한달음씨가 마법의 세계에 몸담은 지도 벌써 십 년이 훨씬 넘었다. 갖은 고생 끝에 익힌 비술을 가지고도 써먹을 데가 없고 알아주는 사람조차 없어 방황과 좌절을 거듭하다가 우연히 눈에 띈 것이 마법의 세계였던 것이다. 처음에는 눈속임 하는 여타의 소위 마술사들과 같은 취급을 받는 것에 마음이 여간 불편하지 않았다. 그러나 시간이 지남에 따라 자연스럽게 현실을 인정하고 받아들이게 되었다.

자신에게 일자리를 제공해 준 마술의 세계에 고마운 마음을 잊지 않고 있는 한달음씨는 이제 완전히 마술사의 일원이 되어 자신의 역할에 최선을 다하고 있었다. 자신에 대한 세간의 평이나 의혹, 그리고 호기심 등에는 전혀 관심을 갖지 않았다. 그저 단원으로서 열심히 공연하는 것만이 자신이 세상을 위해 할 수 있는 모든 것이라고 생각했다.

그러는 동안 세월은 흘러흘러 한달음씨의 머리도 백발이 다 되었다. 그는 나름대로 행복한 생활을 하고 있었다. 마음 한편에는 일말의 아쉬움이 자리잡고 있긴 했지만, 세상에 어디 나만 그런 아쉬움이 있으랴 하는 생각으로 스스로를 위로했다. 그러면서 차차 아쉬운 마음도 사라져 갔다. 그리고 아예 스스로도 자신의 공연은 도술이 아닌 마술이라고 생각하기에 이르렀다. 그리고 온전한 마음의 평정까지 갖게 되면서 현역 생활에서 은퇴하게 된다.

그런데 뜻 밖에도 그의 은퇴가 큰 뉴스가 되었다. 그때까지도 그의 마술은 비밀이 벗겨지지 않았기 때문이었다. 이제까지 그런 사례가 없었다는 것이다. 한 동안 신비로 여겨졌던 마술들도 시간이 지나면 예외 없이 그 비밀이 밝혀져 왔던 것이다. 은퇴 후까지도 벗겨내지 못한 마술의 비밀, 과연 마술일까 도술일까 등의 제목으로 인터넷도 시끌시끌했다. 그리고 수많은 언론들이 논란 끝에 최종적으로 내린 결론은 '유일한 속임수 없는 진정한 마술' 이었다.

모든 소란을 피해 깊은 산속으로 몸을 숨긴 그도 이 소식을 들었다. 그는 조용히 미소 지으며 담담하게 한 마디를 중얼거렸다.

"그게 무슨 의미가 있는데……"

행복한 사람

내가 아는 친구 중에 좀 헷갈리는 친구가 있다. 내가 헷갈린다고 하는 것은 바로 그 친구의 정체성이다. 정체성이라고 하니까 흔히 얘기하는 무슨 사상이나 성 정체성 같은 것을 생각하기 쉬울 텐데, 그런 것과는 전혀 다른 얘기다. 얼핏 보면 굉장히 성실하고 부지런한 것 같은데, 실상은 그렇게 게으를 수가 없다는 말이다. 아무튼 오늘은 이 친구 얘기를 해보려고 한다.

이 친구는 어떤 일이건 꼭 해야 될 일, 즉 안하고는 안 될 일이라고 생각하면 반드시 한다. 그것도 과제가 떨어지는 순간 최대한 빨리 해치운다. 어릴 때부터 쭉 그렇게 해 왔다. 예를 들어, 숙제가 있으면 학교에서 돌아오기가 무섭게 숙제부터 했다. 씻는 것도 간식을 먹는 것도 뒷전이다. 심지어 교복을 갈아 입는 것도 나중으로 미룬다.

왜 그럴까? 일견 보면 바람직하고 기특하기도 하다. 그리고 현명하기도 한 것 같다. 맞을 매는 먼저 맞으라는 속담도 있지 않은가? 숙제를 해결하고 나면 뒤에 남은 시간들이 얼마나 느긋하고 편안한가? 그리고 여유를 만끽할 수 있는 자유로운 시간은 또 얼마나 많은가? 티브이를 보건 게임을 하건 친구들과 놀건 아니면 책을 보거나 다른 공부를 하건 뭘 해도 거기에 집중할 수가 있다. 그리고 무엇보다도 숙제가 남겨져 있을 때와는 비교할 수 없는 행복을 느낀다.

그렇지만 일반적으로는 그걸 알면서도 일단은 숙제를 미루게 된다. 우선 배가 출출하니 뭔가 먹어야 하고, 그전에 최소한 손이라도 씻어야 한다. 그리고 나면 좀 쉬고도 싶고 놀고도 싶고 티브이도 보고 싶다. 그런 유혹들을 이기고 바로 숙제를 한다는 것이 결코 쉬운 일은 아닐 것이다. 아마 대부분의 사람들도 그럴 것이다.

그런데 내가 아는 범위에서 유일하게 이 친구만은 그렇지가 않다. 이 친구를 비난하려는 것이 아니다. 오히려 그 반대다. 다른 사람들의 귀감이 되기에 충분하다고 생각한다.

그러나 문제는 그 다음이다. 안 해도 되는 일이라고 생각하는 것은 내키지 않는 한 절대로 하지 않는다. 아무리 나에게 도움이 되고 바람직하다고 생각되는 일도 안 한다고 비난 받거나 혼 날 일이 아니면 예외가 없다.

그렇게 온갖 유혹들을 물리치고 부리나케 숙제를 끝냈으면 나머지 시간을 알뜰하게 활용할 법 한데, 전혀 그렇지가 않다. 오히려 뭐 하러 그렇게 일찍 끝내려고 안달을 했나 할 정도이다. 할 일을 끝낸 후 하는 일이란 고작 빈둥빈둥 거리는 것뿐이다. 그러다가 졸리면 주저 없이 잠을 잔다. 집이건 직장이건 낮이건 밤이건 가리지 않는다. 최소한의 여건만 주어지면 잠을 청한다. 잠이 와서 자는 건지, 오지 않는 잠도 일부러 부르는 건지는 잘 모르겠다.

단언컨대 이 친구의 유일한 취미이자 특기는 잠이다. 아무리 재미있는 일이 있어도 아무리 수지 맞는 일이 있어도 누가 뭐라지만 않으면 잠이 우선이다. 물론 공식적으로는 독서를 취미라고 말한다. 그러나 나는 안다. 독서는 오로지 잠을 청하기 위한 수단일 뿐이라는 것을. 아무리 급하고 중요한 일이 있어도 이 친구는 잠이 우선이다. 졸리면 열일 젖히고 잠부터 자야 한다. 아마 시험기간이라고 밤을 새우기는커녕 평상시보다 조금이라도 덜 자본 적도 없을 것이다. 영화를 보다가는 말할 것도 없고 축구를 하다가도 졸리면 자러 갈 친구다. 이 친구에게는 잠보다 더 중요한 일은 없는 것 같다. 한 번은 내가 물었다.

"너는 이 세상에 잠자러 나왔냐?"

핀잔 섞인 내 말에 이 친구는 머리를 긁적이며 쑥스러운 듯 대답했다.

"글쎄, 그건 잘 모르겠는데 나는 그냥 자는 게 좋아. 좋아하는 것 하고 싶은 대로 하면서 사는 것이 나쁜진 않잖아? 남한테 피해를 주는 것도 아닌데……"

"그야 그렇지만 네 인생도 생각을 해야지. 그렇게 지내다 뭐하고 살 건데. 밥벌이는 있어야 할 것 아냐?"

"그거야 무슨 일이건 해야지. 설마 굶기야 하겠어? 호의호식 할 생각은 없으니 걱정할 필요는 없을 것 같은데."

천하태평이었다. 아무리 적은 돈이라도 벌기 위해서는 취업을 해야 할 텐데, 이 친구를 채용할 곳이 있을 것 같지가 않은데 말이다. 약속은 잘 지키고 지각 결석 한 번 한 적 없고 건강하고 정직하고, 여기까지는 나무랄 데가 없다. 그러나 시도 때도 없이 쉬고 싶으면 쉬고 자고 싶으면 자는 그런 꼴을 누가 보겠는가? 더구나 특별한 전문 지식이나 기술도 없다. 겉으로는 멀쩡하지만 속은 텅 빈 깡통과 다를 바 없다. 남들 보다 더 열심히 노력한 게 없으니 당연한 일이지만.

한 가지 기술이 있다면 있기는 하다. 잠 자는 기술. 언제 어디서고 마음만 먹으면 바로 잠이 들고 숙면을 취할 수 있다. 불면증 환자가 보면 대단한 기술일지도 모르겠으나, 그 기술을 어디에 써먹겠는가? 한 마디로 써먹을 데가 없는 친구라는 게 솔직한 내 생각이었다.

그러나 내 생각은 기우에 불과했나 보다. 그 친구는 보란 듯이 당당히 취업에 성공했다. 그리고 직장 생활에 만족하며 잘 다니고 있다. 직장에서도 인정을 받고 있다. 그가 택한 일은 목욕탕에서 때를 미는 세신사였다. 남들 보기에는 어떨지 모르겠지만, 이 친구에게는 딱 맞는 일이었다. 일단 출근 시간은 정해져 있지만 퇴근 시간은 정해져 있지 않다. 하고 싶은 만큼 일하고 쉬고 싶으면 언제든지 쉴 수가 있다. 물론 쉬거나 자다가 마음이 내키면 다시 일할 수도 있다. 세신사가 혼자만 있는 것도 아니니, 쉰다고 해서 빈 자리 티가 나거나 업무에 누가 될 것도 없다. 이 친구에게는 더 바랄 게 없는 안성맞춤의 직장인 것이다.

그렇지만 남들이 볼 때는 한심할 뿐이었다.

"멀쩡한 친구가 젊은 나이에 좀 더 나은 일을 할 수도 있을 텐데, 일 하는 것도 아니고 노는 것도 아니고 도대체 왜 저러고 있는 거야?"

주위의 어른들은 이런 말을 하면서 혀를 끌끌 차곤 했다. 그러던 어느 날, 기상천외한 일이 벌어졌다. 그 친구가 티브이에 나온 것이다. 그것도 가장 인기 있는 프로그램에 당당히 주인공이 되어서. 특집으로 진행된 전국에서 가장 행복한 사람을 뽑는 행사에서 치열한 경쟁을 뚫고 이 친구가 일등을 차지한 것이다. 이 친구를 잘 아는 사람들은 처음에는 의아하게 생각했지만, 이 친구 입장에서 곰곰이 생각해 보고는 무릎을 쳤다.

"그래, 세상에 걱정 근심이 있나, 어렵고 힘든 일이 있나, 스트레스를 받길 하나, 이 친구만큼 행복한 사람은 없을 것 같네."

누구나 이렇게 인정하지 않을 수 없었던 것이다. 그건 그렇고 이 친구의 수상 소감이 걸작이었다.

"제 평생에 일등도 처음이고 상을 받은 것도 처음이라 기쁘기에 앞서 굉장히 어색하긴 합니다만, 잠 잘 잔다고 주시는 상이라고 생각하니 제가 받는 것이 맞는 것 같기는 합니다. 다만, 상을 받기 전이나 지금이나 행복한 것은 변함이 없이 똑 같습니다. 바라는 것이 있다면 세상 모든 사람들이 저처럼 행복하게 살았으면 하는 것입니다."

돼지의 꿈

나는 돼지이다. 그리고 지금 분만 중이다. 새끼를 낳고 있는 것이다. 그것도 한두 마리가 아니고, 무려 아홉 마리나 된다. 그렇지만 전에 비하면 아홉 마리는 많은 것도 아니다. 이번이 다섯 번째 분만인데, 지난 네 번 동안 열 마리 이상은 기본이었고 열 네 마리까지 낳은 적도 있다. 그만큼 힘도 들지만 한편으로는 보람도 있다. 내가 맡은 일이 새끼를 많이 나아 잘 키우는 것이라는 것을 나는 잘 알고 있기 때문이다.

이곳에는 나 말고도 많은 동료들이 있다. 모두들 잘 먹고 잘 자고 잘 지내고 있다. 먹을 것은 일정한 시간에 정확한 양이 공급된다. 전에는 주인님이 직접 주셨기 때문에 뒤에 있는 친구들은 애타게 자기 순서를 기다려야 했다. 그러나 지금은 자동으로 동시에 나오기 때문에 기다리는 지루함도 없다.

주인님은 우리가 잘 먹는지 일일이 확인하고 조금이라도 남기는 녀석이 있으면 혹시 어디가 아픈 것은 아닌지 세밀하게 보살펴 주신다. 아픈 곳이 발견되면 약을 주기도 하고 주사를 놓기도 하여 우리의 건강을 지켜 주신다. 그 뿐 아니라 밥이 부족하다고 판단되는 놈들에게는 양을 늘려 주시기도 한다.

잠자리도 한 마리씩 편안히 지낼 수 있도록 칸막이를 해 놓아 좋은 자리를 차지하기 위해 싸울 일도 없다. 더구나 새끼들과도 방이 분리되어 있다. 물론 새끼들은 자유롭게 내 방에 들어 올 수 있지만, 나는 새끼들 방에 갈 수가 없다. 새끼들은 배 고플 때마다 나를 찾아 젖을 빨고 젖이 다 나오면 돌아간다. 내가 새끼들에게 다가갈 수 없는 것은 아쉽지만, 새끼들이 혹시라도 잘못되는 것보다는 낫다고 생각한다. 우리는 몸이 비대하고 둔하다 보니 가끔 새끼를 깔고 앉는 경우도 있기 때문이다. 그 어리고 작은 새끼가 깔리면 생명을 잃을 수도 있다. 그러니 이런 것까지 헤아려 우리를 보살펴 주시는 주인님을 고맙게 생각하지 않을 수 없다.

우리가 지내는 집 또한 그렇게 쾌적할 수가 없다. 우리 집은 계절이 어떻게 변하고 있는지 알 수가 없을 정도로 일년 내내 항상 일정한 온도를 유지하고 있다. 수백 마리가 한 집에 있다 보니 냄새가 심하기는 하다. 그러나 그것은 우리한테서 나오는 냄새이니 우리가 감수해야지 별 수 없다고 생각한다. 그럼에도 불구하고, 주인님은 그 냄새도 최대한 줄이기 위해 대형 환기 장치를 설치하여 계속 안에 있는 공기를 빼 내고 밖의 신선한 공기를 들여보내는 일을 게을리 하지 않으신다. 이런 주인님의 자상한 배려에는 저절로 고개가 수그려진다.

한 가지 불만이 있다면 새끼들과의 이별이다. 새끼들이 어느 정도 자라 밥을 먹기 시작하면 나는 새끼들을 두고 다른 방으로 가야 한다. 아직은 좀더 같이 있고 싶지만 모든 결정은 주인님의 몫이다. 나의 모든 의견은 별 의미가 없다. 주인님 의견에 따르면 만사형통이기 때문이다. 내가 새끼를 두고 가도 주인님이 알아서 잘 보살펴 주실 것이다. 나도 새끼 때 그런 보살핌으로 자랐던 기억이 있다. 엄마의 존재보다도 주인님의 손길이 훨씬 더 포근했던 것 같다. 그래서 불만은 그 순간일 뿐이다.

그리고 새끼들과 헤어져 다른 방으로 가면 또 다른 기쁨이 기다리고 있다. 그 기쁨은 새끼들과 헤어지는 서운함을 충분히 보상하고도 남을 만하다. 그것은 다름 아닌 수컷을 만나는 일이다. 묘하게도 나는 새끼들과 헤어지면 며칠 지나지 않아 수컷 생각이 간절해진다. 그러면 주인님은 내 마음을 어떻게 아셨는지 내 방에 수컷을 데려 오신다. 하긴 주인님은 모르는 것이 없을 테니 내 마음 속도 꿰뚫어보고 계실 것이 뻔하다. 아무튼 나는 주인님의 은혜 속에 환희와 쾌락의 시간을 만끽한다.

한 차례 황홀한 시간을 겪고 난 다음 나는 다시 다른 방으로 가게 된다. 이곳은 내가 가장 오래 머물러 있는 곳으로 가장 비좁고 지루한 곳이다. 물론 이곳에도 많은 동료들이 같이 있긴 하지만 거의 대부분 나와 비슷한 생각일 것이다. 그저 조용히 먹고 싸고 잘 뿐이다. 달리 생각하면 그렇게 편할 수가 없는 곳이기도 하다. 그러다가 분만 때가 되면 다시 원래 자리로 되돌아가 새끼를 낳고 키우는 일을 하게 되는 것이다. 어쨌거나 아무 하는 일이 없을 때조차도 편안히 먹여주고 재워주는 주인님께 어떻게 감사를 드려야 할지 모르겠다.

주인님은 참으로 전지전능하고 자애로우시다. 주인님은 우리에게 필요한 것과 우리가 원하는 것을 하나도 빠짐 없이 챙겨 주신다. 그 뿐 아니라 우리가 생각지도 못하는 것, 우리가 전혀 기대하지도 않았던 것까지도 우리에게 조금이라도 도움이 되고 좋은 것이라면 모두 다 해 주신다. 나는 신이 있다면 그 신은 바로 주인님일 것이라고 생각한다. 아니 나는 주인님이 틀림 없이 신이라고 믿어 의심치 않는다.

만약 주인님이 없다면 내가 어떻게 되었을까? 아마도 나는 먹을 것을 찾아 여기저기 산과 들을 헤매고 다니며 배고픔이 어떤 것인지를 처절하게 배웠을 것이다. 또한 한 여름의 찌는 듯한 무더위와 한 겨울의 살을 에는 추위와도 싸워야 하고 비바람과 눈보라 속에서도 잠자리를 구하지 못해 허허벌판에서 잠을 청하기도 할 것이다. 먹을 것을 구하려다가 사나운 개에게 쫓기기도 하고 함정이나 덫에 걸려 목숨을 잃을 수도 있을 것이다.

이 모든 것을 생각만 해도 끔찍하기 그지 없다. 그런 저런 생각을 하다가 지금 내가 있는 현실로 다시 돌아오면 내가 지금 할 일 없으니 호강에 겨워 엉뚱한 생각을 하고 있구나 하면서 빙긋이 웃게 된다.

이제 내 생각은 확고하다. 오로지 주인님을 믿고 주인님의 뜻에 따라 하라는 대로만 하면 모든 일이 잘 될 것이다. 평생을 편안하게 잘 먹고 잘 살 것이다. 걱정도 근심도 할 것이 없다. 무슨 일이 생기지도 않지만 혹시 생긴다 해도 주인님이 알아서 처리해 주시는데 굳이 내가 사서 걱정할 이유가 없다. 나는 도저히 할 수도 없고 할 엄두조차 나지 않는 일을 주인님은 척척 처리해 주시니 나는 오직 주인님이 시키는 것만 하면 된다.

나는 주인님이 내게 바라는 것이 무엇인지를 안다. 새끼를 많이 낳아 잘 키우는 것이다. 그것만 잘 하면 된다. 그러면 모든 것이 보장되고 내 새끼들도 나와 같이 키워 나와 같은 길을 가도록 보살펴 주실 것이다. 사실 주인님의 뜻이 아니더라도 새끼를 낳아 키우는 일은 나 자신이 원하는 일이고 또 마땅히 해야 할 일이기도 하다. 내 할 일 할 뿐인데 주인님이 그렇게 알뜰히 챙겨주시는 이유를 난 모르겠다.

정말 그것은 가끔씩 궁금해진다. 주인님의 선의를 의심해서가 아니라 너무나 고마워서 생각하게 된다. 왜 주인님은 그 고생을 해 가면서 이렇게 많은 우리들을 밤낮 없이 돌봐 주시는 걸까? 평생 먹고 싸기만 하는 우리에게 뭘 바라고 기대하기에 그토록 헌신을 하실까? 아마도 이 의문은 죽을 때까지 풀리지 않을 것 같다. 그리고 굳이 알고 싶지도 않다. 알아 봤자 나에게 무슨 도움이 될 것 같지도 않기 때문이다.

분명한 것은 주인님은 절대적으로 고마운 분이고 따라서 주인님을 위해서라면 무슨 일이든 해야 한다는 것이다. 주인님은 결코 그런 희생을 원치 않으시겠지만, 목숨이라도 바치라면 바쳐야 한다고 생각한다. 그것이 주인님의 은혜에 보답하는 유일한 길이라고 믿기 때문이다.

어쨌든 나는 현재 주인님 덕분에 호강하며 살고 있다. 주인님과 함께 있는 이곳이 바로 천국이다. 나의 유일한 꿈은 이곳에서 계속 이렇게 주인님과 함께 행복하게 사는 것이다. 다른 친구들도 모두 같은 생각일 것이다. 간혹 다른 생각을 하거나 쓸데 없이 주인님을 의심하는 친구들이 있긴 한 것 같은데, 그런 얘기를 들을 때마다 안타깝기 그지 없다. 그런 친구들에게 한 마디 해 주고 싶다.

"천국에 살면서 천국인지도 모르는구나. 보고도 모르는 답답한 친구들아, 제발 정신 좀 차리자."

행복한 날

"우리 드디어 결혼하는 거야? 결혼식은 어디서 할까? 신혼여행은 어디로 가고?"

복인은 한껏 들떠 있었다. 조금 전 양가 상견례 자리에서의 긴장감은 씻은 듯이 사라지고 미래에 대한 꿈으로 부풀어 올랐다.

지난 이 년 동안의 우여곡절을 생각하면 지금도 짜릿했다. 우연히 모처럼 맘에 쏙 드는 남자를 만나 가슴 설레었던 시간, 어떻게 고백을 할지 망설이고 애태우던 시간, 어느 날 정말 영화처럼 마음을 알기나 하는 듯이 다가와 준 그 남자 우식, 그리고 교제를 하면서 있었던 그 많은 고비들이 순식간에 어제 일처럼 떠올랐다. 그 순간순간 아차 했으면 오늘 이 행운은 결코 올 수가 없었을 것이다.

그 모든 어려운 과정은 모두 끝나고 이제 결혼이 기정사실로 되었으니 어찌 가슴이 벅차 오르지 않겠는가? 이제 고생은 끝나고 행복할 일만 남았다고 생각하자 복인의 마음은 또 다시 흥분과 기대로 벅차 올랐다.

"나야 복인이가 좋다고 하면 다 좋지."

우식은 언제나처럼 말했다. 그는 복인의 의견에 대부분 동의하는 편이었다. 동의라기 보다는 존중한다는 표현이 더 정확할 것이다. 그러다 보니 다툴 일도 없었다. 복인은 그런 그가 항상 믿음직하고 존경스럽기까지 했다.

"그래? 난 결혼식만큼은 좀 신경 써서 멋지게 하고 싶어. 돈 많이 들여서 크고 화려하게 하겠다는 것은 아니고, 아담하고 조용하면서도 우아하고 세련된 그런 곳이면 좋을 것 같아. 호텔이고 어디고 간에 너무 시끄럽고 복잡한 건 피하고 싶어. 우식씨도 그렇지? 여긴 어때? 내가 몇 군데 검색해 봤는데 그 중 여기가 마음에 드는데. 동화 속에 나오는 작은 궁전 같지 않아?"

"흠, 정말 환상적인 분위기네. 그런데 너무 멀지 않을까? 손님들이 많이 불편해 할 것 같은데. 시간도 오래 걸리고. 대중교통 이용하는 사람들은 더더욱."

당연히 좋다고 할 줄 알았는데, 조금은 실망스런 의외의 대답이었다. 그렇지만 개의치 않고 복인은 자신의 의견을 말했다.

“나도 그건 염려가 되긴 하지만, 그래도 우리 결혼식인데 우리가 마음에 드는 장소에서 해야 하는 것 아냐? 한 번뿐인 우리 결혼식이잖아. 난 오래오래 기억에 남을 그런 멋진 결혼식을 하고 싶단 말이야.”

“나도 물론 그러고 싶지. 그런데 결혼식뿐 아니라 모든 순간들이 우리의 인생에서 한 번뿐 아닌가? 그리고 현실을 너무 무시하면 안 될 것 같아서 한 번 해 본 말이지. 복인이가 꼭 거기서 하겠다면 거기서 해야지.”

“마음에 내키지 않지만 그냥 하자는 얘기야? 그건 난 싫어. 우식씨도 마음에 드는 장소라야 나도 좋은 거지.”

“아니 싫은 건 아니고, 불편하고 힘들 것 같아서 그러지. 누구보다도 복인이가 고생할 걸. 괜찮겠어? 좋은 날 고생한 기억만 남으면 어쩌려고?”

“난 괜찮아. 편하려면 결혼식을 어떻게 해. 그런 고생은 사서라도 할 수 있어. 어지간한 고생은 감수하더라도 우리만의 영원히 잊지 못할 그런 결혼식을 올리고 싶어. 너무나 행복해서 힘들고 어려울 때도 그날만 생각하면 희망이 샘솟을 수 있는 그런 결혼식 말이야."

오늘따라 복인에게 우식의 태도는 매우 낯설어 보였다. 웬만하면 우식은 복인의 뜻에 따라 주는데, 평소 같지 않게 은근히 계속 자기 주장을 펴고 있었다.

"좋은 얘기지. 그럼 결혼식은 어떻게 했으면 하는데?"

"남들 하는 것처럼 하는 것은 안 했으면 해. 뻔한 식순에 천편일률적인 진행, 그리고 사진 찍고 밥 먹고 자동화 라인에서 찍어나오 듯 서둘러서 끝나는 그런 건 정말 의미가 없는 것 같아."

"그건 나도 전적으로 동감이야. 그럼 우린 뭘 하지? 댄스 파티라도 할까?"

"그거 좋겠다. 피로연을 근사하게 하는 거야. 바비큐 파티식으로. 캠프화이어도 하고. 춤은 당연히 들어 가야지. 거기에다가 시상도 하고 행운권 추첨도 하면 아주 좋을 것 같은데."

"정말 그렇게 하자고? 난 그냥 해 본 소리였는데. 내 솔직한 의견은 결혼식 잘한다고 잘사는 건 아니라는 거야. 이제까지 소문나게 멋진 결혼식 한 사람치고 잘 사는 사람 본 적이 없는 것 같은데."

"어, 의외네. 우식씨 이벤트 같은 것 좋아하는 것 아니었어?"

그랬다. 우식은 모든 일에 성실하고 책임감도 강한 반면, 흥도 많아 노는 자리에서는 누구 못지 않게 잘 놀고 분위기도 주도를 하는 편이었다. 그런 그가 정작 본인 결혼식을 신나게 하자는데 싫다고 하다니. 복인도 이 대목에서는 인내심의 한계를 느꼈다.

"우식씨, 오늘 조금 이상한 것 알아. 평소에도 충분히 동의해 줄 만한 일인 것 같은데, 오늘 같은 날 굳이 그렇게 반대하는 이유가 뭐야?"

참지 못하겠다는 듯이 복인이 정색하며 물었다. 그 말에 우식도 당황스러운 듯 조심스럽게 입을 열었다.

"뭔가 오해를 하는 것 같은데, 내 말 좀 들어 봐. 나는 자기한테 행복한 결혼식보다는 행복한 결혼생활을 선물하고 싶어서 그래. 결혼식 날 행복하면 평생 행복이 보장될 수 있다고 생각해? 결혼식 날보다는 그 이후가 더 행복해져야 좋은 것 아냐? 결혼식 날 가장 행복한 사람들의 결말은 불행한 결혼생활일 수 밖에 없지 않을까? 설마 그걸 원하는 것은 아니겠지?"

복인도 우식의 논리에 일리가 있다고 인정하지 않을 수는 없었다. 그러나 그대로 동의하기에는 뭔가 억울한 느낌이 들었다. 무엇보다도 우식의 이렇게 강한 의사 표현은 이제까지 본 적이 없어, 사람이 바꾸었나 내가 알던 사람이 맞나 눈을 의심할 지경이었다. 아니면 이제까지 숨기고 있다가 결혼이 결정되니 본색을 드러내는 것인가 하는 엉뚱한 생각에까지 이르렀다. 복인의 이런 생각을 아는지 모르는지 우식은 작심한 듯 말을 이어갔다.

"기왕 얘기를 꺼냈으니 한 마디만 더 할게. 난 결혼식이 혼신을 다해 준비를 해야 할 만큼 중요하다고는 생각지 않아. 결혼식보다는 우리 미래를 준비하는 일에 좀더 신경을 썼으면 해. 어떻게 하면 더욱 더 다정하게 오래오래 해로할 수 있을까 하는. 나는 자기와 결혼하고 함께 산다는 것보다 더 중요한 것은 없어."

복인은 마음이 복잡해졌다. 어떤 면에서는 참 바람직한 것 같은데, 한편으로는 답답하기 그지 없었다. 교과서처럼 판에 박힌 듯 사는 것이 과연 행복한 삶일까 하는 의구심도 떨쳐 버릴 수 없었다. 이거 내가 남편감을 제대로 고른 건 맞는 거야 하는 생각도 들었다.

그나저나 어차피 이제 와서 무를 수도 없고, 설령 그럴 수 있다 하더라도 막상 그럴 생각이 없다는 것은 누구보다 복인 자신이 잘 알고 있었다. 다만 결혼은 환상이 아니고 현실이며, 고생 끝 행복 시작이 아니라 새로운 고생의 시작이라는 것을 새삼스럽게 확인했을 뿐이다.

"좋다고. 어디 한 번 해 보지 뭐. 결혼식이고 신혼여행이고 그게 뭐 중요해? 결혼 생활 자체가 중요하지. 어제보다 오늘이 오늘보다 내일이 행복한 날이면 무엇을 더 바라겠어?"

이미 세뇌가 된 것인지 서운함과 아쉬움을 애써 떨쳐버리려는 듯 복인은 계속 이렇게 중얼거렸다.

아름다운 세상

날씨가 참 좋다. 하늘은 쾌청하고 햇살은 따사롭다. 이렇게 날씨가 좋으면 마음도 덩달아 상쾌하다. 더구나 오늘은 아들 손자 며느리가 다 모였다. 종종 있는 일이긴 하지만, 이렇게 모일 때마다 마음이 흐뭇하고 뿌듯하다.

나는 지금 내 모습이 참 좋다. 늙고 병들어 겉보기엔 그저 불쌍한 할머니지만, 그래도 남부러울 것이 없다. 아들딸 육 남매 모두 반듯하게 장성하여 좋은 배우자 만나 잘 살고 있으니 그것보다 더 좋은 것은 없다. 게다가 다들 부부 금슬 좋고, 좋은 직장 잡아 돈도 잘 벌고, 손주들도 무럭무럭 잘 자라고 있으니 더 바랄 것이 없다.

지금은 큰 아들 집에 머물고 있지만, 애들이 서로 모시겠다고 해서 가끔씩 다른 애들 집에도 가곤 한다. 실은 애들 가자는 대로 여기저기 가다 보니 누구네 집인지 어느 동네인지 잘 모를 때도 있다. 아무튼 요즘 자식들은 부모 모시기 싫어 서로 눈치보고 싸우고 난리도 아니라는데, 나는 얼마나 복 많은 늙은이인가 새삼 생각하곤 한다.

주변에서도 나를 복덩이 할머니라고 부른다. 나는 별 말 하지 않지만 어쩌다 한 번씩 자식 얘기를 하면 어쩌면 그렇게 한결같이 효자 효녀일 수 있느냐며 부러워한다. 그럴 때면 괜히 나도 모르게 어깨가 저절로 올라가 우쭐해진다. 내 인생이 헛되지 않았구나 하는 자부심도 느낀다.

아무리 복이 많아도 늙은이 생활은 뻔하다. 밥 먹을 때 빼고는 누워 있거나 텔레비전을 보거나 하는 것이 전부다. 다른 것은 힘들고 귀찮다. 책을 읽어도 내용이 잘 이해가 되지 않는다. 운동은 너무 힘들어 엄두가 나지 않는다. 걷는 것도 힘드니 누가 도와주지 않으면 운동을 할 수도 없다. 여행은 아예 생각조차 할 수가 없다. 그나마 가장 쉬운 것이 텔레비전 보는 것이라 보긴 보는데 그것도 예전 같은 재미는 없다. 그때는 비록 흑백일 망정 드라마며 코미디며 그렇게 재미있었는데.

먹는 것도 마찬가지다. 옛날에는 맛있는 것도 참 많았다. 어머니가 해주시는 엿이며 강정이며 유과며 식혜며 잡채며 빈대떡이며 동태전에 불고기까지 맛있는 것이 이루 헤아릴 수 없었다. 그러나 요즘은 아무리 먹을 것이 많아도 식욕이 당기지 않는다. 그리고 어쩌다 입맛에 맞아 조금만 많이 먹으면 탈이 나고 만다. 늙으면 서럽다는 말이 그래서 있나 보다.

그렇지만 지나온 세월을 떠올리면 서러운 마음은 온데 간데 없이 사라지고 기쁨만이 충만해진다. 어릴 때 철모르고 뛰놀던 시절부터 수줍은 소녀가 되고 신랑을 만나 시집을 가고 자식을 낳아 부모가 되고 했던 그 모든 순간이 지금도 생각하면 할수록 꿈처럼 행복해진다.

나는 어린 시절 참으로 귀하게 자랐다. 아들 많은 집에 고명딸로 태어나 온갖 귀여움을 독차지했다. 아버지 어머니는 말할 것도 없고 오빠들도 나를 위한 것이라면 아무리 힘든 일도 마다 하지 않았다. 집안에서뿐 아니라 동네에서도 마찬가지였다. 내가 밖에 나가면 어른들은 한결같이 예쁘다며 머리를 쓰다듬거나 돌아가면서 안아주고 업어주고 하였으며, 또래 아이들은 모든 것을 내 위주로 놀아 주었다. 한 마디로 나는 공주처럼 자랐다.

우리 집은 대대로 지역 유지의 집안이었다. 할아버지는 마을의 큰 어른이셨고, 마을 대소사는 항상 할아버지의 의견에 따라 진행되었다. 그런 할아버지가 나를 끔찍이도 귀여워해 주셨기 때문에 어느 누구도 나를 함부로 할 수 없었다. 그 당시 나는 할아버지를 최고로 높고 무서운 분으로 믿고 있었기 때문에 그 무엇도

겁나는 것이 없었고 든든했다. 온 세상이 나를 위해서 존재하는 것 같았다.

그러다가 꿈 많던 소녀시절을 뒤로 하고 열 아홉 꽃다운 나이에 혼인을 했다. 신랑 얼굴도 보지 못하고 부모님이 정해준 대로 생판 모르는 곳으로 시집 와서 처음에는 다소 어색하고 불편했지만 얼마 지나지 않아 쉽게 적응이 되었다. 시댁 어른들도 나를 마음에 들어 하셔서 시집살이가 힘들다는 생각은 해본 적이 없다.

남편은 인물도 좋고 능력도 좋아 나무랄 곳이 없었다. 밖에서도 인기가 좋아 유혹이 많았을 텐데도 여자 문제로 말썽 한번 일으킨 적이 없었다. 그 뿐 아니라, 남편은 내 심기를 거스를 만한 일을 전혀 하지 않았다. 우리 부부는 유별나게 금슬이 좋아서 주위에 소문이 자자할 정도였다. 나는 몇 번을 다시 태어나도 남편과 결혼할 것이다.

자식들도 하나같이 착하고 성실했다. 공부도 잘 하고 말도 잘 듣고 한 마디로 모범생들이었다. 말썽 한번 피운 적이 없었기 때문에 애들 키우는 것이 전혀 어렵지 않았다. 젖먹이는 것 말고는 한 일이 없는 것 같다. 참 편하게 애들을 키웠다고 생각한다.

지금까지 살아온 것을 되돌아보면 한 마디로 행복했다. 어린 시절은 말할 것도 없고 결혼을 해서 자식들이 장성할 때까지 모든 것이 과분할 정도로 순조로웠다. 좋은 집안에 태어나 부모님은 물론이고 할아버지 사랑까지 듬뿍 받으며 자랐고 좋은 남편 만나 갖은 호강 다했고 자식들까지 잘 자라 효성이 극진하니 더 바랄 게 없다. 세상에 나만큼 편안하고 걱정근심 없이 사는 사람이 얼마나 있을까? 아마 흔치 않을 것이다. 그래서 이제 죽어도 여한이 없다.

나에게 세상은 한 평생 살기에 조금도 아쉬움이 없을 만큼 충분히 아름답다. 그러니 어찌 기쁘지 않을 수 있고 감사하지 않을 수 있을까? 모든 사람에게 감사하고 감사한다. 부모형제자식부터 이웃집 아저씨까지 누구 하나 고맙지 않은 이가 없다. 내 주위에 있는 모든 것에도 감사한다. 해도 고맙고 달도 고맙고 바람도 고맙고 땅도 고맙고 꽃도 고맙고 강아지도 고맙고. 일일이 다 열거할 수가 없다.

"오늘은 좀 어떠세요?"

"예, 거의 같으세요. 항상 웃으시고 말씀도 잘 하시고."

"늘 하시는 같은 얘기겠네요?"

"예, 그렇죠. 어린 시절부터 결혼해서 자녀분들 키우신 얘기까지. 말씀을 들어보면 참 행복하게 사신 것 같아요. 지금도 그러시지만. 여기 요양원 사람들도 어머님같이만 살면 좋겠다고 모두 부러워해요."

"글쎄요. 저희 형제들도 의아하게 생각하고 있습니다. 어느 누구보다 고생도 많이 하셨고 속도 많이 썩으셨을 텐데, 어떻게 그런 것은 전혀 기억을 못하시는지. 아버지는 소문난 한량으로 집안일에는 거의 신경을 쓰지 않으셨죠. 결국 주색잡기로 일찍 돌아가셨고, 아버지 역할까지 어머니가 대신 하시느라 정말 갖은 고생 다하셨고요. 저희들도 사고 깨나 쳤어요. 그럴 때마다 뒷감당은 당연히 어머니 몫이었죠."

"그럼 전혀 사실이 아닌 것을 기억하고 싶은 대로 기억하고 계신다는 말씀인가요?"

"예, 어디서 그런 상상력이 나오는지 저희들도 신기할 따름입니다. 게다가 그 얘기가 계속 진화를 하는 것 같아요. 어쨌거나 괴롭고 슬픈 기억을 안고 사는 것보다는 나은 것 같아 다행이라고는 생각합니다만."

"저도 그렇게 생각합니다. 어머님은 지금도 계속 상상력을 발휘하시는 것 같아요. 여기 요양원에 있는 사람들을 모두 가족으로 생각하시고요. 진짜 가족은 몰라보시면서도 모두다 아들이고 딸이고 며느리고 손주에요. 어머님의 치매는 축복이라고 생각해요."

라오스에서

“싸바이디. 안녕하십니까? 저희들은 한국에서 왔습니다. 저희는 각자의 전문 분야가 조금씩 다르지만 주로 농축산을 전문으로 하고 있습니다. 저희들이 이곳에 온 목적은 여러분들에게 조금이나마 도움이 될 수 있는 일이 있을까 해서 입니다.”

팀장인 정명철 교수님이 간단한 인사말과 함께 우리가 이 곳에 온 목적을 밝혔다. 이와 함께 우리 모두는 두 손을 합장한 채 눈 위로 올려 최대한의 예를 표했다. 마을 이장이 만면에 미소를 지으며 대답했다.

“먼 길 오시느라 수고 많으셨습니다. 그리고 감사합니다. 보시다시피 저희 마을은 라오스에서도 매우 외딴 곳입니다. 여러 가지로 불편한 점이 많겠지만 부디 계시는 동안 좋은 시간 되시기 바랍니다.”

아닌 게 아니라 여기까지 오는 길은 멀고도 험했다. 라오스의 수도인 비엔티안까지 와서 하루 밤을 묶고 국내선 비행기로 루앙프라방에 도착하여 메콩강에서 다시 배를 타고 한 시간을 넘게 내려간 다음 배에서 내려 가파른 언덕을 올라 한참 만에야 다다른 곳이 바로 이곳 팍릉이라는 마을이었다. 여기에 도착하는 데에만 꼬박 이틀이 걸린 셈이다.

봉사단원이라는 이름으로 오기는 했지만 봉사는커녕 내 몸을 지탱하기도 힘들 지경이었다. 총 여섯 명으로 구성된 우리 팀은 모두 이런 일에 경험이 풍부한 베테랑들이었다. 막내이자 홍일점인 나만 유일하게 초짜였다. 경험이 많아서 그런지 다른 사람들은 전혀 힘든 내색을 하지 않았다. 제일 젊은 나만 비실거려 팀원들의 걱정과 격려를 한 몸에 받았다. 그 덕분인지 다음 날부터 나도 힘을 회복하여 씩씩하게 내 일을 찾기 시작했다.

우리가 머무는 동안 마을은 사뭇 잔칫집 분위기였다. 하루 종일 바쁘게 움직이긴 했지만 정작 큰 도움이 된 것 같지 않아 미안한 마음뿐이었는데도, 너도나도 앞다투어 먹을 것을 끊임 없이 가져왔다. 그 중에서도 망고, 파파야, 패션프룻, 파인애플 같은 과일의 맛은 일품이었다. 특히 여기서 처음 먹어본 두리안의 맛은 환상적이었다. 처음에는 특유의 냄새로 이런 것을 어떻게 먹나 선뜻 손이 가지 않아 일행의 웃음거리가 되기도 했지만, 먹을수록 그 맛에 빠져들지 않을 수 없었다.

저녁에는 돌아가며 집으로 초대를 해 진수성찬을 차려냈다. 어디서 이런 것을 다 구했을까 할 정도로 다양하고 신기한 것들이었다. 비용도 많이 들었을 것 같아 조심스럽게 촌지를 꺼냈지만 한사코 사양하였다. 와준 것만도 고마운데 어떻게 돈을 받느냐는 것이었다.

나중에 포넵에게서 들은 얘기지만, 손님에 대한 융숭한 접대는 이들의 문화이자 자부심이었다. 손님에게 잘 해야 집안이 번성하고 자손이 잘 된다는 믿음도 있는 듯 했다. 그래서인지 그렇게 정성 들여 접대를 하고도 오히려 고맙다고 인사를 했다. 아마도 접대할 기회를 갖게 해줘 고맙다는 뜻인 것 같았다.

포넵은 특이한 존재였다. 그는 마을에서 유일하게 영어를 구사하는 젊은 청년으로, 우리가 있는 동안 통역을 도맡아 했다. 그러다보니 자연스럽게 우리와 줄곧 어울리게 되었고, 여러 가지 얘기를 하게 되었다. 그는 비록 오지에서 조용히 살고 있었지만, 전세계를 꿰뚫어 보는 통찰력이 있었다. 그의 몸은 한 곳에 머물고 있었지만, 그의 정신 세계는 동서고금을 수시로 넘나들고 있었던 것이다.

포넵은 특히 유기농에 관심이 많았다. 그의 꿈은 유기농을 바탕으로 자기 마을을 발전시켜 지금보다 훨씬 더 잘 사는 곳으로 만드는 것이었다. 그는 이미 자신의 꿈을 이루기 위한 농장을 갖고 있었다. 갖가지 채소와 과일, 약초 등을 종류별로 심어 시험 재배를 하고 있었고 다른 한편으로는 닭과 오리, 칠면조, 토끼, 염소 그리고 돼지에 이르기까지 거의 모든 가축을 기르고 있었다. 자신이 먼저 성공하는 모습을 보여 준 다음 다른 사람들도 보고 따라오게 하겠다는 것이 그의 계획이자 목표였다.

그는 우리의 방문을 환영하고 우리로부터 궁금한 많은 것을 배우려고 하였지만, 무조건적은 아니었다. 매번 본인의 의견을 말하고 그에 대한 조언을 구했다. 그는 우리가 미처 생각지 못했던 것들을 얘기하여 우리를 깜짝 놀라게 한 것이 한두 번이 아니었다. 그래서 누가 누구를 가르치는 것인지 헷갈리기 일쑤였다. 급기야 나는 그에게서 영감 같은 것을 받았다고 느꼈는데, 그런 느낌은 난생 처음이었다.

나는 날이 가면 갈수록 여기 오기 잘 했다는 생각이 절로 들었다. 마을 입구에 들어설 때부터 느꼈던 색다르고 생소한 느낌부터가 좋았다. 마을 어귀에서부터 집들이 보이기 시작할 때까지의 짧지 않은 거리를 걷는 동안 인간 세계를 벗어나 다른 세상으로 들어가는 듯한 착각에 빠져들었었다. 그 느낌은 포넵과의 대화를 통해 더욱 강해졌다.

일과를 마치고 나면 우리는 약속이나 한 듯이 메콩강가로 나갔다. 티베트 고원에서 발원한다는 메콩강은 수천 킬로미터에 달하는, 라오스를 비롯한 인도차이나의 모든 나라들을 아우르는 어머니 같이 포근한 강이다. 강 양 옆으로 깎아지른 듯이 솟은 산들과 어울린 한 폭의 그림 같은 풍광은 아무리 봐도 질리지가 않았다. 특히 저녁 놀이 드리워진 메콩강은 신선 세계에나 있을 법한 비경으로 평생 잊혀지지 않을 것이다.

우리는 해가 완전히 질 때까지 그 풍광을 잠시라도 놓칠 세라 미동도 하지 않고 바라보았다. 그리고 해가 지면 자연스럽게 하늘을 우러러보았다. 하늘에는 달과 함께 별들이 나타나기 시작했다. 우리 나라에는 이미 신화로 밖에 남아있지 않은 별들이 여기에 다 모여있었다. 밤이 점점 깊어 별들이 밤하늘을 가득 메우면 그 별들이 무더기로 나에게 쏟아져 내릴 것 같은 황홀함을 느끼곤 했다. 가끔씩 유성이 불꽃처럼 나타나곤 했는데, 너무 아름다워 그때마다 탄성을 지르곤 했다.

돌아올 날이 다가오면서 나는 이번 여행에 대해 생각해 보았다. 봉사 활동을 하겠다고 이 먼 곳까지 왔는데, 과연 봉사란 무엇이고 나는 어떤 봉사를 했는가? 내가 이들에게 해 준 것은 무엇인가? 포넵에게 넌지시 물어보았다.

"이번에 우리가 와서 도움 된 것이 있나요?"

포넵이 빙긋이 웃으며 대답했다.

"그럼요. 짧은 시간에 마을 분위기가 많이 달라졌잖아요. 그뿐 아니라 새로운 기술도 많이 배우고 농지와 축사도 정리가 되고. 모두들 고맙게 생각하고 있지요. 그렇지만 무엇보다도 고마운 것은 여기까지 찾아와 준 것 자체예요. 여러분이 이렇게 오지 않았다면 우리가 어떻게 만날 수 있었겠어요. 만남 자체가 기쁘고 그러니 고마운 거지요."

"그렇게 생각해주시니 오히려 고맙네요. 저는 도움을 준 것보다 배우고 받은 것이 너무 많아 폐만 끼치고 가는 것은 아닌지 걱정을 하고 있었는데요."

"누가 누구를 일방적으로 돕는 일은 없는 것 같습니다. 서로 돕는 것이지요. 그게 사람 사는 세상 아닌가요? 이번엔 우리가 많은 도움을 받았지만 언젠가는 저도 도움을 드릴 날이 오겠지요? 그리고 무엇보다도 다은씨를 만나게 된 것이 저에게는 큰 행운이고 행복이었습니다."

더 이상의 말이 필요 없을 듯 했다. 우리는 어느 틈엔가 말하지 않아도 서로의 마음을 알 정도로 가까워져 있었던 것이다. 그리고 서로 말을 하진 않았지만 머지 않아 내가 다시 이곳으로 올 것이란 것을 우리는 알고 있었다. 나는 이미 라오스에 반해 있었고, 더불어 라오스의 누군가에게 빠져있었으니까.

뜻대로 되지 않는 인생

나는 쓰레기다. 나를 아는 모든 사람들이 나를 그렇게 생각한다는 것을 나는 알고 있다. 그 중 더러는 아예 내 앞에서 대 놓고 그렇게 얘기한다. 나 역시 그들 의견에 어느 정도 동의한다. 그러니 나는 자타가 공인하는 쓰레기다.

그렇지만 나는 억울하다. 나는 내 스스로 막 살아보겠다고 생각해 본 적이 한번도 없다. 오히려 정반대다. 나는 누구보다도 성실하고 정직하게 살려고 노력해 왔다. 또한 내 양심을 걸고 누구에게 피해를 주는 행동을 한 적이 없다. 행동뿐 아니라 남에게 상처가 되는 말 한 마디도 한 적이 없다.

학창시절을 돌이켜 본다. 나는 일찍 자고 일찍 일어났다. 깨우지 않아도 일어나려고 알람을 맞춰놓고 무던히 노력했다. 리듬이 깨질까 봐 주말에도 늦잠을 자지 않고 같은 시각에 일어났다. 그리고 누구보다 일찍 학교에 갔다. 지각 결석은 당연히 꿈도 꾸지 않았다. 수업 시간에는 졸거나 다른 생각하는 일 없이 반듯하게 앉아 선생님 말씀을 열심히 듣고 필기했다. 좋아하는 과목, 싫어하는 과목, 잘 하는 과목, 잘 못하는 과목을 가리지 않고 한결 같았다. 국어, 영어, 수학은 물론 음악, 미술, 체육 시간도 적극적으로 참여했다. 수업 태도만 보면 누가 뭐라고 해도 나는 단연 모범생이었다.

방과 후에도 마찬가지였다. 학교에서 파하면 집으로 돌아오기가 무섭게 배운 것을 복습하고 숙제도 했다. 그리고 다음 날 과목에 대한 예습도 빼 놓지 않았다. 예정한 공부가 끝나기 전까지는 잠시라도 텔레비전을 보는 일도 없었다. 그리고 특별한 일이 없으면 일찍 잠자리에 들었다. 다음 날 수업을 잘 듣기 위해서였다. 충분한 수면과 적당한 휴식은 학습 효과를 올리기 위한 필수 조건이라고 생각했기 때문이다.

나의 일상만을 놓고 보면 모범생일뿐 아니라 전교 일등의 면모 그 자체였다. 흔히 명문대 수석 입학 인터뷰에 나오는 학교 수업 열심히 듣고 교과서 위주로 공부했으며 잠은 충분히 잤다는 등의 단골 멘트가 그대로 나에게 적용되었던 것이다.

그러나 웬 일인지 내 성적은 그리 신통치 못했다. 중학교 때까지는 그래도 중간 이상은 되었는데, 고등학교에서는 한번이라도 올라간 적이 없이 날이 가면 갈수록 바닥을 향해 떨어져만 갔다. 비상 수단으로 하루 여덟 시간씩 자던 잠을 각고 끝에 한 시간 줄여 보았지만 별 소득이 없었다.

가장 이해가 되지 않았던 것은 수업시간마다 뒤에서 잠이나 자는 한심해 보이는 친구들의 성적이 의외로 높은 것이었다. 그 친구들은 어쩌다가 잠을 자지 않을 때에도 수업을 듣지 않기는 마찬가지였다. 교과서는 접어둔 채 다른 책이나 보기 일쑤였고, 심지어 수업시간과는 다른 엉뚱한 과목의 책을 보곤 했다. 이를 테면, 영어 시간에는 수학책을 보고 국어 시간에는 영어책을 보는 식이었다. 내 상식으로 보면, 그 친구들은 도저히 좋은 성적을 받을 수 없었다.

그러나 현실은 달랐다. 그 친구들의 성적은 날이 갈수록 올라갔으며, 결국 그들 대부분이 원하는 명문대에 합격했다. 반면에 나는 천신만고 끝에 지방에 있는 이름 없는 대학에 합격은 하였으나, 거기까지 내려갈 엄두가 나지 않아 결국 재수의 길을 걷게 되었다. 나는 재수를 하게 되면 성적이 훨씬 더 좋아질 것이라고 믿어 의심치 않았다. 재수에서 성공하는 비결은 초심을 잃지 않는 것인데, 그 점에서 나는 자신이 있었던 것이다. 초지일관이야말로 내가 가진 가장 큰 장점이자 미덕이 아니던가?

그러나 자신 있게 시작한 나의 재수 생활도 순탄치 않았다. 고3

때와 마찬가지로 규칙적이고 절제된 생활을 이어갔지만 성적 역시 고등학교 때와 마찬가지로 바닥을 헤매고 있었다. 아니 아예 바닥을 파고 그 아래까지 내려가고 있었다. 물론 내가 온전히 공부만 한 것은 아니었다. 친구들과 어울려 술도 마시고 당구도 치고 노래방에도 갔다. 담배도 피우기 시작했다. 그러나 그것은 어디까지나 과중한 공부로 인한 스트레스를 풀기 위함이었을 뿐이다. 단 한번이라도 해야 할 공부를 뒷전으로 하고 놀아 본 적은 없다.

초심을 잃지 않고 내 나름대로의 심혈을 기울였던 나의 재수 생활도 결국 실패로 끝나고 말았다. 나는 정말 열심히 바르게 해보려 했지만 세상은 내 뜻대로 되지 않았다. 잘 하려고 하면 할수록 결과는 반대로 될 뿐이었다. 나는 언제부턴가 재수를 하고도 대학 문턱조차 가보지 못한 건달이 되어 있었다.

이대로는 안되겠다는 생각으로 선택한 것이 자원입대였다. 언제고 가야 할 군대지만 기왕이면 심기일전할 수 있는 기회로 삼아야겠다는 생각으로 자원을 한 것이다. 남들 다 가는 군대지만, 긍정적이고 적극적으로 보람 있는 군 생활을 해보리라 마음 먹었다. 지금까지의 시행착오적으로 살아온 인생을 만회하고 국가의 부름에도 부응하는 멋진 군인이 되리라 다짐도 하였다.

그러나 그것도 뜻대로 되지 않았다. 남들이 그렇게 힘들다고 하는 훈련소에서의 훈련을 나는 즐거운 마음으로 받겠다고 다짐했다. 그래서 어려운 훈련일수록 웃음을 잃지 않으려고 애썼다. 그런데 그것이 화근이었다. 훈련 받으면서 웃는 모습이 교관이나 조교들의 마음에는 들지 않았던가 보다. 지금 훈련 받는 것이 우습나, 놀러 온 줄 아나 하면서 열심히 하려는 나를 가만두지 않고 괴롭혔다. 훈련소에서 첫 단추를 잘못 꿴 군대 생활은 자대에 가서도 계속되어 전역할 때까지 내내 고문관 소리를 들어야만 했다. 군대에서 뭔가 전기를 마련해보려 했던 나의 마지막 계획도 결국 수포로 돌아간 것이다.

이렇게 재수를 포함한 학창시절과 군 생활까지 모두 망쳐버린 나는 거의 자포자기 하기에 이르렀다. 전역 후 나의 생활은 얘기를 하지 않아도 충분히 짐작이 갈 것이다. 당연히 취업도 되지 않고 그렇다고 실력도 경험도 돈도 없이 무작정 사업을 할 수도 없고, 할 수 있는 일이 거의 없었다. 기껏해야 일당을 받는 일용직이 할 수 있는 유일한 일이었는데, 그마저도 가뭄에 콩 나듯 생기는 일이어서 노는 날이 대부분이었던 것이다.

내 인생이 어디서부터 어떻게 꼬이기 시작한 것인지 아무리 생각해봐도 도저히 알 수 없었다. 분명한 것은 나는 내가 꿈꾸었던 인생을 위해 최선의 노력을 다했으나 결과는 항상 내 편이 아니었다는 것이다. 그래서 내가 내린 결론은 인생은 마음 먹고 노력한다고 되는 것은 아니라는 것이었다.

그렇다면 이제 나는 어떻게 해야 할까? 고민고민 끝에 이번 생에는 더 이상의 희망도 미련도 없으니 차라리 한 많은 생을 이쯤에서 마감하자는 생각에 이르렀다. 그런데 이런 생각에 이르자 문득 억울하다는 생각이 고개를 들었다. 무엇보다도 여자 한번 사귀어 보지 못한 것은 천추의 한이었다.

그래서 죽기 전에 꼭 한번 남에게 폐를 끼치더라도 여자를 사귀어 보겠노라는 무서운 결심을 하게 되었다. 범행 장소는 가끔 밤에 나가 담배를 피우곤 했던 집 근처 골목 가로등 근처로 정했다. 밤이 깊어 나는 그곳으로 나가서 으슥한 골목을 기웃거리며 혼자 오는 여자를 기다렸다. 누구든 상관 없다, 여자만 나타나라 그 생각뿐이었다.

기회는 예상 외로 빨리 왔다. 그런데 상황 역시 예상 밖이었다. 저만치서 한 여자가 황급히 뛰어 오는데, 바로 그 뒤로 어떤 남자가 그 여자를 덮칠 듯이 바짝 뒤쫓고 있었다. 그 남자는 치한이 틀림 없어 보였고 여자는 쫓기는 것이 분명했다. 나는 순간 아무 생각 없이 그 남자에게 달려 들어 선방을 날렸다. 인생을 포기한 마당에 나는 겁날 것이 아무 것도 없었다. 내 서슬에 놀란 그 남자는 뒤도 돌아보지 않고 달아났으며, 나는 졸지에 그 여자의 은인이자 영웅이 되었다. 아, 무슨 운명의 장난인가? 그토록 잘해 보려고 할 때는 안되더니, 치한이 되려고 마음먹자 말자 치한을 물리치는 의인이 되다니.

아무튼 나는 이 일을 계기로 나를 따뜻한 마음으로 이해하고 진정으로 인정해 주는 유일한 사람을 얻게 되었다. 나는 그 여자를 치한으로부터 구해주었지만 그 여자는 나를 인생의 구렁텅이에서 구해 주었던 것이다. 물론 우리는 결혼하여 지금까지 알콩달콩 잘 살고 있다. 참 뜻대로 되지 않는 것이 인생이다. 그래도 그래서 참 다행이다.

유령의 집

어렸을 때 멋모르고 어머니를 따라 유령이 나오는 공포영화를 보러 간 적이 있었다. 소복을 하고 긴 머리를 날리면서 입에서는 피를 흘리는 유령의 모습은 어린 나에게 공포와 경악 그 자체였다. 영화가 끝나고 아무렇지도 않은 모습으로 나오는 어머니를 보고 나도 따라 태연한 척 가장을 했지만, 내 작은 가슴은 무서움으로 가득 차 온몸이 바들바들 떨릴 지경이었다.

그 후 나는 한 동안 유령이나 귀신이 나올까 봐 밤에 혼자 화장실도 가지 못하고 심지어 부엌에도 가질 못했다. 어두운 곳에 혼자 있으면 등 뒤에서 꼭 유령이 나올 것 같아 소스라쳐 놀라곤 했던 적이 한두 번이 아니었다. 이러한 나의 무서움증은 유년시절을 줄곧 같이 한 가장 가까운 동반자였다.

그러다가 중학교에 들어갈 무렵이 돼서야 유령의 존재를 믿지 않기 시작했다. 그것은 내 나름대로 피나는 노력을 한 결과였다. 항상 머리 속을 맴도는 유령을 떨쳐버리기 위해 나는 학문적으로 이론적으로 유령에 대해 끊임 없이 연구하고 분석을 했던 것이다. 그 결과 귀신은 허구일 뿐이라고 결론지을 수 있었다.

내 논리는 대강 이러했다. 동서고금을 통해 유령의 종류도 많고 그에 대한 얘기도 많지만 실제로 유령을 본 사람은 아무도 없다. 유령을 봤다고 주장하는 사람이 간혹 있기는 하지만 그것이 입증된 적은 없으니 의미 없는 주장일 뿐이다. 본 사람이 없다고 존재 자체가 없는 것이냐 라는 반론 역시, 본 사람이 없는데 도대체 누가 그 존재를 알 수 있었겠느냐고 역 반론을 폈다. 그러니 유령은 오로지 상상력으로 만들어진 것일 뿐이라는 나의 논리를 완성했던 것이다.

이 후로 나는 유령의 공포로부터 완전히 벗어날 수가 있었다. 소심하고 겁 많고 자신감 없던 나는 그 때부터 씩씩하고 용감하며 자신감이 넘치는 사람으로 다시 태어났던 것이다.

중학교에 들어가면서부터 나는 매사를 과학적으로 접근하려고 하였다. 과학이야말로 가장 합리적이고 이성적인 판단의 기준이 된다고 믿었기 때문이다. 유령뿐 아니라 도깨비, 귀신, 에어리언, 뱀파이어 등 각종 공포의 대상들을 나름대로 세운 논리에 따라 허구로 규정지었다. 그러면서 성인이 되어서는 유령이니 귀신이니 하는 따위는 아예 잊고 살게 되었다.

그렇게 지내다가 어어 하는 사이에 세월은 흘러 어느 새 할아버지 소리를 듣는 나이가 되었다. 나이가 들수록 할 수 있는 일은 점점 줄어 어느 틈엔가 밥만 축내는 늙은이로 전락하고 있었다. 노인이 유일하게 할 수 있는 일은 옛날 생각을 하는 것이었다. 최근 일은 어제 일도 까맣게 잊어버리지만, 옛날 일은 시간이 지날수록 더욱 더 또렷이 기억나니 어쩔 수가 없었다. 친구들과 만나도 어릴 때 얘기뿐이었다. 만날 때마다 같은 얘기를 반복해도 그저 항상 새롭고 즐거웠으며, 또 그 얘기냐고 뭐라고 하거나 면박을 주는 친구도 없었다.

그러다가 문득 생각난 것이 유령이었다. 어린 시절 그토록 공포스러웠던 유령과 귀신, 나이 들면서는 아무 의미가 없고 존재 자체도 없다고 생각했던 것들이 갑자기 생각난 것은, 어쩌면 내가 바로 유령이 되고 있는 것은 아닌가 하는 생각 때문이었다. 죽은 사람을 유령이라고 한다면 나는 이미 절반 정도는 유령이 아니겠는가? 그렇다면 진짜 유령이 되어보는 것은 어떨까 하는 엉뚱한 생각을 하기에 이르렀다.

얼마 남지 않은 여생을 유령으로 살아보는 것도 나쁘지 않을 것 같았다. 유령 예행연습이라고나 할까? 이를테면 살아 생전에 유령 체험을 해 보는 것이다. 만약 정말로 유령이 있다면 그리고 그 유령이 바로 나라면, 나는 어떤 모습이고 또 어떻게 지내게 될까? 사람들이 유령인 나를 보게 된다면 그 반응은 어떨까? 이런 저런 생각들이 꼬리에 꼬리를 물었다.

나는 곧바로 유령이 되기 위한 작업에 착수했다. 우선 내 나름대로 유령에 대해 생각해 보았다. 유령은 사람이 아니고 단지 과거에 사람이었던 존재다. 따라서 유령은 이제까지 알고 지내던 모든 사람들과의 인연을 끊는다. 물론 알아볼 수는 있지만 말을 하거나 아는 척을 하지도 않는다. 상대방이 알아보고 인사를 해 와도 모른 척 한다. 다만 필요할 경우 목에 걸린 유령이라는 패찰을 보여 준다. 자식들에게도 당연히 같은 원칙으로 대한다. 자식들 집에 가게 될 경우에도 인사를 받거나 대화를 하지 않는다. 다만 차려주는 음식을 먹고 하는 얘기를 듣기만 한다. 꼭 필요한 경우에는 혼잣말처럼 이렇게 의사를 표현한다.

"오늘 음식 참 맛있네. 차리느라고 며늘아기가 고생이 많았겠어. 다들 건강하고 잘 지낸다니 무엇보다도 좋은 일이고. 좀 피곤하데 그만 가 볼까."

그야말로 유령처럼 왔다가 유령처럼 사라지는 것이다. 처음에는 어색하겠지만, 나중에는 자연스러워질 것이다. 그리고 정말로 세상을 떠날 때에는 이미 어느 정도 예행연습이 되어 있는 터라 보다 담담하게 받아들일 것이다. 곰곰이 생각해 보니 노후 생활을 그렇게 보내는 것도 나쁘지 않을 것 같았다. 무엇보다도 내 시간 많이 갖고 자유롭게 지낼 수 있어서 좋고, 신경 써봐야 뾰족한 수도 없고 괜히 서로 상처나 주고 받을 쓸데 없는 일에 간섭하지 않아서 좋을 것 같았다.

이렇게 대강의 생각이 정리되자 바로 실행에 돌입했다. 먼저 찾아간 곳이 요양원이었다. 그리 크지 않고 조용한 그 요양원의 원장은 선뜻 내 의견을 받아들여 주었다. 나는 그 요양원의 공식 유령 1호가 되었다. 정확히는 예비 유령이었다. 왜냐하면 아직은 완전한 유령이 아니기 때문이다. 정신적으로는 유령일지 모르지만 육체적으로는 사람임을 부정할 수 없다. 먹고 자고 아프면 병원에 가거나 약을 먹어야 하고 하는 일들은 사람과 다를 바가 없는 것이다. 다만 어떤 경우에든 사람과는 아예 본체만체하는 것이 다를 뿐이었다. 예외적으로 원장과는 필요한 경우에 한하여 대화를 했다. 말하자면 원장은 사람과 유령의 유일한 소통 창구였다.

처음 요양원 식구들은 매우 어색하고 불편해했다. 인사를 해도 받지도 않고 눈이 마주쳐도 못 본체 하며 시선을 돌리고 말을 붙여도 대꾸조차 없으니 뭐 이런 사람이 있나 하고 불쾌해했다. 면전에 대고 화를 내거나 따지는 사람도 있었다. 그러나 그럴 때마저도 아무런 반응이 없으니 제풀에 물러서곤 하였다.

그러다가 사연을 알고 나서는 서서히 이해하기 시작했으며 흥미를 보이기 시작했다. 그러더니 급기야 유령 클럽에 가입하겠다는 사람들이 생겨나기 시작했다. 복잡하고 골치 아픈 세속 인연을 최대한 멀리 하고 마음 편히 지내면서 남은 생을 정리하는 것이 나쁘지 않겠다는 생각에 동조를 한 것이다. 게다가 남은 가족들도 소위 노인 문제로 갈등을 겪을 일 없이 살 수 있으니 서로가 편하고 좋은 일이라는 것이다.

그리하여 회원 수가 한 명 두 명 늘기 시작하더니 어느 틈엔가 요양원에 수용된 거의 모든 식구들이 유령 클럽에 가입을 하게 되었다. 유령들끼리는 대화가 되니 유령들도 외롭지 않게 되었다.

언제부턴가 요양원 이름도 유령의 집으로 바뀌었고 구경을 오는 사람들도 생겨나기 시작했다. 방문하는 사람들은 처음 보는 유령들 모습을 신기해 하며 사진 찍기에 바빴다. 유령들은 방문객들이 뭘 하든 못 본 듯이 행동을 했으며 그러면 그럴수록 더욱 신기해했다.

유령들은 가족에게조차도 똑 같이 행동했다. 유령들은 이미 사람이 아니니 당연한 것이었다. 가족이나 아는 사람들은 다소 서운한 마음이 들지 모르겠으나 그것은 어디까지나 짧은 순간일 뿐이었다. 길게 보면 서로를 위해 좋은 선택이라는 것을 누구나 쉽게 이해할 수 있었다.

무엇보다도 유령들이 사회에 기여한 결정적인 것은 바로 유령은 무섭지 않다는 것을 알려준 것이다. 무섭지 않을 뿐더러 사람들에게 아무런 영향도 주지 않으며 그럴 의사가 전혀 없다는 것을 증명해 보였다. 그러니 이 세상의 모든 소심하고 심약하고 겁 많은 이들이여, 오늘부터 다른 건 몰라도 유령으로부터의 공포는 모두 잊으시라.

아버지

"엄마, 결혼 같은 것 안 한다고 했잖아."

"결혼 하라는 게 아니고, 한번 만나만 보라는 거야. 사람이 정말 좋다더라."

"사람이 마음에 안 들어서가 아니라, 결혼 자체가 싫다니까. 혼자 살고 싶다고."

"글쎄, 결혼이 왜 싫어? 남들 다하는 결혼을 어디가 부족해서 너만 싫다는 거야? 싫으면 싫은 이유나 속 시원히 얘기를 해 보던지."

"싫은데 무슨 이유가 있어. 그냥 싫으면 싫은 거지. 난 결혼 하겠다는 사람 속을 모르겠더라. 뭐가 좋다고 그렇게 결혼에 목을 매는지. 결혼이 왜 좋은지 이해가 되면 그때는 하지 말래도 할 테니 제발 이제 더 이상 얘기하지 마."

벌써 몇 년째 되풀이 되는 어머니와 나의 대화 내용이다. 어머니는 내가 결혼하지 않으려는 이유를 젊을 때의 치기 정도로 생각하고, 늙으면 반드시 후회하게 될 것이란 확신으로 집요하게 내 잘못된 생각을 바로 잡으려고 하신다.

그러나 아무리 어머니라도 이미 성인이 된 내 마음 속을 헤아리기란 쉽지 않을 것이다. 더구나 내가 의도적으로 속내를 드러내지 않고 있는 이상, 내 본심을 짐작조차 하지 못할 것이다.

사실 난 독신주의자도 결혼혐오자도 아니다. 좀 더 솔직히 말하면 결혼이 하고 싶다. 결혼해서 남부럽지 않게 행복한 가정도 꾸리고 싶다. 그럼에도 불구하고 결혼을 부정적으로 생각하고 거부하는 이유는 따로 있다.

그 이유는 바로 부모님 때문이다. 아버지 같은 사람을 만나 어머니처럼 살게 될까 봐서이다. 내 눈에 비친 두 분의 사는 모습은 결코 좋아 보이지 않았다. 내가 생각할 때 두 분은 그냥 아무 생각이 없이 아니면 억지로 살아 오셨다. 나 같으면 벌써 헤어졌거나 우울증에 걸려 정신병원에 가 있을 것이다. 그런데도 두 분은 지금까지 그 누구보다도 행복하게 잘 살아왔다고 아주 자랑스럽게 주장하고 있다. 그러니, 두 분 사는 모습을 보고는 도저히 결혼할 마음이 생기지 않는다고 솔직하게 말할 용기가 나지 않는 것이다.

부잣집 막내아들로 태어나 응석받이로 자란 아버지는, 힘든 일을 싫어하셨다. 육체적으로 힘든 일은 물론, 남에게 부탁을 하거나 사정을 하는 일, 심지어 경조사에 가서 인사치레 하는 것조차 하려 하지 않았다. 아주 단순한 일조차도 내 몸이나 마음에 조금이라도 불편하면 하지 않으려 드니, 객관적으로 볼 때 그것은 무능 그 자체였다. 그러다 보니 갈수록 할 수 있는 일이 줄어들고, 종국에는 변변치 못한 일자리하고도 영영 멀어지게 되었다.

경제적인 무능은 바로 가족에 대한 무책임으로 이어졌다. 무책임이 만성화되자 나태와 불성실이 노골화되었다. 거의 매일 해가 중천에 이르도록 잠에서 깰 줄을 몰랐다. 그렇다고 밤에 늦게 잠자리에 드는 것도 아니었다. 남들은 아버지가 아침 일찍부터 나가 밤 늦게 들어오기 때문에 얼굴 보기 힘들다고 하는데, 우린 아버지가 항상 자고 있기 때문에 얼굴 보기가 힘들었다.

갈수록 아버지는 우리를 더욱 더 실망시켰다. 본인의 잘못이나 단점을 전혀 인정하지 않고 변명과 궤변으로 일관하였다. 어쩌면 그 긴 시간 누워서 그런 것만 연구하는 것 같았다. 주된 내용인즉, 돈을 못 벌어서 그렇지 그것만 빼고는 나무랄 데 없는 사람이라는 것이다.

처음에는 정말 그런가 하고 아버지의 좋은 점을 찾아 보려고 애를 썼다. 그러나 찾으면 찾을수록 좋은 점은 보이지 않고 나쁜 점만 계속 나왔다. 세상에 어쩌면 이렇게 철저하게 장점은 하나 없고 단점만 있는 사람이 있을까? 서글프게도, 오랜 관찰과 연구 끝에 아버지에 대해 내가 내린 결론이었다.

오죽하면 언제부턴가 무슨 일이건 아버지 생각과 반대로만 하면 그것이 정답이라는 신념을 갖게 되었다. 이를 테면 여자가 무슨 운전이냐고 해서 운전면허를 땄고, 컴퓨터는 뭣 하러 하냐고 해서 컴퓨터 학원을 다녔다. 그렇게 하다 보니 어느 틈에 명문대를 우수한 성적으로 졸업하고 사법시험에 합격하여 유명 로펌의 잘 나가는 변호사가 되어 있었다.

로펌에서 나는 신나게 일했다. 일도 재미있었지만, 능력 있고 생각이 맞는 사람들과 함께 한다는 것은 이제까지 느껴보지 못한 환상적인 새로운 경험이었다. 그 중에서도 특별히 한 남자가 내 마음에 들어왔다. 대학 일년 선배라 대학 때부터 알던 사이긴 했지만, 알면 알수록 아버지와는 정반대였다. 즉 장점만 있지 단점을 찾을 수가 없었다. 이런 사람이라면 결혼을 해도 좋겠다는 생각도 했다.

드디어 우리는 결혼을 했고 이제 더 이상 아버지와는 한 집에 살 일도 없게 되었다. 또한 아버지 같은 사람 만나면 어쩌나 하는 걱정도 더 이상 할 필요가 없게 되었다. 다만 나는 남편이 아버지 때문에 혹시라도 상처를 입거나 불편해 할까 봐 그것만이 마음에 걸렸다.

그런데 내 예상은 보기 좋게 빗나갔다. 아버지가 사위를 좋아하는 것은 그렇다 하더라도 남편이 아버지를 좋아하는 것은 뜻밖이었다. 전혀 어울릴 것 같지 않은 두 사람은 만나기만 하면 무엇이 좋은지 시종 웃음이 떠나지 않았다. 심지어 누가 먼저 하는지는 몰라도 전화 통화도 자주 하고, 한 번 통화를 하면 십 분 이십 분은 보통이고 한 시간 이상 될 때도 있었다. 처음에는 남편의 장인 배려하는 마음이라 생각하여 한편으로는 고맙고 한편으로는 미안하기도 하였는데, 날이 갈수록 도가 심해지는 것 같아 은근히 걱정이 되었다. 억지로 장인에게 장단을 맞추다가 뭔 일이라도 나는 것 아닌가 해서였다. 나는 조심스럽게 남편에게 물었다.

"선배는 우리 아빠에 대해 어떻게 생각해?"

아빠 얘기가 나오자 마자 남편은 입가에 빙그레 미소부터 지었다.

"좋은 분이지. 순수하고 복도 많으시고. 아버님과 얘기하다 보면 세상 근심이 모두 사라지는 것 같아."

워낙 의외의 답변이라 나는 한 동안 말문이 막힐 지경이었다.

"그래? 사실 나는 선배가 아빠와는 공통점이 없다고 생각했고 그래서 좋았는데."

그러자 남편은 진지하게 말했다.

"그렇게 생각할 수도 있겠지. 그렇지만, 아버님은 나름대로 최선을 다해 사신 거야. 능력도 안되면서 뭔가 해보겠다고 가산을 탕진하는 것보다 차라리 가만히 있는 것이 훨씬 나을 수 있어. 아버님은 그걸 아시고 온갖 비난을 감수하면서까지 참고 지내신 거지. 그런 점에서 나는 아버님이 훌륭하다고 생각하고 존경스러워.

그리고, 돈 잘 번다고 주색잡기에 놀아나는 것보다 아버님처럼 사시는 게 좋지 않아? 우리 아버지만 해도 여자 문제로 평생 어머니 속을 얼마나 썩였는지 몰라. 어머니는 아무리 온갖 호강을 한다 해도 아버지한테서 받은 마음의 상처는 영원히 씻으실 수 없을 거야.

그에 비하면 아버님은 가족에게 참 잘하신 거지. 나는 아버님하고 애기를 하면 그렇게 마음이 편안할 수가 없어. 정말 장가를 잘 들었구나 하는 생각이 절로 든다니까."

첫사랑

여기였나? 아니 저기쯤이었나? 나는 벌써 몇 시간째 이 골목 저 골목을 헤매고 있다. 지나가는 사람들이 가끔씩 힐끔힐끔 쳐다보기도 한다. 아무리 보고 또 보아도 내 기억 속의 모습은 전혀 보이지 않았다. 하긴 지나간 세월이 얼마인가? 수십 년도 훨씬 지난 지금 무엇 하나 남아 있을 턱이 없겠지.

애당초 이곳에 올 일이 아니었다. 그 동안 까마득히 잊고 지내다가 왜 오고 싶은 마음이 생겼을까? 오고 싶은 마음이 있었던 것은 아니었다고 나는 단호히 고개를 젓는다. 그럼 왜 왔지? 글쎄, 그건 나도 잘 모르겠다. 그냥 지나던 길에 들렀을 뿐이야. 그럼 이렇게 머무를 필요 없잖아? 그렇긴 한데 기왕에 왔으니 기억에 남는 뭐라도 있는지 한번 봤으면 해서. 이렇게 자문자답하며 나는 이러지도 저러지도 못하는 어정쩡한 상태로 이리 기웃 저리 기웃 갈팡질팡 하고 있었다.

돌이켜 보면 나의 어린 시절이 아름다웠다고 말할 수는 없을 것 같다. 기억도 나지 않는 어린 나이에 명색만 서울특별시였던 이곳으로 우리 가족은 이사를 했다. 지방에서 사업을 하다 실패한 아버지가 재기의 꿈을 안고 과감히 식구들을 이끌고 무작정 상경을 감행했던 것이다.

그러나 우리 가족의 서울 생활이 아버지 뜻대로만은 되지 않았다. 한 마디로 고난의 연속이었다. 그날 벌어 그날 먹고 사는 날이 부지기수였다. 그것은 벌지 못하는 날은 끼니도 거른다는 뜻이었다. 그때처럼 한끼 한끼가 소중하게 생각되었던 적이 없다. 그리고 그때처럼 밥을 먹을 때마다 진심으로 그리고 간절하게 기도를 한 적이 없다. 일용할 양식을 주시어 감사합니다. 그리고 부디 끊임 없이 계속 주시옵소서 라고.

그런 상황에서도 우리가 유일하게 믿는 구석은 오로지 아버지였다. 그렇게 어려운 지경에서도 아버지는 우리에게 한번도 약한 모습을 보인 적이 없다. 언제나 웃음을 잃지 않았고 항상 큰 소리를 쳤다. 조금만 기다려라. 고생 끝날 날 얼마 안 남았다.

그러나 그날이 언제인지는 도무지 알 길 없이 세월만 무심히 지나갔고 그만큼 우리는 가난에 익숙해질 뿐이었다. 그래도 몇 년째 티브이 영화처럼 되풀이 되는 그 말이 나에게는 유일한 위안이었고 희망이었다. 조금만 기다려라. 고생 끝날 날 얼마 안 남았다.

집안 형편이 어려우니 나는 항상 주눅이 들어 있었다. 한창 뛰어 놀 나이임에도 나는 쉬는 시간에 주로 교실에 앉아 있었다. 심지어 체육 시간에도 선생님 눈을 피해가며 나무 그늘을 찾곤 했다. 성격 탓도 있었지만, 뛰는 만큼 배가 쉬 꺼지지 않을까 하는 걱정도 있었다. 그래서 등하굣길도 한 걸음이라도 덜 걷기 위해 지름길로만 다녔다.

큰 재미를 느끼지 못하고 다니던 학교 생활에 변화가 찾아온 것은 3학년이 되면서였다. 새 학년 첫날, 자리를 정하는데 정화라는 아이와 짝이 되었다. 나는 속으로 와우 하는 함성을 질렀다. 그만큼 정화가 마음에 들었던 것이다. 정화는 예쁘고 착하고 노래도 잘하고 춤도 잘 추었다. 조용하고 차분하면서도 못하는 것이 없는 애였다. 한 마디로 나의 이상형이었다.

그러나 겉으로는 그런 내색을 전혀 하지 않았다. 그것은 순전히 나의 열등감 때문이었다. 먼저 다가온 것은 정화였다. 정화는 나에게 호감을 보이며 친하게 지내자고 했다. 당연히 마다할 이유가 없었다. 우리는 바로 짝 이상의 친한 사이가 되었다.

정화는 가끔 떡이며 과일이며 약식과 약과 같은 명절에나 먹을 수 있는 음식들을 가져와 같이 나눠 먹곤 했다. 처음에는 정화가 그런 음식들을 가져오는 이유를 몰랐다. 그저 정화네가 굉장한 부자인가보다 라고만 생각했다.

그런데 얼마 지나지 않아 그 이유가 밝혀졌다. 그것은 사뭇 충격적이었다. 정화 어머니가 무당이었던 것이다. 다른 아이들 대부분은 이미 그 사실을 알고 있었다. 정화가 다른 애들과 다소 소원한 이유도 여기에 있었다. 나도 처음에는 당황했으나 곧 냉정을 되찾았다. 친구로 지내는데 부모의 직업이 무슨 상관이냐고 생각했다. 그래서 오히려 이전보다 더 친하게 지내게 되었다.

정화는 정말 좋은 친구였다. 무엇보다도 내 마음을 잘 헤아렸다. 내가 기분이 좋을 때는 같이 즐거워하고 마음이 울적할 땐 위로해 주었으며 슬플 때는 같이 울기도 했다. 나는 그런 정화가 내 곁에 있는 것이 내 인생에서 최고의 행운이라고까지 생각했다.

그러던 어느 날, 우리 집이 이사를 가게 되었다. 그 동안 단칸 방에서 지내다가 방 두 개짜리로 옮겨가게 된 것이다. 우리 형제들이 계속 자라다 보니 단칸방으로는 더 이상 버틸 수가 없게 되었기 때문이다.

그것까지는 좋았는데, 이사를 가고 보니 하필 그곳은 정화네 집이었다. 정화네 본집 뒤에 이어 지은 작은 집이 우리가 이사를 한 곳이었다. 나는 이 상황을 어떻게 받아들여야 할지 난감하기 그지 없었다. 그 사실을 알고 부모님도 적잖이 당황해 하셨다. 특히 교회에 열심인 어머니는 어찌할 바를 몰라 했다.

이게 무슨 운명의 장난이란 말인가? 정화네와 우리집의 불편한 동거는 이렇게 시작되었다. 가장 큰 갈등은 역시 어머니들 사이에서였다. 정화 어머니가 굿을 할 때마다 어머니 안색은 하루 종일 불쾌함이 역력했다. 또한 교인들이 우리집을 찾아오는 날이면 어김 없이 어머니와 정화 어머니 사이에는 대판 싸움이 벌어졌다.

이런 상황이 계속되자 정화와 나 사이도 예전 같지 않게 되었다. 날이 갈수록 서먹서먹 해지다가, 2학기가 되어서는 짝도 바뀌게 되어 둘만 만나는 일은 아예 없어지게 되었다.

어머니는 이사를 가야지 지옥이 따로 없다고 매일 같이 노래를 불렀지만 그만큼 싼 집을 찾을 수가 없으니 달리 도리가 없었다. 오히려 정화네 어머니가 이사 비용은 줄 테니 웬만하면 이사를 가달라고 해도 조금만 기다려 달라고 사정을 해야 했다.

그러다가 내가 오학년이 되던 해에 아버지의 큰 소리가 드디어 현실이 되었다. 부자까지는 아니지만 그래도 어느 정도 먹고 살 정도의 기반이 닦인 것이다. 우리는 미련 없이 그 동네를 떠나 비교적 윤택한 사람들이 사는 곳으로 이사를 했다.

새로 이사한 집은 깨끗한 양옥으로, 우리는 언제 저런 집에서 살아보나 부러워했던 그런 집이었다. 그곳에서 나는 암울했던 어린 시절의 기억은 잊고 행복한 현재에 만족하면서 희망찬 미래를 꿈꾸며 살기로 마음 먹었다. 그렇게 나의 어린 시절은 까맣게 잊혀져 갔다.

그렇게 그 시절이 완전히 잊혀져 가던 어느 날, 티브이에서 드라마를 보다가 어딘가 낯이 익은 듯한 탤런트가 눈에 띄었다. 이름을 확인해 보니 김정화라고 했다. 김정화? 아, 그래 정화로구나. 내가 알던 그 정화. 그때도 재능이 있었지.

그러나 그 이상의 감흥은 일어나지 않았다. 한때 이상형으로까지 생각했던 그 애가 연예인이 되었는데도 그냥 그렇구나 하는 정도의 느낌뿐이었다. 그리고는 세월은 또 흘러흘러 정화라는 이름조차 뇌리에서 아스라이 사라져갔다.

그랬는데, 이제 와서 이곳을 찾은 이유는 정녕 무엇일까? 아무리 잊혀졌다고 우겨도, 잊혀지지 않는 그 무언가가 가슴 한 구석에 꽁꽁 숨겨져 있기 때문은 아닐까? 그래, 그런 것 같아. 인정할 건 인정해야지. 나 자신을 속일 순 없지.

나를 처음으로 가슴 설레게 했고 같이 있는 행복을 느끼게 했던 정화. 그리고 지금도 가슴 깊숙이 나 자신도 모르는 곳에 남아있는 그 설렘과 행복. 이제야 알겠네. 그것이 첫사랑이었다는 것을.

할아버지와 나

시대를 잘 타고 나야 한다는 말이 있다. 언제 어디에 태어나느냐에 따라 운명이 거의 결정되기 때문이다. 한국에 태어나면 한국 사람이 되고 미국에 태어나면 미국 사람이 된다. 본인의 의지와는 전혀 상관이 없다. 단지 태어난 시기와 환경 때문에 파란만장한 삶을 살 수 밖에 없었던 단적인 예가 여기 있다.

그는 1870년대에 이 땅에 태어났다. 그 당시 국호는 조선이었고 고종이 재위하고 있던 시기였으니 그는 분명 조선 사람이었다. 그 때 조선은 외세의 물결 속에 풍전등화와 같은 나날을 보내고 있었다. 결국 조선은 일본에 의해 1907년 대한제국으로 바뀌었다가 3년 후 일본에 합병이 되고 만다. 그 바람에 그는 불과 3년 사이에 본인의 뜻과는 무관하게 조선 사람에서 대한제국 사람이 되었다가 다시 일본 사람이 되었다.

일제 치하에서 30여 년을 지내는 동안 이제는 완전히 일본 사람이 되고 마는가 할 무렵 해방이 되고 미국 군정이 되었다. 이때는 아예 국적도 애매한 상황이었다. 그러나 독립은 예정이 되어 있었으니, 정국은 어지러웠으나 희망에 찬 시기이기도 했다.

마침내 정부가 수립되고 그는 대한민국의 국민이 되었다. 그러나 그것도 잠시, 2년도 채 되지 않아 육이오 전쟁이 일어나 대한민국의 대부분은 조선인민공화국이 되었다. 그 바람에 그도 졸지에 조선인민공화국의 인민이 되고 말았다. 물론 얼마 지나지 않아 수복이 되고 대한민국 국적도 다시 찾게 되었다.

이렇게 그는 태어나서 사는 동안 조선에서 대한제국, 일본, 미군정, 대한민국, 조선인민공화국, 그리고 다시 대한민국으로 무려 여섯 차례나 국적이 바뀌었다. 한번도 본인 의지와는 상관 없이, 그것도 외국 한번 나간 일도 없이.

이런 역사의 소용돌이만큼이나 그의 인생도 한편의 드라마 같았다. 동학운동이나 갑오개혁 같은 일은 어릴 때라 그 당시에는 잘 알지도 못했지만, 1919년에 일어난 삼일운동은 그에게 민족혼을 일깨워 준 일대 사건이었다.

그 전까지 자기 가족과 사업 밖에 몰랐던 그는 삼일운동을 계기로 나라 잃은 민족의 설움을 실감하고 독립운동을 하기로 뜻을 세운다. 그는 독립운동에 직접 참여하지는 않았지만 모아두었던 재산을 털어 상해임시정부를 지원하였다. 그는 타고난 사업 수완으로 상당한 재산을 모았는데, 이때부터 버는 돈보다 나가는 돈이 훨씬 많아 가세가 점차 기울기 시작했다.

이를 수상히 여긴 일본측은 그를 감시하기 시작했다. 회유와 협박은 물론 가혹한 고문도 가해졌다. 견디다 못한 그는 일본에도 협조하는 시늉을 했다. 헌금도 하고 창씨개명도 했다. 그 외에도 드러나는 일에는 앞장을 섰다. 물론 그러면서도 대부분의 재산은 임시정부로 보냈다.

그러나 그 기간은 너무 길었다. 임시정부에서 독립군을 키워 일본을 공격하면 머지 않아 독립이 될 것이라고 믿었던 것이 오산이었다. 십 년이 가고 이십 년이 되어도 독립은 기미가 보이지 않았다. 오히려 일본은 중국은 물론 미국을 상대로도 전쟁을 일으킬 정도로 기승을 부리고 있었다.

마르지 않는 샘물 같았던 그의 재산도 그 긴 세월을 이겨내지 못하고 바닥을 보이기 시작했다. 그와 함께 그 동안 그에게 덕을 입었던 주변의 많은 사람들도 서서히 그에게서 등을 돌리기 시작했다. 가장 견디기 어려웠던 것은 그에게 가장 큰 버팀목이라고 생각했던 가족들의 원망이었다.

좌절감으로 희망을 아예 포기할 즈음, 예상치 못한 해방이 찾아왔다. 그에게 해방은 그 무엇과도 바꿀 수 없는 기쁨이었다. 이제 불행은 끝나고 행복만이 있을 거라고 희망에 부풀었다.

그러나 그것도 잠시 정부가 수립됨과 동시에 시행된 친일파 청산 작업에 그는 시범케이스로 붙들려갔다. 온갖 고초를 겪은 끝에, 임시정부 인사들의 증언과 청원으로 간신히 풀려날 수 있었다.

이제 그에게 남은 것은 아무 것도 없었다. 재산은 이미 오래 전에 바닥이 났고, 아내는 어려운 시절을 넘기지 못하고 변변한 치료조차 받아보지 못한 채 세상을 떠났으며, 자식들도 뿔뿔이 제 살 길을 찾아 흩어졌다. 그토록 열망하고 혼신의 힘을 쏟았던 해방된 조국은 그를 외면했다.

그렇지만 그는 서운해하거나 후회하지 않았다. 굶어도 내 나라에서 사는 것이 낫다고 자위했다. 이렇게라도 이제 혼란 없이 조용히만 살 수 있다면 더 이상 바랄 것이 없다고도 생각했다.

그런데 그게 끝이 아니었다. 정부수립이 되기가 무섭게 육이오 전쟁이 발발한 것이다. 이미 늙고 병든 그는 피난도 가지 못하고 쓰러져 가는 오막살이에 남아 있었다. 인민군은 그를 조사하는 과정에서 그의 독립운동 이력을 찾아냈고, 그 바람에 그는 독립유공자로 영웅의 대접을 받게 된다. 그는 모처럼 융숭한 대접을 받으며 그 동안의 고생에 대한 보상을 받는 듯 했다.

그러나 그것도 잠시, 수복이 되면서 그는 다시 시련을 겪게 된다. 북한 측이 그를 인정하고 추켜세운 것이 화근이었다. 친일파에 이어 소위 빨갱이의 누명까지 쓰게 된 것이다.

그는 결국 북한에게 대접받은 몇 배의 대가를 치르고 만신창이가 되어서야 자유의 몸이 되었다. 그 후 잠시 아들 집에 머물렀지만 그리 오래 가진 못했다. 그의 아들 역시 순탄한 삶을 살지 못하여 아버지를 부양할 여력이 없었던 것이다.

그는 봉사단체가 운영하는 양로원에서 쓸쓸한 노년을 보내다가 조용히 생을 마감하였다. 가까이서 지켜본 사람들의 증언에 따르면, 그의 말년은 의외로 행복해 보였다고 한다. 험한 파도를 헤치고 육지에 도달한 것과 같은, 힘든 숙제를 다 끝내고 음악을 들으며 차 한 잔을 즐기는 듯한 편안한 모습이었다는 것이다.

돌이켜보면 한 많고 억울하고 서운할 수도 있었겠으나 그런 것은 모두 잊은 듯 했다. 오로지 이제는 더 이상 세상이 바뀌는 일 없이 조용히 살 수 있다는 것만으로도 더 바랄 게 없다고 했다.

그렇게 여러 번 세상이 바뀌고 나라가 뒤집히는 시대가 또 있을까? 춘추전국시대에나 있을 법한 일이 불과 백 년도 되기 전에 있었다는 사실이 믿겨지지 않는다. 그것도 내가 살고 있는 우리 나라에서. 그것보다 더 믿기지 않는 사실은 이 시대에 살고 있는 내가 바로 그와 동시대에 살고 있었다는 것이다. 그것도 아주 가까이서, 한 때는 아예 한 집에서.

그는 바로 나의 할아버지이다. 어릴 때 잠시 한 집에서 산 기억이 있지만, 그 때는 너무 어려 할아버지가 그런 분이었다는 것을 전혀 알지 못했다. 그저 여느 집에서나 마찬가지로 인자하고 다정다감한 노인으로만 여겼었다.

그렇게 한 때는 한 집에서 살기도 했지만 나와 할아버지는 전혀 다른 세상을 살았다. 나는 휴전이 된 후 태어났으니 전쟁을 겪은 적도 없고 더더구나 국적이 바뀐 적도 없다. 물론 크고 작은 사건들은 있었지만, 할아버지가 겪은 것에는 비할 바가 되지 않는다.

이렇게 할아버지와 나는 동시대를 살았으면서도 동시에 완전히 다른 시대를 살았다. 나는 할아버지에 비하면 지금 살고 있는 이 시대가 다행이라고 생각하지만, 가끔은 할아버지 시대에 태어났으면 어땠을까 하는 상상을 해 본다. 어쩌면 나도 할아버지와 비슷한 길을 걷지 않았을까?

행복한 결혼을 위하여

안녕들 하십니까?

요즘 우리 사회에 만연하는 이혼 문제에 대하여 한 말씀 드리고자 합니다. 언제부터인가 우리 사회는 이혼이 다반사처럼 이루어지고 있습니다. 우리 나라는 불과 몇 십 년 사이에 이혼율 최저에서 최고의 국가가 되었습니다. 이렇게 급속하게 변화가 된 데는 그만한 이유가 있을 겁니다. 그렇지만 이것이 결코 바람직한 현상으로는 보이지 않습니다. 물론 살다가 헤어질 수도 있을 겁니다. 결혼 생활을 유지하는 것보다 헤어지는 것이 더 나은 경우라면 그렇게 하는 것이 낫다고도 생각합니다. 그러나 한번 결혼을 한 이상 그런 사태가 오지 않도록 하여 행복하게 백년해로 하는 것이 본인들 뿐 아니라 주위 사람들에게도 좋은 일이 아닐런지요?

그래서 어떻게 하면 이혼을 막을 수 있는지에 대하여 생각해 보았으면 합니다. 과거에는 일방적으로 남성 위주 사회였기 때문에 여성들은 무조건 참고 지내야 했습니다. 여성들은 경제권이 없고 경제 활동을 할 수도 없었기 때문에 이혼을 하고 싶어도 할 수가 없었던 거지요. 그런데 지금은 여성도 남성과 거의 동등하게 경제 활동을 할 수 있게 되었기에 부당한 대우를 굳이 감내할 필요가 없게 되었습니다. 아마도 이러한 사회 현상이 이혼율을 증가시킨 가장 큰 이유일 수도 있을 겁니다. 그러나 보다 성숙한 사회인으로서 결혼에 임하는 자세를 조금만 바꾼다면 대부분의 이혼은 막을 수도 있지 않을까 생각합니다.

먼저 결혼을 왜 하는지부터 생각해 보겠습니다. 대부분의 사람들은 결혼은 사랑하기 때문에 한다고 말합니다. 그러나 이것은 매우 위험한 발상입니다. 사랑하기 때문에 결혼을 한다는 것은 이미 결혼의 유효기간은 사랑할 때까지만이라는 전제를 갖고 있습니다. 사랑이 식으면 결혼도 유지할 수 없게 된다는 뜻이니까요. 더구나 배우자보다 더 사랑하는 사람이 나타난다면 배우자를 바꿀 수 밖에 없게 되는 거지요. 따라서 지극히 상식적으로 생각되는 사랑하기 때문에 결혼한다는 논리는 배제되어야 할 것입니다.

그러면, 결혼을 하는 이유는 무엇이 되어야 할까요? 그것은 바로 사랑하기 때문이 아니라 사랑하기 위해서가 되어야 한다고 생각합니다. 우리는 부모형제자식 모두를 무조건적으로 사랑합니다.

그들을 사랑하기 때문에 부모형제자식이 아니고 부모형제자식이기 때문에 사랑한다는 말입니다. 그런데, 거기에 왜 배우자만 빠져야 할까요? 배우자도 사랑하기 때문에 배우자가 아니라 배우자이기 때문에 사랑한다는 자세로 결혼에 임한다면 결혼이 파경에 이르는 일은 거의 없어질 것이라고 생각합니다.

결혼은 새로운 출발이고 또 다른 시작입니다. 이것을 부정하는 사람은 아무도 없을 것입니다. 그런데, 현실적으로는 착각을 하는 사람들이 많은 것 같습니다. 결혼이 연애의 끝이요, 인생의 종착역이라고요. 천만의 말씀입니다. 결혼은 새로운 인생과 연애의 시작이며, 또 그래야만 합니다. 그렇지 않나요? 다만 현실에선 그것을 잊는 경우가 있지요. 바로 그 순간 결혼에 불행이 찾아오게 되고요. 그러니 부디 잊지 마시기 바랍니다. 결혼은 분명 새로운 시작이라는 것을요.

행복한 결혼을 위해 또 필요한 것은 없을까요? 물론 있습니다. 결혼은 주는 것이지, 받는 것이 아니라는 것을 명심해야 한다는 것입니다. 우리는 결혼에 대한 환상을 가지고 있습니다. 그것은 바로 배우자에 대한 기대와 연결됩니다. 그렇지만 그 기대감이 불행한 결혼의 씨앗이 됩니다. 그것이 아주 작은 기대일지라도 말입니다. 생각해 보십시오. 하루 종일 격무에 시달리고 퇴근하는 남편은 아내의 따뜻한 위로의 한 마디를 기대할 겁니다. 그것은 매우 자연스럽고 아주 소박한 바람일 것입니다.

그러나 집에 있는 아내도 편하게 지내는 것은 아니죠. 밥 하고 빨래하고 청소하고 할 일이 끝이 없습니다. 더구나 주부는 출근 시간도 퇴근 시간도 없습니다. 하루 스물 네 시간이 근무 시간입니다. 이런 아내의 입장에서는 당연히 남편의 수고했다는 말, 고맙다는 말 한 마디가 간절할 수 있습니다.

이렇게 너무나 작은 것이지만 서로가 바라기만 한다면 어떻게 될까요? 그 결과는 보나마나 뻔합니다. 서로에 대한 불만이 쌓이기 시작하여 언젠가는 감당하기 어려운 사태가 오고야 말 것입니다. 그러니 그 어떤 것도 기대하지 말고 살아야 합니다. 아울러 배우자의 사소한 배려나 성의에 대해서는 정말 감사하게 생각하고 그 뜻을 표해야 할 것입니다. 이것이 행복한 결혼의 두 번 째 조건입니다.

끝으로 한 가지만 더 말씀 드리겠습니다. 앞에서 말씀 드린 두 가지 사항 즉 배우자이기 때문에 사랑하는 마음과 배우자에게 그 어떤 것도 바라지 않고 오로지 감사하는 마음을 갖고 그대로 실행하는 것을 쉼 없이 계속 하는 것입니다. 즉, 초심을 잃지 말자는 것입니다.

이상 말씀 드린 세 가지를 지킨다면 누구나 행복하고 만족스런 결혼 생활을 할 수 있을 것이라고 생각합니다. 이 조건이 어려우신가요? 사람에 따라 부담이 될 수도 있겠다고 생각합니다. 그래서 그 분들은 위해 몇 가지 조언을 드립니다.

우선 따뜻한 마음을 갖도록 노력하시기 바랍니다. 누구에게나 친절하고 배려하고 양보하는 마음과 태도를 몸에 배도록 할 것을 권합니다. 그렇게 되면 배우자에 대한 사랑도 저절로 우러날 것입니다.

또한 부지런해야 합니다. 결혼은 당사자들만의 일이 아닙니다. 결혼과 동시에 가족이 두 배로 늘어나게 됩니다. 따라서 가족관계도 그만큼 더 신경을 써야 합니다. 결혼을 하신 분들에게는 따로 설명하지 않아도 잘 아실 테지요?

한 가지 더 빠뜨릴 수 없는 것은, 행복한 결혼 생활을 위하여 몸과 마음을 바칠 각오를 해야 한다는 것입니다. 항해를 나갈 때는 한 번 기도하고 전쟁에 나갈 때는 두 번 기도하며 결혼할 때는 세 번 기도하라고 말이 있습니다. 그러나 기도만으로는 부족하다고 생각합니다. 배우자를 위해서는 모든 것을 희생할 수 있다는 굳은 각오가 있어야 할 것입니다.

이런 마음가짐이라면 틀림 없이 완벽하게 행복한 결혼 생활을 할 수 있을 것이라고 믿어 의심치 않습니다. 그러면 이 사회에서 이혼이라는 말도 사라질 날이 오겠지요?

끝까지 읽어주신 분들께 깊이 감사 드립니다.

2018년 1월 어느 날

- 좋은 말이긴 한데, 실천이 가능할까요?
- 결혼을 하라는 건지 말라는 건지. 이런 사람이 있긴 있나요? 글 쓰신 분의 결혼 생활이 궁금하군요. 결혼하셨어요?
- 이 정도면 결혼 생활이 아니라 감옥 생활 아닌가요? 그렇게 사느니 난 차라리 혼자 살랍니다.
- 난 완전 동감입니다. 비록 한 번 갔다 돌아오긴 했지만, 다시 시작한다면 이대로 해 보고 싶군요.

- 많은 관심 감사합니다. 제 사생활을 말씀 드리긴 그렇고 희망사항입니다.

우간다에서 보낸 휴가

빅토리아 호수 옆에 자리한 엔테베 공항은 한 폭의 그림이었다. 국제공항이라고 하기엔 너무 작아 시골의 간이역 같은 분위기였지만, 그 점이 호수와 더욱 어우러져 운치를 더하는 것 같았다. 하늘은 쾌청했고 날씨는 따뜻했다. 일단 첫인상은 좋았다. 그리고 이번 여행이 왠지 기대 이상의 뭔가 있을 것 같은 예감이 들었다.

낯 익은 얼굴이 눈에 들어왔다. 사진으로 밖에 본 적이 없지만 친근하게 느껴지는 인상이다. 그 쪽에서 먼저 손짓을 했다.

"강주호씨? 임선영입니다. 반갑습니다."

둘은 마치 오랜 만에 만나는 친한 친구처럼 반갑게 웃으며 가벼운 악수를 나눴다. 캄팔라로 가는 차 안에서 선영은 간단하게 우간다 전반에 대한 소개와 우리의 여행에 대한 계획을 얘기했다.

“우간다는 계절이 없는 곳입니다. 일년 내내 기온이 거의 같아요. 아침 최저 15도, 낮 최고 28도. 습도가 높지 않아 한낮에도 뛰지 않는 한 땀이 나지는 않아요. 연중 밤낮의 길이도 거의 같지요. 건기와 우기는 있어요. 그렇지만 그 차이도 그리 크진 않지요. 우기에도 장마처럼 비가 하루 종일 오는 것이 아니라 소나기처럼 한두 차례 오고 마는 식이니까요. 아마도 지구 상에 이 이상 기후 좋은 곳은 찾기 힘들 거예요.”

선영은 자랑하듯 우간다 기후에 대해 일사천리로 설명했다. 주호는 우간다 날씨가 좋다는 얘기를 듣고 오기는 했지만, 선영의 간단명료한 얘기에 새삼 정말 이런 날씨가 있구나 하고 감탄해 마지 않았다. 그러나 그것보다 더 감탄을 자아낸 것은 선영의 설명 자체였다. 어쩌면 이리도 깔끔하고 조리 있게 말을 잘할까 긴장이 될 지경이었다. 그런 마음을 아는지 모르는지 선영은 말을 이어갔다.

“아시겠지만 우간다는 교통, 통신, 전기 등 사회간접자본시설이 미약해요. 그래서 같은 거리를 가더라도 한국보다는 두 배 정도는 걸린다고 생각하시면 될 겁니다. 그리고 여기 사람들은 매사에 느긋합니다. 좋게 보면 여유가 있고, 나쁘게 보면 게으른 거죠. 요점은 계획이 지연되더라도 그러려니 하시라는 겁니다. 일단 오늘은 푹 쉬고, 내일부터 다녀 보도록 하죠."

그런 얘기를 하는 사이에 이윽고 캄팔라에 도착했다. 캄팔라는 한 나라의 수도 답게 사람도 많고 차도 많고 복잡했다. 어디든 사람들은 모여 살게 마련인가 보다 이런 생각을 하며 숙소에 여장을 풀었다.

다음 날 아침 약속한 시간에 주호는 호텔 로비에서 선영을 만났다. 모든 일정은 선영에게 달려 있었다. 애당초 그렇게 약속이 되어있었다. 말하자면 선영은 가이드인 셈이었다. 당연히 여행 비용은 주호가 부담하는 조건이었다.

주호는 매년 휴가 때마다 해외여행은 고사하고 변변한 국내 여행도 해보지 못하고 지내왔다. 그래서 금년만큼은 여행다운 여행을 꼭 해보고 싶었다. 그래서 고르고 고른 곳이 남들이 잘 가지 않는 아프리카였다.

그러다가 친구로부터 우간다에 있는 선영을 소개받기에 이른 것이다. 선영은 우간다에 온 지 벌써 5년이 넘었고 우간다 실정을 거의 다 꿰고 있었다. 다만 그 동안 여행을 할 만한 시간을 내지 못하다가 금년에는 혼자라도 여행을 하겠다고 마음 먹은 터였다.

이렇게 하여 둘은 우간다에서의 여행을 시작했다. 생각보다 우간다에는 가볼 곳이 많았다. 캄팔라 시내에 있는 재래시장과 터미널은 아름답다고 할 수는 없지만 그 규모가 장관이었다. 그 많은 사람들이 그 속에서 각자의 삶을 살고 있는 모습이 신기해 보였다.

복잡한 시내를 뒤로 하고 외곽으로 나오니 비로소 아프리카의 진면목이 보이기 시작했다. 카시아로찌에서 바라보는 빅토리아 호수의 모습은 장엄하면서도 평화로웠다. 빅토리아 호수는 워낙 커서 가는 곳마다 한 자락씩을 드러냈다. 진자라는 곳에도 어김 없이 빅토리아 호수가 있었는데, 이곳은 바로 나일강의 발원지이기도 했다. 주호와 선영은 호수에서 배도 타고 나일강에서는 래프팅도 하며 젊음을 만끽했다.

래프팅은 젊은 사람들만의 전유물은 아니었다. 래프팅을 하면 누구나 젊은이가 되었다. 즉, 남녀노소 가릴 것 없이 누구나 즐길 수 있는 레포츠였다. 다소 격하고 위험해 보이지만 한번 해보면 다시 하고 싶은 것이 래프팅이었다. 주호도 처음에는 망설였지만 해보고 난 후에는 더 하고 싶은 충동을 느낄 정도였다.

반면에 선영은 처음부터 씩씩했다. 망설이는 주호에게 강력하게 권한 것도 선영이었다. 주호는 선영의 이런 시원시원한 성격에 점차 빠져들기 시작했다. 신중하다 못해 다소 우유부단한 그의 성격에 비추어 선영은 경이로움의 대상이었다.

나일강을 다녀온 후 그들은 머치슨 폭포를 향했다. 이곳은 세렝게티와 견줄 바는 아니지만 그래도 이름난 사파리였다. 아프리카의 거의 모든 동물들이 자연 상태로 서식하고 있었다. 동물원에서만 보던 야생동물들이 사는 모습을 그대로 본 다는 것은 이제까지는 상상조차 할 수 없었던 일이었다. 게다가 머치슨 폭포의 장관은 입을 다물지 못하게 했다. 자연의 위대함, 숭고함, 경이로움 이런 것들을 느끼는 동시에 겸손함을 일깨워주는 장엄한 광경이었다.

그러나 그 무엇보다 주호의 눈에 꽂힌 것은 선영이었다. 그 어떤 대단하고 신기한 것일지라도 눈앞에 어른거리는 선영의 모습에 가려 아무 것도 보이지 않을 지경이었다. 어쩌면 이런 위대한 자연에 어울리는 유일한 사람 같았다.

시간은 쏜살같이 흘러 이제 그들의 일정을 마무리할 시간이 되었다. 캄팔라로 돌아 온 그들은 우간다에서는 유일한 한식당을 찾았다. 시내 한복판에 자리잡은 그 식당은 우간다에서는 보기 드물 정도로 큰 규모일 뿐 아니라, 세련된 인테리어에 가든 식으로 꾸며져 운치가 있었다. 모처럼 먹는 제대로 된 한식은 한껏 입맛을 돋우었다. 김치찌개와 된장찌개는 한국에서 먹는 것보다도 훨씬 맛이 있었다.

그러나 주호는 음식 맛을 즐길 게재가 아니었다. 내일이면 선영과 헤어진다고 생각하니 서운한 마음 뿐이었다. 이대로 헤어질 순 없다는 생각도 들었다. 주호는 선영에게 준비한 선물을 내밀었다.

"선영씨, 선물을 하나 준비했습니다. 의미를 부여하진 않겠습니다. 그것은 선영씨 몫으로 드리고 싶습니다. 어떤 의미든지 선영씨가 정해 주셨으면 합니다."

"어머, 반지로군요. 제가 의미를 정하면 그대로 따르겠다는 말씀이신가요?"

선영은 쾌활하게 웃으며 반지를 바라보았다.

"그럼요. 선영씨는 제 가이드이니 저는 따라야 하는 것 아닌가요?"

주호도 용기를 내어 웃으며 맞받았다. 선영은 잠시 생각하는 듯하더니 입을 열었다.

"이 반지의 의미는 우리의 만남을 기념하는 선물, 이번 여행의 동행에 대한 고마움, 그리고 인연을 계속 이어가자는 제안 등으로 요약이 되겠군요?"

주호는 고개를 끄덕여 동의를 표시하며 그 다음 말을 기다렸다. 선영은 단호한 표정으로 말했다.

“그렇지만 저는 그런 제안은 받아들일 수가 없습니다. 왜냐하면 제가 원하는 것은 프로프즈니까요.”

주호는 크게 한방 얻어 맞은 것 같았다. 그러나 그것은 아픈 한방이 아니라 환희의 한방이었다. 주호는 용기 없고 눈치 없는 자신을 자책하며 외쳤다.

“선영씨, 사랑합니다. 제 사랑을 받아 주시기 바랍니다.”

진달래꽃

해마다 어김 없이 봄은 삼월부터 시작한다. 봄의 시작을 알리는 것은 여러 가지가 있지만, 그 중에서도 산모퉁이에 수줍은 새색시처럼 다소곳이 피는 진달래꽃이 대표적인 봄의 전령이 아닌가 싶다. 봄에는 많은 꽃이 피지만 그 중에서도 진달래꽃은 유난히 봄과 어울린다. 화사한 듯 하면서도 소박하고, 방긋 웃는 듯 하면서도 외로워 보이는 느낌 때문인지 모르겠다. 그래서 그런지 진달래꽃은 우리 민족의 정서에도 잘 맞는 꽃인 것 같다. 마침 진달래꽃에 얽힌 전설 같이 애달픈 이야기가 있어 소개하고자 한다.

때는 바야흐로 일제강점기이니, 그리 오랜 옛날 일은 아니다. 어느 산골 마을에 정식이라는 소년이 살고 있었다. 그 소년은 시오리길이나 떨어져 있는 조그만 소학교에 다니고 있었다. 정식이 살고 있는 마을은 너무 작고 외져 학교가 없었기 때문이다.

정식은 입학을 제 때에 하지 못하고 몇 년 늦게야 하게 된 터라,

다른 동급생에 비해 나이가 많은 편이었다. 그래도 다행히 그 당시에는 그렇게 늦게 입학하는 아이들이 더러 있었다. 심지어는 조혼의 풍습에 따라 일찌감치 장가를 들어, 명색이 가장인 학생도 있었다. 그러니 나이 들어 학교 다니는 것이 별로 어색하지 않았다. 오히려 그들끼리 어울리는 재미가 있었다.

순애도 그들 중의 한 명이었다. 순애는 정식보다는 두어 살 아래였지만 몇 안 되는 여학생 중 가장 나이가 많아 동급생 중 맏언니 역할을 했다. 순애는 말수가 적고 수줍은 성격이었지만 왠지 사람의 마음을 끄는 매력이 있었다. 정식도 그런 순애에게 마음이 끌렸다. 더구나 정식과 순애는 한 마을에 살고 있어 거의 매일 같이 등하교를 같이 하다 보니, 자연스럽게 가깝게 되었다.

그들은 학교에서는 물론이려니와 등하굣길에도 많은 이야기를 나누었다. 특히 학교에서 집에 돌아오는 길에는 자연을 벗삼아 이야기꽃을 피웠다. 이제 막 사춘기에 접어들어 감성이 풍부한 그들에게는 파란 하늘도, 흰 구름도, 길가에 핀 들꽃도 모두 얘깃거리가 되었다.

그러나 그 당시만 해도 남녀칠세부동석을 미덕으로 여기는 시절이라 항상 일정한 거리를 유지하고 있었다. 걸을 때나 앉을 때나 어느 정도 간격을 두는 것은 기본이었다. 말하는 것도 서로 깍듯이 존대를 하니 몇 해를 넘겨도 어색하기는 매일반이었다.

그러던 어느 해 여름, 하교 길에 비가 몹시 내려 개울 물이 불어나 있었다. 개울가에 다다른 둘은 다소 당황했다. 돌다리가 물에 잠겨 무릎께 차오른 물 속을 맨 발로 건너야 할 처지였다. 순애는 고무신과 버선을 벗고 치마를 무릎 위로 걷어올려야만 건널 수 있었다. 아니면 정식에게 업어달라고 청하는 방법이 있었다. 순애는 마음 속으로는 업히기를 원했지만, 말을 할 용기가 나질 않았다. 그래서 정식의 눈치를 보며 주저주저 하면서 버선을 벗기 시작했다.

반면에 정식은 망설임 없이 신발을 벗고 바지를 걷었다. 정식 역시 머리 속으로는 순애와 비슷한 생각을 하고 있었다. 정식은 순애를 업어주고도 싶고, 순애의 벗은 발과 다리도 보고 싶었다. 그래서 정식은 순애가 건널 준비를 끝내고 치마를 걷은 후 물 속으로 막 들어가려고 할 때까지 기다렸다가, 그제서야 말 없이 그의 등을 순애 앞에 디밀었다. 순애도 기다리던 터라 망설임 없이 정식의 등에 업혔다.

그 후 둘은 더욱 가까워졌다. 서로 말은 안 했지만 둘의 마음은 통했다. 둘은 장래를 약속한 사이나 진배 없는 사이가 되었다. 이것은 학교에도 소문이 나서 아는 사람은 다 아는 기정사실이 되어 있었다. 그리고 그 상태로 둘은 졸업을 하기에 이르렀다.

그러나 운명은 그들을 곱게 내버려두질 않았다. 순애의 동생이 폐결핵에 걸리는 일이 발생한 것이다. 그 당시 폐결핵은 문둥병이라 불리던 한센병과 더불어 천형으로 여겨지던 저주 받은 질병이었다. 당연히 정식의 집에서는 둘의 혼인을 반대하였으며, 만나는 것조차 금지하기에 이르렀다. 순애의 집은 아예 이사를 가버렸고, 정식과 순애도 둘의 마음과 상관 없이 헤어지게 되었다.

정식은 순애가 어디에서 어떻게 사는지도 알지 못한 채, 몇 년의 세월을 흘려 보냈다. 정식은 그간 고향을 떠나 대도시에 있는 상급학교로 진학하여 그가 좋아하는 문학에 정진하고 있었다. 그렇지만 정식은 하루도 순애를 잊은 적이 없었다. 정식의 눈에 다른 여자는 들어오질 않았다. 정식은 기회 있을 때마다 순애의 소식을 알기 위해 수소문을 했다.

그러다가 드디어 동향의 친구로부터 순애의 가슴 아픈 소식을 접했다. 순애는 부모로부터 다른 혼처로 시집 갈 것을 강요당하다 못해, 집을 떠나 절에 들어가 여승이 되었다는 것이었다. 순애 역시 정식을 잊지 못해 다른 생각은 할 수 없었던 것이다.

정식은 곧바로 순애에게로 달려가지 않을 수 없었다. 그러나 순애는 이미 세속을 떠난 승려의 몸이었으며, 속세의 인연을 정리한 상태였다. 정식은 안타까운 마음으로 다시 돌아올 것을 호소하였으나, 이제 겨우 마음을 정리한 순애에게는 또다시 고통이 될 뿐이었다.

정식은 순애의 마음을 확인하고 어쩔 수 없이 쓰라린 가슴을 부여 안고 산을 내려오지 않을 수 없었다. 마침 봄이 시작하여 겨우내 산골짜기에 쌓였던 눈이 녹고 있었고, 잔설 사이로 진달래꽃이 군데군데 피어나고 있었다. 정식은 망연히 그 모습을 바라보다가, 진달래꽃에서 순애의 모습을 떠올렸다. 정식은 즉흥적으로 시를 짓기 시작했다.

나 보기가 역겨워 가실 때에는 말없이 고이 보내드리오리다
영변에 약산 진달래꽃 아름 따다 가실 길에 뿌리오리다
가시는 걸음걸음 놓인 그 꽃을 사뿐히 즈려밟고 가시옵소서
나 보기가 역겨워 가실 때에는 죽어도 아니 눈물 흘리오리다

이 시는 떠나는 임에 대한 슬픔과 임이 편안히 떠날 수 있도록 배려하는 마음을 동시에 표현한 명시로 오늘날까지 모든 이들의 사랑을 받고 있다. 그 후에도 정식은 소월이라는 필명으로 주옥 같은 시들을 쓰기 시작한다. 그 모든 시는 순애와의 애달픈 사연에서 빚어진 영감이 바탕 하였음은 두말 할 나위가 없다.

소월은 오래 살지는 못하고 젊은 나이에 세상을 떠났는데, 아마도 순애에 대한 그리움으로 마음의 병을 이기지 못했던 것이 아닌가 싶다. 순애에 대한 그후 행적은 아무도 알지 못하며, 남아있는 기록도 전혀 없다고 한다.

학교 가기 싫어요

"창선아, 일어나야 지. 학교 늦겠다."

아침마다 듣는 어머니의 기상나팔 소리다. 그리고 세상에서 가장 듣기 싫은 소리이기도 하다. 아, 나는 왜 이렇게 학교가 가기 싫을까?

"학교 가기 싫어요. 깨우지 마세요."

이렇게 반항을 해 보지만, 어머니는 기어이 이불을 걷어 내고, 다 큰 아들의 엉덩이를 사정 없이 내려 치신다. 나는 마지 못해 일어나지만, 학교는 정말 가고 싶지 않다. 이러면 안 되는데 왜 이러지 하면 할수록 더욱 가기가 싫어진다. 학교를 하루 이틀 다닌 것도 아니고 앞으로도 다닐 날이 창창한데, 이렇게 어떻게 살지 하는 생각을 하면 눈앞이 캄캄하다.

어릴 적에도 학교가 그리 즐거운 곳은 아니었다. 그래도 그때는 친구들과 어울려 노는 재미가 있었다. 선생님들도 간혹 무서운 분이 없는 것은 아니었지만, 그래도 대부분은 상냥하고 친절하셨다.

나는 최소한 겉으로는 모범생이었고 말 잘 듣는 어린이였기 때문에 다른 어느 애들보다도 선생님들의 귀여움을 독차지할 수 있었다. 선생님들의 특별한 관심과 사랑을 받는 것이 그다지 나쁜 것은 아니었다. 아니 다른 무엇보다도 자랑스럽고 신나는 일이었다.

그럼에도 불구하고 다른 한편으로는 부담스러운 면도 있었다. 처음 한 동안은 부담 같은 것을 느끼지 못했다. 그저 내가 잘 하니까 그에 대한 당연한 보상을 받는 것 뿐이라고 생각했다. 실제로 나는 누구보다 일찍 학교에 갔고 시키지도 않은 청소도 하고 칠판도 닦고 비뚤어진 책상 줄을 반듯하게 맞춰 놓기도 했다. 그리고 조용히 앉아 자습을 했다.

이러한 행동들이 자발적이긴 했지만 즐거운 마음으로만 한 것은 아니었다. 선생님들이 알아주고 칭찬해 줄 것이라는 기대감이 없었다면 그렇게 하기는 힘들었을 것이다.

특히 아침잠이 부족했던 내가 아침마다 거의 새벽같이 일어난다는 것은 고행에 가까웠다. 일찍 일어남으로 인한 부작용은 오전 내내 계속 되었고, 점심 시간이 지난 오후 첫 시간에 절정을 이루었다. 수업이 시작되면 이십 분을 버티지 못하고 눈꺼풀이 내려오기 일쑤였다. 졸릴 때 눈꺼풀보다 더 무거운 것은 없다고 했던가? 아무리 눈에 힘을 주고 허벅지를 볼펜으로 찌르고 손톱으로 이곳 저곳을 꼬집어도 소용이 없었다. 혼신의 힘을 다해 간신히 눈은 뜨고 있어도 동공이 풀리는 것은 어찌 할 수가 없었다.

이런 상황이 지속되다 보니 어린 마음에도 이건 아니지 하는 생각이 들기 시작했다. 점차, 아무리 선생님들이 예뻐해준다 해도 썩 즐겁지가 않게 되었다. 그에 대한 대가가 너무 크다는 것이 차츰 부담스러웠기 때문이다.

또다른 부담은 다른 아이들의 시선이었다. 처음에는 선생님이 예뻐하면 친구들도 따라서 좋아해 주었다. 그래서 나는 한동안 반에서 가장 높은 인기를 누렸다. 그 바람에 반장까지 했다. 그러나 학년이 올라감에 따라 그 인기는 서서히 단순한 부러움으로 바뀌었다. 그러더니 부러움은 다시 질투와 시기로 변했다.

그러자 그 높던 인기는 온데 간데 없고 오히려 얄미움의 대상이 되었다. 나는 언제부턴가 선생님한테만 잘 보이려고 그 앞에서 알랑거리고 비위나 맞추고 심부름이나 해 주는 그런 애로 낙인이 찍혀 있었다.

친구들은 점차로 나에게서 멀어져 갔고, 나는 외톨이가 되어 갔다. 그리고 놀림감이 되었다. 처음에는 내 뒤에서 수근수근거리고 손가락질을 하기 시작하더니 어느 틈엔가 앞에서 대놓고 놀리기 시작했다. 심지어는 떼를 지어 따라 다니면서까지 놀렸다. 무엇보다도 하교 길에 우르르 몰려 나오면서 한 마디씩 하거나 툭툭 치면서 지나갈 때는 정말 견디기 힘들었다.

이렇게 되니 학교 가고 싶은 생각이 나겠는가? 어느 누구라도 나 같은 생각을 하지 않을 수 없을 것이다. 내가 뭘 그렇게 잘못 했기에 이런 수모를 받아야 한단 말인가? 나름 모자라는 잠을 이겨가며 봉사라면 봉사를 한 것 밖에 없는데, 고마워 하기는커녕 왕따를 시키다니. 억울하기 그지 없고 울화가 치밀어서 견디기 어려웠다. 정말로 학교를 가지 말까 심각하게 고민도 했다.

그러다가, 내가 왜 그래야 하지 하는 생각을 하게 되었다. 나를 놀리는 애들이 잘못하는 것이고 걔들이 가해자인데, 나는 피해자이고 잘못이 없는데, 그럴 수는 없다고 생각을 고쳐 먹었다. 사회정의 차원은 아니더라도 나부터 억울한 일을 당하게 해서는 안되겠다는 오기가 생겼다. 그래, 죽기 살기로 다녀야지 하는 결심도 하였다. 가능하다면 어느 누구보다도 오래 학교를 다니겠다는 생각까지도 했다.

그 후로 학교 다니는 재미는 완전히 사라졌다. 나에게 학교는 전쟁터나 다름 없었다. 그것도 일방적으로 적군이 많은. 거의 대부분의 아이들이 나에게는 적군이었다. 그들은 틈만 나면 다양한 방법으로 나를 공격했다. 그들은 때를 가리지 않았다. 수업 시간이건 쉬는 시간이건 기회만 되면 나를 건드렸고 나는 수비하기에 급급했다.

그러나 나의 방어는 한계가 있었다. 나는 항상 당하기만 했다. 피하는 것만이 유일한 방어였는데, 그 많은 아이들을 피할 재간은 없었다. 그래서 어느 순간부터는 적당히 당해 주는 정도로 참고 넘기기로 했다.

반격도 생각해 봤지만 뾰족한 수가 없었다. 섣불리 공격을 했다간 여지 없이 역공을 당했다. 어쩌다 내 공격이 먹혔다 해도 그 뒤에 돌아오는 보복은 감당하기 어려웠다. 선생님한테 하소연을 해도 역효과였다. 선생님이 비호를 하면 할수록 나는 점점 더 겁쟁이, 못난이, 비굴한 놈으로 치부될 뿐이었다.

여전히 선생님들은 내 편이었지만, 별 도움은 되지 못했다. 선생님들은 계속 나에게 관심을 보였지만 내 스스로 벽을 쌓기 시작했다. 그래서 지금은 형식적인 인사만 할 뿐, 더 이상의 깊은 대화는 거의 하지 않게 되었다. 선생님들도 이런 나를 이해하는 듯 더 이상 접근을 하지 않는다.

그런데, 유일하게 나에게 끈덕진 관심을 보이는 사람이 있다. 바로 우리 학교에서 가장 나이 많은 교감 선생님이다. 노처녀인 교감 선생님은 어쩌다 마주칠 때마다 필요 이상의 관심과 친절을 보이는데, 나에게는 그 모든 것이 잔소리로 밖에 들리지 않는다. 때로는 일부러 직접 나를 찾아오기도 하는데, 정말이지 스토커가 따로 없지 싶을 정도다. 이러니 무슨 재미로 학교에 가고 싶겠는가?

"학교가 그렇게 싫어?"

심각한 어조로 어머니가 물으신다.

"생각해 봐요, 엄마. 학교에 나 좋아하는 애들이 아무도 없어요. 나만 보면 하나 같이 슬슬 피하거나 뒤돌아서 흉이나 볼 뿐이예요. 선생님들도 그저 아는 척은 하지만 겉으로만 웃을 뿐 속으로는 아무 관심도 없고요. 그리고, 무엇보다도 교감 선생님은 정말 모른 척 했으면 좋겠는데, 왜 그렇게 친한 척을 하는지 그게 제일 싫어요."

"그래도 지금까지 다녔는데, 참고 다녀야지 어떡하니."

달래 듯 배웅하는 어머니를 뒤로 하고 나는 오늘도 무거운 발걸음으로 학교에 간다. 나는 교감 선생님을 마주치지 않으려고 주위를 살피며 조심조심 들어간다. 다행히 오늘은 잘 피했다. 나는 안도의 숨을 내쉰다.

그런데 점심을 먹고 깜박 졸았나 보다. 눈 앞에서 여지 없이 교감 선생님이 나를 내려 보고 있다. 그것도 빙긋이 웃으며.

"아니, 교장 선생님. 이러고 계시면 건강에 해로와요. 점심 드신 후엔 산책이라도 하셔야죠."

이름 모를 여인

민철은 오늘도 한잔 술에 취기를 느끼며 몽롱한 기분으로 귀가를 한다. 민철이 사는 집은 반지하의 투룸이다. 최근 모처럼 취업이 되면서 크게 마음먹고 원룸에서 넓혀왔기에 남들이 보기에는 초라해 보일지라도 민철에게는 뿌듯한 보금자리다.

남들이 들리지 않을 정도의 콧노래를 흥얼거리며 문을 열려고 하다가 옆을 보니 누군가가 어두운 구석에 쭈그리고 앉아 있었다. 그냥 들어갈까 잠시 망설이다가 조심스럽게 말을 걸었다.

"혹시 도와드릴 일이 있나요?"

그러자 그 사람은 서서히 일어나더니 조용하게 말했다.

"먼 곳에서 왔는데 잘 곳이 마땅치 않아서요. 도와 주실 수 있나요?"

생김새는 잘 보이지 않았으나 여자 목소리였다. 뜻 밖의 얘기에 일순간 당황했지만 방이 두 개라는 데 생각이 미치자 망설임 없이 말했다.

"그럼 오늘 밤은 제 집에서 주무시겠어요? 마침 방이 하나 여유가 있네요."

"그래도 되나요? 감사합니다."

그녀는 살았다는 듯 전혀 주저하지 않고 민철을 따라 집안으로 들어왔다. 민철은 혼자 살면서 방 두 개가 꼭 필요할까, 사치는 아닐까 생각했었는데 참 잘 한 결정이었다고 살며시 미소지었다. 민철은 집안 구조와 잠잘 곳만을 안내한 뒤 아무 것도 묻지 않았다. 어차피 내일이면 떠날 사람인데 가급적 편하게 지내도록 하자는 생각에서 였다. 그리고 자신은 아침 일찍 출근을 해야 하니 푹 쉬고 편하게 있다가 가라고 하였다.

그런데 다음 날 아침 일어나 보니 그 여인이 먼저 일어나 있었다. 그 뿐 아니라, 아침 상이 정갈하게 차려져 있었다. 냉장고도 거의 비어 있었는데 어떻게 상을 차렸는지 궁금했지만 역시 아무 것도 묻지 않았다. 하루 밤 묵은 데 대한 보답이려니, 그렇다고 이럴 필요는 없는데, 아무튼 고맙게 먹자는 등의 생각으로 수저를 들었다.

밥은 기대 이상으로 맛이 있었다. 오랜 동안 집밥을 먹지 못해서 그런지는 몰라도 태어나 이렇게 맛있는 밥은 처음이라는 생각이 들 정도였다. 진심에서 우러나는 감사의 인사를 하면서, 날마다 이런 밥을 먹을 수 있으면 얼마나 좋을까 하는 생각에 푸시시 웃고 말았다.

그럼 잘 가라는 인사를 남기고 민철은 집을 나섰다. 그녀는 미소만 지을 뿐 별 말 없이 민철을 배웅했다. 민철은 어쩌면 이 여인이 가지 않고 오늘도 머물 것 같은 묘한 기분이 들었다. 출근을 해서 일을 하면서도 내내 그 생각을 떨쳐 버릴 수가 없었다. 민철은 퇴근하기가 무섭게 바로 집으로 향했다. 저녁을 같이 하자는 동료들의 말도 들리지 않고 늘 버릇처럼 들르던 집 근처 골목 어귀의 선술집도 눈에 들어오지 않았다.

집에 오니 예감대로 그 여인이 수줍게 웃으면서 맞는다. 집안을 둘러보니 깔끔하게 정돈이 되어 있었다. 같은 집인데 느낌은 전혀 달랐다. 마치 내 집이 아닌 그녀의 집에 와 있는 것 같다고 민철은 생각했다. 저녁도 이미 차려져 있었다. 아침과는 비교가 되지 않을 정도로 진수성찬이었다.

"왜 아직 가지 않으시고……"

"제게 사정이 있어서요. 조금 더 머물러도 되겠는지요?"

민철이 말끝을 흐리자, 그 여인이 대답했다. 민철은 마다할 이유가 없었다.

"저는 상관 없습니다만 집이 워낙 누추해서 불편하실까 봐 걱정입니다."

이렇게 해서 민철과 이름 모를 여인의 동거가 시작되었다. 민철은 퇴근하기가 무섭게 집으로 왔고 집에는 어김 없이 그 여인이 기다리고 있었다. 잘 차려진 밥상과 함께. 그리고 집안은 날이 갈수록 깔끔하면서도 아늑해져 갔다. 혼자 있을 때와는 전혀 다른 분위기였다.

민철은 왠지 이 여인이 쉽사리 떠나지 않을 것 같다고 생각했다. 그리고 그랬으면 좋겠다는 생각도 했다. 그래서 용기를 냈다.

"이렇게 만난 것도 인연인데, 우리 부부가 되면 어떨까요?"

아주 조심스럽게 얘기를 꺼내자, 기다렸다는 듯이 대답이 돌아왔다.

"예, 저는 좋습니다. 그리고 오갈 데 없는 저를 그리 생각해 주시니 감사할 따름입니다."

그래서 둘은 졸지에 결혼을 하고 달콤한 신혼생활을 시작하였다. 결혼식도 없고 신혼여행도 없이 시작했지만 남부러울 것 없는 완벽한 신혼이었다. 민철은 모든 것이 꿈만 같았다. 집에만 오면 그렇게 좋을 수가 없었다.

우선 음식이 너무나도 맛이 있었다. 처음에는 그 동안 제대로 먹지 못했기 때문인가 했는데, 갈수록 더욱 맛이 좋아졌다. 종류도 다양해져 생전 처음보는 음식도 부지기수였다. 언제부턴가 밖에서는 음식이 맛이 없어 먹을 수 없을 지경이 되었다.

집도 완전히 변했다. 겉에서 보면 여전히 초라한 반지하지만, 문을 열고 들어서면 완전히 딴 세상이었다. 고대광실이 따로 없었다. 화려한 것까지는 그럴 수 있다 하더라도 크기 자체가 몇 배 커 보이는 것은 어떻게 된 것인지 도저히 이해가 되지 않았다. 그렇지만 민철은 굳이 그것을 묻지 않았다. 언젠가는 알게 될 날이 오겠지 굳이 알려고 서둘 필요가 있겠나 하는 생각이었다.

무엇보다도 달라진 것은 아내의 모습이었다. 아내는 보면 볼수록 예뻤다. 너무 예뻐서 눈이 부실 지경이었다. 실제로 아내에게서는 광채가 나는 듯 했다. 처음 보았을 때는 어두워서 그 모습이 잘 기억나지 않지만 분명 이 정도의 절세미인은 아니었다. 아무튼 민철은 그지 없이 행복했다. 너무 과분한 행복에 이대로만 계속 되었으면 하고 바랄 뿐이었다.

세월은 꿈 같이 흘러 몇 년이 지났다. 어느 새 둘 사이에는 아이들이 셋이나 생겼다. 하나 같이 예쁘고 사랑스러웠다. 어느 날 저녁 여느 때와 마찬가지로 식사를 마치고 아이들을 재운 뒤, 아내가 입을 열었다.

"당신은 왜 나에 대해 궁금한 것을 묻지 않아요?"

"당신이 얘기할 때가 되면 얘기할 거라고 생각하기 때문이지요. 그리고 무엇보다도 굳이 알 필요를 느끼지 않고요. 살아 보니 모르고 살 수 있으면 그것도 나쁘지 않은 것 같아요."

"그렇군요. 그렇지만 이제는 알려드릴 때가 되었네요. 저는 아주 먼 곳에 있는 다른 별에서 왔어요. 제가 살고 있는 별은 지구와 비슷한 환경을 가진 몇 안되는 별 중의 하나입니다. 굳이 지구와 비교하자면 과학은 많이 발전되어 있지요.

저는 선행을 하기 위해 이곳에 왔습니다. 일종의 자원봉사 같은 것이죠. 그렇지만 어떤 것이 진정한 선행인지 판단하기 어려웠습니다. 고심 끝에 내린 결론은 행복한 가정을 꾸리는 것이야말로 가장 큰 선행이라는 것이었습니다.

그런데 막상 이렇게 당신과 지내다 보니 제가 선행이라고 생각했던 일이 내 자신을 위한 것이었나 봐요. 여기 생활이 그렇게 좋을 수가 없으니까요. 그래서 계획했던 것보다 몇 배를 더 있게 되었고요.

그러나 아쉽지만 이제 더 이상은 여기에 머무를 수가 없네요. 돌아오라는 최후 통첩을 받아 며칠 내로 출발해야 합니다. 그리고 당신도 원하면 같이 갈 수 있도록 허락을 받았습니다. 그러니 당신은 선택할 수 있습니다. 저와 함께 갈 것인지 남을 것인지."

아내는 여기까지 말을 하고 민철을 바라보았다. 민철은 아내의 말에 놀라거나 당황하지 않았다. 오히려 그간의 궁금했던 것들이 순식간에 풀리는 시원한 느낌이었다. 민철은 망설임 없이 답했다.

"나는 평생을 당신과 함께 할 겁니다."

애처가 논쟁

"시청자 여러분, 한 주일 동안 안녕하셨습니까? 가정의 행복을 찾기 위한 프로젝트 우리 가정 시간입니다. 저는 이 프로그램의 진행을 맡은 손명훈입니다. 이 시간은 우리 가정의 진정한 행복을 위해 가족 구성원 간의 서로 다른 생각들을 진지하고 허심탄회하게 토론하는 시간입니다.

오늘의 주제는 애처가입니다. 과연 누가 진정한 애처가인지를 가려보는 시간입니다. 애처가라고 할 수 있는 유형은 다양하겠지만, 토론의 효율을 높이기 위해 세 가지 유형으로 압축해 보았습니다. 먼저 준비한 화면을 보시겠습니다."

진행자의 말이 끝나자 곧이어서 낭랑한 성우의 음성과 더불어 동영상이 시작되었다.

"다음 남편들 중에 과연 누가 애처가일까요? 먼저 정직한 남편, 다음은 효자인 남편, 그리고 끝으로 건강한 남편입니다. 자 이 세 유형 중에 누가 정말 애처가인지 의견을 나눠 보실까요?"

짤막한 동영상이 끝나고 다시 진행자의 발언이 이어졌다.

"자, 그럼 지금부터 본격적인 토론으로 들어가겠습니다. 오늘은 토론자로 각 유형을 지지하는 세 분의 가정 문제 전문가를 모셨습니다. 세 분의 공통점은 모두 기혼 여성, 즉 남편이 있다는 것입니다. 따라서, 이론적인 것뿐 아니라 개인적인 얘기를 같이 하셔도 좋을 듯합니다. 그럼 먼저, 정직한 남편을 제일의 애처가로 꼽고 계시는 한인숙 선생님의 의견부터 듣도록 하겠습니다."

"예, 저는 정직한 남편이야말로 최고의 남편이라고 생각합니다. 부부 사이에 가장 중요한 것은 믿음입니다. 모든 관계가 그렇겠지만 특히 부부관계는 신뢰를 바탕으로 해야 합니다. 신뢰가 없는 부부를 바람직한 부부라고 생각하는 사람은 없을 것입니다.

그렇지만 실제로는 신뢰가 부족한 부부가 너무 많은 것 같습니다. 특히 남편을 믿지 못하는 아내들이 참 많습니다. 그 이유가 무엇일까요? 다른 이유도 있을 수 있겠지만 가장 주된 이유는 남편이 아내에게 정직하지 못하기 때문입니다.

그럼 남편들은 왜 아내에게 정직하지 않을까요? 그 이유는 여러 가지가 복합적으로 있겠지만, 이 자리에서 하고 싶은 얘기는 아내에 대한 애정이 부족하기 때문이라는 것입니다. 아내에 대한 애정이 충만해 있다면, 즉 애처가라면, 아내에게 말 못 할 일을 애당초 하지 않을 것입니다. 그리고 설령 어떤 잘못을 했다 하더라도 정직하게 말하고 용서를 구할 것입니다. 부부 사이에도 비밀은 있을 수밖에 없다는 사람들도 있습니다. 그러나 비밀은 없을수록 좋은 것 아니겠습니까? 비밀을 간직하면 할수록 신뢰는 떨어질 수밖에 없으니까요.

정직은 남편이기 이전에 사람이 지켜야 할 덕목 중에 으뜸이라고 생각합니다. 마하트마 간디나 조지 워싱턴 등 수 많은 훌륭한 분들의 좌우명이 정직이었다는 것만 봐도, 정직이 얼마나 중요한지를 알 수 있을 것입니다.

정직한 사람은 근본적으로 나쁜 짓을 하지 않습니다. 아니 할 수가 없습니다. 아내에 대한 사랑도 진실할 수밖에 없습니다. 그러니 애처가인 것도 당연한 것이죠. 정직한 사람이 애처가가 아니라면 그 사실이 바로 드러날 수밖에 없을 테니까요. 그러니 정직한 사람은 애처가가 되지 않을 수 없는 것입니다."

첫 번째 토론자의 발표가 끝나자, 진행자가 말을 이었다.

"많은 분이 공감하시리라고 생각합니다. 반면에 양심에 가책을 느끼는 분들도 있을 것 같습니다. 양심에 뭔가 찔리시는 분들은 이 시간이 반성의 계기가 되시기 바랍니다. 이어서 이번에는 부모에게 잘하는 효자가 아내에게도 잘한다고 주장하는 분입니다. 이효선 선생님 순서입니다."

"예, 앞에서 하신 말씀 잘 들었습니다. 저도 공감하는 바가 많습니다. 그러나 애처가의 조건이 정직만으로는 부족하다고 생각합니다. 정직이 매우 중요하고 기본이 되는 것은 분명합니다. 그러나 정직은 어디까지나 마음이고 생각일 뿐입니다.

반면에 효도는 행동이고 실천입니다. 생각과 실천은 하늘과 땅 차이입니다. 행동하지 않는 양심은 의미가 없다고 하지 않습니까? 행동하는 양심의 출발이 바로 효도입니다. 출발이 제대로 되어야만 그다음 순서도 제대로 이어질 수 있습니다. 첫 단추를 잘못 끼우면 마지막 단추는 넣을 곳이 없는 것이지요. 즉, 효자가 애처가가 되고 이어서 좋은 아버지도 되는 것입니다. 거기서 그치는 것이 아니라 자식들 역시 효자가 되고 애처가가 되도록 선도를 해서 자식의 효도까지 덤으로 만들어 주는 것이 효자인 남편입니다.

효자가 아니면서 다른 사람한테 잘하는 사람이 있습니까? 있다면 그것은 거짓입니다. 어떻게 자기 부모한테 잘못하면서 다른 사람들한테 잘 할 수 있겠습니까? 효자가 아니면서 처자식한테 잘 한다는 것 역시 위선이라고밖에 말할 수 없는 것입니다. 하나를 보면 열을 안다고 애처가 남편을 구하시려면 효자를 찾으시기 바랍니다.

효자인 남편은 부모한테만 잘하고 아내는 힘들게 한다는 편견이 존재하는 것 같습니다만, 이것은 그야말로 편견일 뿐이고 단견입니다. 보다 근본적으로 이성적으로 생각해 보면 효자가 애처가일 수밖에 없다는 것은 자명한 이치입니다."

두 번째 토론자가 발표를 마치자, 다시 진행자가 말을 받았다.

"남편감을 고를 때 효자는 기피한다는 얘기가 있습니다만, 말씀을 들어보니 효자일수록 남편감 일 순위에 놓아야 하지 않을까 하는 생각이 듭니다. 정직한 남편과 효자인 남편, 한 치의 양보 없는 팽팽한 애처가 경쟁인데요. 그렇다면 또 다른 경쟁자, 건강한 남편은 과연 어떤 논리로 애처가라고 주장하실지 들어보도록 하겠습니다. 차미현 선생님 순서입니다."

"예, 두 분 말씀 잘 들었습니다. 두 분 말씀을 들어보니 오늘 잘못 나온 것이 아닌가 하는 생각이 들 정도로 논리정연하고 설득력이 있습니다. 공감되는 부분도 많습니다. 그렇지만 우리가 간과해서는 안 될 중요한 요소를 빠뜨리고 있다고 생각합니다. 바로 건강입니다. 여기서 말하는 건강은 육체적인 건강만을 말하는 것이 아닙니다. 마음의 건강도 포함이 됩니다. 건강한 육체에 건강한 정신이 깃든다는 말도 있습니다만, 정신과 육체는 분리될 수 없는 하나라고 생각합니다. 따라서 건강이라 함은 심신 건강을 말한다는 것을 전제로 하고 제 얘기를 시작하겠습니다.

그러면, 건강이 애처가의 조건과 어떤 관련이 있는 걸까요? 조금 전 정직은 마음이고 효도는 행동이라는 말씀이 있었습니다만, 행동을 하는 주체가 바로 건강한 심신입니다. 우리의 몸과 마음이 건강하지 못하면 어떤 일도 제대로 할 수가 없습니다. 젊을 때는 건강의 중요성을 크게 느끼지 못합니다. 그러나 나이가 들면 들수록 건강만큼 중요한 것이 없다는 것을 알게 될 것입니다. 수명이 늘어나면 늘어날수록 건강의 중요성도 그만큼 커집니다. 그리고 건강한 만큼 애정도 크고 오래 갈 것입니다. 건강하지 못한, 병석에만 누워 있는 애처가가 무슨 의미가 있습니까?

그뿐 아닙니다. 건강한 남편은 아내의 건강도 챙기기 마련입니다. 부부 사이에 백년해로하는 것 이상 더 좋은 일이 있나요? 어느 한쪽이라도 건강이 좋지 않아 일찍 세상을 떠나거나 병원 신세만 진다면, 아무리 금실이 좋아도 그게 다 무슨 소용입니까?

젊은 시절에 저는 좋은 학교, 높은 성적, 소위 말하는 각종 스펙, 좋은 직장, 높은 연봉 같은 것에 목을 맸습니다. 그리고 결혼을 한 후에는 자식에게 모든 것을 걸었습니다. 그리고 자식에게 모든 것을 바쳤습니다. 그러나 시간이 지나 자식까지 다 성장한 지금, 돌이켜 보면 남은 것은 없고, 잃은 것은 건강입니다. 이제 와서 건강을 유지 하겠다고 기를 쓰고 있는데, 그래 봤자 젊은 시절에 노력하는 것과 비할 바가 있겠습니까?

지금까지 나름으로 열심히 살았고 잘못 살지는 않았다고 자부합니다만, 후회되는 것 한 가지는 젊을 때, 건강할 때 건강을 제대로 챙기지 않은 것입니다. 이것이 저한테만 국한되는 것은 아닐 것입니다. 아마도 대부분의 사람들이 그렇지 않을까 생각합니다. 결론적으로 심신의 건강은 행복을 위한 가장 기본적인 요소이기도 하지만, 동시에 애처가의 기본이기도 하다고 생각합니다."

세 번째 토론자를 끝으로 준비된 발표는 끝이 났다. 진행자의 진행에 따라 다음 순서가 이어졌다.

"말씀 잘 들었습니다. 얼핏 생각할 때 건강이 애처가와 무슨 상관일까 했는데, 말씀을 듣고 보니 애처가가 되기 위해서도 건강은 중요한 것 같습니다.

이상 세 분의 고견을 들어 봤습니다. 과연 정직한 남편, 효자인 남편, 심신이 건강한 남편 중에서 진정한 애처가는 누구일까요? 모두 애처가임에는 틀림이 없을 것 같습니다만, 보다 바람직한 애처가는 누구일지 의견이 분분할 것 같습니다.

지금부터는 지금까지 발표된 내용을 중심으로 토론자 상호 간에 질의응답 하는 시간을 갖도록 하겠습니다. 방청석에 계신 분들도 의견 있으시면 손을 들어 주시기 바랍니다. 전화와 인터넷으로도 의견을 받습니다."

열띤 토론은 밤샐 줄 모르고 계속되었다. 결국, 진행자가 종료를 선언하기에 이르렀다.

"대부분의 토론이 그렇듯이 오늘도 결론을 내기는 어려울 것 같습니다. 애처가의 조건이 어느 한 가지로 정해질 수는 없을 것입니다. 오늘 얘기된 정직, 효도, 건강 모두 조건이 될 수 있겠고, 이 밖에도 많은 조건이 더 있을 것입니다. 결론과 관계없이 모든 남편들이 애처가가 되기를 바라는 마음으로 이 시간을 마치겠습니다.

아울러 이 시간 이후에도 여러분의 더 많은 의견을 기다리겠습니다. 의견 있으신 분들은 저희 방송 홈페이지 게시판에 글을 올려 주시기 바랍니다. 실명으로 올리신 분들에 한하여 집계에 반영하고 그 결과를 인터넷으로 발표하겠습니다. 그리고 추첨을 통하여 소정의 선물도 드리겠습니다.

오늘 스튜디오까지 찾아주신 방청객 여러분, 이 방송을 시청해 주신 시청자 여러분께 두루 감사의 인사를 드리면서 이 시간 여기서 마치겠습니다. 함께 해 주신 여러분 고맙습니다."

슬기로운 군대 생활

나는 비교적 늦은 나이에 군대에 갔다. 군대에 가기 싫어서가 아니었다. 오히려 그 반대였다. 군대는 마음먹기에 따라 얼마든지 즐겁게 지낼 수 있는 곳이라고 생각했다. 그래서 나는 어린아이가 과자 한 봉을 아끼고 아꼈다가 정말 먹고 싶을 때 먹는 것처럼, 아끼고 아껴뒀다가 정말 필요할 때 가야겠다고 평소에 생각하던 대로 실천했을 뿐이다. 남들은 맞을 매는 일찍 맞겠다는 마음으로 일찍들 간다고 하지만, 나는 인생의 새로운 도약을 위한 계기로 삼겠다고도 생각했다.

의무적으로 가야 해서 가는 것이긴 하지만, 그렇게 타의에 의해 끌려가듯 간다는 것에 나는 강한 거부감을 가지고 있었다. 그래서 나는 군 복무에 대해 긍정적으로 생각하려고 애썼다. 군 생활이 나쁜 것만은 아니야. 그럼, 복잡하고 치열한 생존경쟁의 굴레에서 벗어나 머리를 완전히 비우고 쉬는 거야. 안식년이 따로 없지. 지친 심신을 재충전하고 새롭게 시작하는 전기를 마련하는 거야. 이런 식으로 나 자신을 세뇌했다.

훈련소에 입소하던 당일도 나는 전혀 긴장하지 않았다. 약간의 흥분은 있었다. 그러나 그것은 수학여행을 떠나는 기분이라고나 할까? 뭐 그런 것이었다. 부모님이 동행하겠다는 것도 굳이 그러실 필요 없다고, 나는 이제 어린 애가 아니라고, 혼자 가는 것이 편하다고 했으나, 그분들의 고집을 끝까지 꺾지는 못했다.

훈련소는 한 마디로 초상집 분위기였다. 입소식 초반은 사뭇 엄숙하고 절도있게 진행되었으나 막바지에 이르러 어머니를 부르며 참았던 눈물을 흘리기 시작하는데 도저히 걷잡을 수 없는 지경이었다. 어머니들이 여기저기서 먼저 시동을 걸자 기다렸다는 듯이 아들들도 따라 울기 시작했다. 아버지들은 애써 먼 산을 바라보며 참으려고 애썼지만, 눈가에 흐르는 눈물을 감출 수는 없었다.

온통 눈물바다가 된 가운데 나만 이방인이었다. 나는 사람들이 왜 우는지 잘 이해가 되지 않았다. 어린 애도 아닌데 집 떠나서 생활하는 게 그렇게 어려운 일인가? 군대도 사람 사는 곳이고 다들 무사히 전역해서 돌아가잖아? 간혹 사고가 없는 것은 아니지만, 그거야 사고 없는 곳은 없는 것이고. 이런 생각에 울먹이고 있는 주위 사람들이 측은해 보이기까지 했다.

분주하게 다음 일정이 진행되면서 이런 분위기는 다소 수그러드는 듯했다. 우리는 군복과 군화 등 보급품을 지급 받고 내무반을 배정받는 등 다른 생각을 할 겨를이 없이 정신없는 하루 일과를 보냈다. 취침 점호를 마치고 잠자리에 들자 다시 울음소리가 간간이 들리기 시작했다. 에이, 또 시작이군. 속으로 그렇게 짜증을 내는 내 눈가도 어느 틈엔가 촉촉이 젖어있었다. 나는 애써 이것은 눈물이 아니라고 부정하며 하루의 피곤을 수면제 삼아 잠을 청했다.

다음 날부터 본격적인 훈련이 시작되었다. 숱하게 들어온 얘기라 다 알고 있는 것이었지만, 막상 실제로 하는 것은 머리로 아는 것과는 전혀 별개였다. 아무리 마음속으로 이건 힘든 것이 아니라고 우겨도, 몸은 너무나도 솔직하게 전혀 동의하지 않았다. 하루하루가 지날수록 자신만만하고 오만했던 생각은 점점 사라져가고, 그날그날을 버티기에 바빴다. 내가 그토록 우습게 생각하고 경멸했던 군대에 대한 공포를 느끼고 있는 사람들과 별반 다를게 없게 되었다.

훈련소에서의 일과는 너무 힘들어, 어떻게 하면 시간을 빨리 보낼 수 있을까 하는 것만 궁리하게 되었다. 훈련은 쉬운 것이 없었다. 왜 훈련은 쉬운 것이 없을까? 그 이유는 아마도 훈련을 어렵게 만든 것이 아니라 어려운 것을 훈련 과정으로 택했기 때문일 것이다. 나는 우리가 어려워하는 것만 골라 놓은 것이 훈련이라는 결론을 내렸다.

힘든 일을 할 때는 시간이 지독히도 가지 않는다. 그렇다고 아무 일도 하지 않고 있는 것도 시간이 빨리 가지는 않는다. 반면에 재미있는 일을 할 때는 야속하게도 시간이 그렇게 빨리 갈 수가 없다. 그렇다면 시간을 빨리 보내는 방법은 단 한 가지 어떻게든 재미있고 즐겁게 시간을 보내야 한다. 그럼 그런 일이 뭘까? 절대적으로 재미있는 일을 찾기는 어렵지만, 상대적으로 재미있는 일은 있지 않을까? 내가 찾은 정답은 청소와 빨래였다. 청소와 빨래는 비교적 간섭을 받지 않고 자율적으로 할 수 있는 일이었다. 또한, 훈련받는 것과는 비교도 되지 않을 정도로 쉽고 편했다. 그리고 시간에 쫓기지 않고 쉬어 가면서 해도 뭐라고 하는 사람도 없었다. 다만 쉬는 시간이 줄어들 뿐이었다. 그렇지만 그냥 가만히 앉아 눈치 보면서 쉬는 것보다는 뭐라도 하는 것이 더 편했고 그만큼 시간도 빨리 갔다.

그중에서도 압권은 종교활동이었다. 나는 무신론자였지만 훈련소에서만큼은 한주도 거르지 않고 종교활동에 참여했다. 특정 종교를 정하지 않고 그날그날 내키는 대로 갔다. 그리고 거기서 가급적 많은 시간을 보냈다. 어느 곳에서나 독실한 신자로 오해를 받기에 충분했다. 이렇게 나름 요령을 터득해 훈련소 생활이 익숙해질 무렵, 그 기나긴 오 주간의 훈련이 마침내 끝났다.

군대 중에서도 가장 힘들다는 훈련소 생활을 마쳤으니 남은 기간은 조금 낫겠지 하는 희망으로 자대 배치를 받았다. 그렇지만 자대도 만만치 않았다. 내가 최고 졸병인 것은 말할 것도 없고 이병은 나 혼자였다. 훈련소에서는 그래도 같은 기수들끼리 있으니 마음은 편했는데, 자대에 오니 층층시하에 스트레스가 이만저만이 아니었다. 더구나 나중에 알고 보니 최고 고참까지도 모조리 나보다 나이가 어렸다. 생각할수록 분하고 억울했지만, 내가 택한 일인 걸 누구를 원망할 수도 없었다. 나중에 아들을 낳으면 군대는 반드시 일찍 다녀오라고 해야겠다는 결심까지 했다.

그러던 어느 날, 오후 일과를 마치고 내무반에 들어와 저녁 식사 전까지 잠깐 쉬는 중이었다. 갑자기 문이 활짝 열리면서 별 두 개가 번쩍이는 모자가 불쑥 들어왔다. 소장이라면 사단장님밖에 없는데 무슨 일이지? 일순 내무반은 극도의 긴장감이 감돌았다. 그러나 그게 전부가 아니었다. 사단장님의 뒤에는 어쩐지 낯익은 또 다른 얼굴이 보였다. 누구지 하는 순간 가슴이 철렁 내려앉았다. 그분은 놀랍게도 대통령이었다. 너무 놀라 온몸이 굳어버릴 지경인데, 하필이면 내 앞에서 발길을 멈추는 것이 아닌가.

"입대한 지 얼마 되지 않은 것 같은데, 군 생활 힘들지 않나요?"

나는 나도 모르게 벌떡 일어섰다. 그리고 있는 힘을 다해 소리쳤다.

"충 · 성 이병 김 · 영 · 호. 힘들지 않습니다, 대통령님."

얼마나 크게 소리를 질렀는지, 대통령은 흠칫 놀라는 듯하더니 호탕하게 웃으며 말했다.

"하하하, 신병답게 씩씩하군요. 이 모습 이대로 군 생활 잘 하기 바랍니다."

그러면서 다정한 눈길과 함께 손을 내밀었다. 나는 속으로 쾌재를 불렀다. 대통령을 보는 것만도 행운인데, 대화를 하고 칭찬까지 들었으니 앞으로의 군 생활은 꽃길만 남았다는 생각에 가슴이 벅차올랐다. 나는 대통령과 악수를 하면서 다시 한번 소리를 질렀다.

"감사합니다, 대통령님."

바로 그때, 뭔가 내 옆구리를 쿡쿡 찔렀다. 누구지? 감히 대통령님과 악수를 하고 있는데 옆구리를 찌르다니. 아무리 내가 졸병이지만 지금 이 순간만은 이러면 안 되는 것 아냐? 나는 악수를 마친 손으로 점잖게 옆구리 찌르는 것을 밀쳐냈다. 그런데 밀쳐내면 밀쳐낼수록 더욱더 강하게 찔러왔다. 아니 이것은 찌르는 것이 아니었다. 발로 차는 느낌이었다. 그리고 아련하게 이런 소리가 들려왔다.

“야, 쫄따귀가 빠져 가지구 좀 쉬라고 했더니 잠을 자? 그리고 잠꼬대까지 해? 뭐, 대통령님? 꿈 속에서 청와대라도 갔냐?”

나는 그 빈정거리는 소리에 벌떡 일어났다. 주위에는 고참들이 쭉 둘러서서 낄낄거리고 있었다. 이런 젠장, 앞으로 군대 생활은 어떻게 해나가지? 눈 앞이 캄캄하다.

잃어버린 시간

세창은 여느 때와 같이 아침 일찍 일어났다. 침대에 일어나 앉아 눈은 아직 감은 채로 기지개를 켰다. 또 하루가 시작되는구나. 끝도 없이 반복되는 바쁘고 지루한 일상. 치열한 생존경쟁 속에서 밤낮 없는 긴장은 계속되고, 집에서도 휴식보다는 가사 분담으로 쉴 틈 없이 보내는 이런 따분한 인생을 살아야만 하나. 그냥 한번에 확 지나가 버릴 수는 없을까. 어느 날 보니 나도 모르게 하루아침에 중년이 되어 사회적 지위와 경제적 안정은 이루어져 있고, 애들도 이미 다 커 있다면 얼마나 좋을까. 그렇게만 될 수 있다면 그 어떤 대가를 치러도 상관없을 것 같았다. 평소와 마찬가지로 이런 생각을 하며 세창은 화장실로 들어갔다.

화장실에서 거울에 비친 자신을 모습을 보는 순간 세창은 자지러지게 놀랐다. 거울 속에는 세창 대신 웬 중년남자가 역시 몹시 놀란 표정으로 세창을 바라보고 있었다. 정신이 번쩍 들어 앞뒤를 살펴 보니 모든 것이 낯설었다. 도대체 여기는 어디고 나는 누구지? 아니 나는 어디에 있지? 아니지, 어제의 나는 어디에 있고, 지금 나는 어디서 온 거지? 그럼 내가 둘인가? 세창은 갑작스런 충격과 혼란 속에서 화장실을 나와 아내를 찾았다. 주방에서 아침을 준비하는 아내의 뒷모습이 보였다.

"여보."

세창의 다급한 목소리에 아내는 휙 고개를 돌렸다. 그 순간 세창은 그만 얼어붙고 말았다. 뒷모습은 영락 없는 아내였는데, 뒤돌아보는 얼굴은 생전 처음보는 중년의 아줌마였던 것이다.

"일어났어? 어제 많이 피곤한 것 같더니 일찍 일어났네. 근데 왜? 뭔 일 있어?"

전혀 어색하지 않게 아내를 자처하는 그 아줌마를 어떻게 받아들여야 할지 세창은 몹시도 난감했다. 하긴 세창 자신도 그 정도 나이가 든 상황이니 그냥 있는 그대로 받아들이면 될 것도 같았다. 그래서, 속으로는 내가 나 같지 않고 아내가 아내 같지 않지만, 겉으로는 짐짓 자연스럽게 말했다.

"아니 당신이 안 보이길래, 그냥. 가만있자. 그런데 올해가 몇 년이더라."

"2038년이잖아. 벌써 그러면 어떻게? 올해가 몇 년인 것도 헷갈리면. 당신 나이는 기억해? 그리고 나한테 뭣하러 물어 봐. 스마트폰 놔 두고."

"그러게. 아직 잠이 덜 깼나 봐. 그런데 내 폰이 어디 있지?"

"어디 있긴. 항상 두던 대로 침대 옆에 있겠지. 당신 오늘 정말 왜 그래? 어디 아픈 건 아냐?"

"아냐, 아프긴. 그냥 아직 잠이 좀 덜 깬 것 뿐이라니까."

세창은 대충 얼버무렸다. 세창은 무엇보다는 금년이 2038년이라는 것에 큰 충격을 받았다. 그렇다면 내가 전혀 기억하지 못하는 20년이 지나가버렸다는 얘긴데, 그 동안 나는 무엇을 했고 또 세상은 어떻게 변했을까? 그리고 지금의 나는 뭘까? 그런 생각을 하며 폰을 찾았다.

폰 역시 매우 낯설었다. 우선 크기가 작아 손에 쥐면 보이지 않을 정도였고 화면과 자판은 아예 보이지 않았다. 그러나 폰을 손에 들자 눈 앞에 영상이 커다랗게 나타났다. 그리고 모든 정보는 손으로 치건, 말로 하건 원하는 것은 뭐든 알려 주었다. 또한 눈짓만으로도 심지어 마음 속으로 생각만 해도 알고 싶은 것을 알 수 있었다. 폰은 한 마디로 만능의 필수품이었다.

세창은 폰을 통해 궁금한 사항을 웬만큼 알 수 있었다. 금년이 2038년이니, 세창은 52살이었다. 비교적 이른 나이에 중견 기업의 대표이사가 되어 있으니, 성공한 인생을 살았다고 할 만했다. 그간 어떻게 살았는지는 알 수가 없다. 이만큼 성공하기 위해서는 그만큼 노력하고 고생했겠지. 그렇지만 세세한 내용까지는 폰도 알려주지 않는다. 다만 미루어 짐작할 뿐이었다.

아내와는 지금껏 같이 살고 있으며 애들도 둘다 대학에 잘 다니고 있으니, 이만 하면 가정적으로도 별 문제는 없다. 아침을 먹으며 아내의 얼굴을 찬찬히 들여다 보니 이마와 눈가의 잔주름 사이로 20년 전의 팽팽했던 옛 모습이 떠올랐다. 그러나 아무리 기억을 더듬어봐도 낯설기는 여전히 마찬가지였다.

"당신 밥 먹다 말고 지금 뭐하는 거야?"

세창의 행동이 이상해 보였는지 아내가 핀잔을 주었다.

"오늘 보니 당신 여전히 젊고 예뻐서 그래."

"정말 별 일이네. 안 하던 소리도 다 하고. 그나저나 회사 늦겠네. 어서 출근이나 하셔."

세창의 둘러대는 말이 싫지는 않았는지, 아내는 쑥스러워 하며 슬며시 말꼬리를 돌렸다. 세창이 아파트 현관을 나서니 차 한대가 미끄러지듯이 다가왔다. 사람 없이도 스스로 다닐 수 있는 로봇차였다. 차문이 자동으로 열리고 세창이 올라타자 다시 자동으로 닫히면서 출발했다. 목적지는 차가 이미 알고 있으니 굳이 말할 필요도 없었다.

차 안은 쾌적했다. 차 안에 있는 컴퓨터로 뉴스를 보기도 하고 업무를 점검하기도 하고 그러다가 졸음이 오면 잠을 자기도 했다. 자리가 넓고 편할 뿐 아니라 운전에 신경을 쓸 필요도 없으니 집 안에 있는 것과 다를 바가 없었다.

이윽고 차는 회사에 도착했고 다시 차문이 열렸다. 세창은 어색함을 감추며 차에서 내렸다. 회사로 들어서자 만나는 사람들마다 깍듯이 인사를 한다. 모두 모르는 얼굴들이다. 그렇지만 웃으며 인사하는데 아는 척을 하지 않을 수 없다. 세창도 시침을 떼고 반가운 듯 인사를 받았다. 그래도 낯설기만 한 이 상황은 전혀 극복이 되지 않는다.

사무실로 들어갔다. 대표이사실 문을 여니 여전히 낯선 풍경이다. 어색한 발걸음으로 자리에 가 앉았다. 내 의자가 아닌 것 같아 여간 불편한 게 아니다. 세창은 내가 바로 이 자리의 주인이라고 몇 번이고 되내면서 자신을 자신에게 적응시키려고 안간힘을 썼다.

그 때 문이 열리면서 비서가 들어왔다.

“사장님, 손님이 찾아오셨습니다. 젊은 남자 분인데 이름도 말하지 않고 무조건 뵙겠다고 합니다. 사장님을 꼭 만나야 한다면서요. 약속이 되어 있지는 않은데, 그냥 가시라고 할까요?”

세창은 잠시 생각했다. 예사 일로 온 것 같지는 않다는 느낌이 들었다. 그리고 무엇보다도 어떤 사람이 무슨 일로 왔는지 궁금해서 견딜 수가 없었다.

“아니, 들어 오시라고 해요. 지금 다른 스케쥴은 없지?”

이윽고 의문의 젊은이가 들어왔다. 누군지는 모르겠는데 왠지 낯설지가 않다. 오늘 처음으로 느껴보는 익숙한 느낌이었다. 세창 자신을 포함해 낯설지 않은 것이 없는데, 유독 알지도 못하는 이 사람만큼은 낯설지가 않은 것이다. 그럼에도 이 사람이 누구이며 무슨 일로 왔는지는 전혀 짐작이 가지 않았다.

“무슨 일로 오셨나요?”

세창은 왠지 모를 긴장감으로 조심스럽게 물었다. 그러자 그 젊은이는 빙긋이 웃으며 말했다.

"제가 먼저 묻겠습니다. 지금 이 상황이 마음에 드시나요? 김세창씨가 원하는 대로 되었는데요. 그 대답이 우선 듣고 싶군요."

아니 이 사람은 도대체 누구지? 내 상황을 알고 있는 유일한 사람이겠군. 알고 있을 뿐 아니라 이렇게 만든 사람일 수도 있겠는걸. 그렇지만 그건 사람이 할 수 있는 일은 아니잖아. 뭐야? 그럼 사람이 아니란 말인가? 그나저나 생각해 보니 내가 원하는 대로 되긴 되었네. 지루하고 따분하게 생각하던 일상들이 사라져 버렸으니. 그렇다면 이렇게 된 것이 정말 내가 원했던 것일까? 순간적으로 별별 생각들이 스쳐 지나갔다.

"글쎄요. 잘 모르겠습니다. 한편으로는 원하는 대로 된 것 같기도 하고, 다른 한편으로는 아닌 것 같기도 하고. 무엇보다도 모든 것이 너무 낯설어 나 자신도 내가 아닌 것 같아서 혼란스럽습니다."

"그건 처음부터 경고를 했었죠. 원하는 대로 되는 대신 조건이 있었죠."

"그 조건이 뭡니까?"

세창이 떨리는 목소리로 물었다.

"예, 추억입니다. 20년이 생략됨과 동시에 그 기간 동안의 추억도 같이 사라지는 것이죠. 어찌 보면 지극히 당연한 일입니다. 겪지 않은 세월에 추억이 남을 수는 없으니까요."

"추억이 없으니 익숙함도 없고 모든 것이 낯설겠군요? 그리고 당신과 어떤 거래를 했는지도 기억을 하지 못하고."

이제야 모든 의문이 풀리는 듯 했다. 머리로는 알겠으면서도 마음으로는 느껴지지 않는 이 상황에 대해서. 그러면서 또다시 생기는 의문은 어쩔 수가 없었다.

"저는 이대로 살아야만 하나요? 아니면 예전으로 돌아갈 수 있나요?"

"그것도 물론 약속이 되어 있습니다. 오늘 이 자리에서 결정할 수 있습니다. 이대로 살 것인가, 아니면 20년 전으로 돌아갈 것인가. 돌아가게 되면 지금 일은 완전히 잊게 됩니다. 다시 20년 후에 어떻게 될지도 전혀 알 수 없고요. 그건 김세창씨가 하기 나름이니까요."

"한 가지만 더 묻겠습니다. 당신은 누구십니까? 사람은 아닌 것 같은데, 혹시 신입니까? 아니면 악마입니까?"

"지난 번에도 물으시더니 같은 질문을 또 하시는군요. 당신은 당신이 누구인지 정확하게 설명할 수 있습니까? 그리고 신과 악마의 차이는 무엇입니까? 나한테 잘 해주면 신이고 나한테 손해를 입히면 악마인가요? 김세창씨가 그냥 김세창씨인 것처럼 나 또한 그냥 나일 뿐입니다. 그건 그렇고 이제 결정을 할 시간입니다. 어떻게 하시겠습니까?"

이제 결정의 순간이다. 세창은 결정을 내리기 위해 눈을 감았다.

소년 가장

"할머니, 할머니, 옛날 얘기 해 주세요."

"예, 할머니, 옛날 얘기 하나만 해 주세요."

추석 차례를 지내고 아침상도 물리고 나서 나른함과 함께 졸음이 몰려 와 막 누우려고 할 즈음, 웬 바람이 불었는지 손주들이 갑자기 옛날 얘기를 해 달라고 조르기 시작했다. 예전 같으면 손주들 입에서 으레 나오는 말이지만 요즘은 좀처럼 듣기 힘든 말이다. 손 여사는 손주들이 귀엽기도 하고 옛날 얘기를 청하는 것이 반갑기도 해서 벌떡 일어나 앉았다.

"그래, 무슨 얘기를 해 줄까? 옳지, 어느 가난했던 집 얘기를 한 번 해 볼까?

옛날 옛날 오막살이 초가집에 한 가족이 살고 있었어. 이 가족은 너무 가난해서 하루 세 끼는 커녕 한 끼도 제대로 먹지 못할 정도였지. 요즘은 워낙 잘 먹고 사니 이해가 잘 안 되지? 그렇지만, 아프리카나 동남아시아에는 지금도 제대로 먹지 못하고 사는 사람들이 많다는 것은 알고 있지? 북한만 해도 굶주린 사람들이 부지기수라고 하더구나.

그건 그렇고 다시 얘기를 계속 해 볼까. 워낙 어렵게 살다 보니 제일 힘들고 괴로운 사람은 아버지였어. 아버지는 가장으로서 식구들에 대한 책임과 의무를 다하지 못한다고 생각하니 항상 마음이 무거웠지. 노력을 하지 않는 것도 아니지만 형편은 나아질 기미를 보이지 않았어.

급기야 아버지는 중대 결심을 했지. 식구들을 모두 모아 놓고 이른바 비상회의를 하는 자리에서 아버지는 말했어. 아무래도 나는 가장 자격이 부족한 것 같다. 이대로 가다 가는 우리 식구 모두 굶어 죽을지도 모른다. 그러니 나는 가장 자리에서 물러나겠다. 나 대신 너희들 중 누군가가 가장을 맡아 우리 가족을 이끌어줬으면 한다. 이렇게 말이야.

식구들은 처음에 우왕좌왕 했지. 그래도 아버지라고 믿고 따랐는데 이제 그나마 할 수 없는 상황이 되었으니 어찌할 바를 몰랐던 거야. 그렇지만 이내 현실을 직시하고 가장을 새로 뽑기로 했어.

논란 끝에 뜻 밖에도 새 가장은 제일 막내가 되었지. 막내는 이제 겨우 열 살을 갓 넘긴 어린 소년이었어. 그럼에도 형들이 모두 엄두를 내지 못하고 손사레를 치니 어쩔 수 없이 맡게 된 거지.

그러나 막내는 나이에 비해 성숙하고 배짱도 있었나 봐. 총명하기도 하고. 졸지에 부모와 형들을 책임지는 소년 가장이 되었음에도 침착하기 이를 데 없었지. 그렇다고 무슨 뾰족한 수가 있는 것도 아니었으니 크게 달라지기를 기대하기는 어려웠지.

막내는 궁리 끝에 두 가지 원칙을 제시했어. 하나는 해 뜨기 전에 집을 나가 해 지기 전에는 들어오지 말 것, 다른 하나는 집에 들어올 때 빈손으로 오지 말 것이었어. 즉, 해가 있는 동안에는 밖에서 무슨 일이라도 하라는 거였지. 그리고 노력을 해도 소득이 없는 날은 하다 못해 돌멩이 하나라도 들고 들어오자는 거였어.

그 날 이후 식구들은 막내를 중심으로 심기일전하여 정말 죽기 살기로 일을 했지. 그렇다고 하루 아침에 살림살이가 나아지지는 않았지만, 그래도 뭔가 될 수 있을 것 같다는 희망은 가지기 시작했어. 그리고 그 희망만큼 돌멩이들도 높이높이 쌓여 갔지.

그러던 어느 날이었어. 그날은 하루 종일 비가 억수같이 내렸지. 식구들은 하나같이 별무소득이어서 모두들 돌멩이만 들고 들어왔어. 그런데 맨 마지막으로 들어온 아버지는 그나마 돌멩이조차 없이 빈손이었던 거야. 쏟아지는 빗속에 돌멩이 하나도 찾기가 어려웠던 거지. 식구들은 가장인 막내의 눈치를 보며 오늘만큼은 아버지를 봐주자고 했어. 그깟 돌멩이 하나 없어도 그만이고, 정 필요하면 내일 두 개 가져오면 되지 않느냐는 것이었지.

그러나 막내는 단호했어. 규칙은 규칙이니 반드시 지켜야 한다는 것이었어. 결국 아버지는 빗속으로 뛰어나가 혼자는 들기도 버거울 정도로 무거운 돌덩이 하나를 기어이 들고 돌아왔지. 막내는 미안한 마음으로 아버지가 가져온 돌을 돌무더기 맨 위에 조심스럽게 올려 놨어.

그렇게 놓고 보니 그 돌은 유난히 아름다워 보였지. 햇빛이 비치면 광채가 나는 것 같기도 했어. 그리고 그로 인해 돌무더기도 그럴 듯한 돌탑으로 보이기 시작했지. 그 때부터 식구들에게는 아침 저녁으로 돌탑에 인사를 하는 불문율이 생겼어.

그런데, 이 가족의 일거수일투족을 눈여겨보는 사람이 있었어. 바로 옆집에 사는 사람이었지. 그 사람은 큰 부자였는데, 자기가 가진 재산 못지 않게 많은 것이 하나 더 있었어. 바로 욕심이었지. 이를테면 아흔 아홉을 가지고 있어도 하나 가진 사람 것을 뺏어 백을 채우고 싶어하는 그런 사람이었던 거지.

처음에는 못사는 것들이 쓸 데 없이 돌이나 주워 온다고 혀를 끌

끌 차던 이 사람은, 아버지의 돌로 인하여 돌무더기가 돌탑처럼 된 다음부터 태도가 갑자기 변하기 시작했어. 돌탑에 엄청난 관심을 보이더니 급기야는 그 돌탑을 자기에게 팔라고 했지. 물론 처음에는 완강히 거절했지.

그런데, 이 부자도 집요했어. 계속 가격을 올리면서 흥정을 해 왔지. 처음에 쌀 한 말로 시작해서 벼 한 가마, 두 가마 하다가 급기야는 자기네 집보다도 높게 쌓은 낟가리와 바꾸자고 하기에 이르렀던 거야. 그 정도 양이면 식구들 모두 일년은 족히 먹고도 남을 엄청난 양이었지. 그러니 식구들 입장에서는 더 이상 마다할 이유가 없었어.

그래서 부자의 제안을 받아들여 낟가리를 가져오려 하자, 그 집 머슴이 아무 말도 없이 맨 위에 있는 벼 한단을 냉큼 들어내 가져가 버리는 거야. 어떻게 하겠어. 애당초 한단 없었다 치고 나머지 볏단을 식구들 모두 나서서 집안으로 옮겼지. 예전 같으면 벼 한 단에도 목을 매겠지만 낟가리에 비하면 그깟 한단 있어도 그만, 없어도 그만일 정도로 순식간에 여유가 생긴 거야.

벼를 모두 옮기고 나자, 바로 그 부자가 돌탑을 옮겨 가기 위해 하인들을 데리고 나타나지 않았겠어. 그러자 막내는 갑자기 무슨 생각이 들었는지 돌탑 위로 올라가서 맨 위에 놓여 있는 아버지가 빚속에 어렵게 가져온 그 돌을 가지고 내려온 거야.

그 모습을 지켜 보던 부자는 당연히 노발대발 했지. 그렇지만 막내도 지지 않았어. 당신네도 낟가리 맨 위의 볏단은 들어내지 않았느냐면서 말이야. 그 사실을 확인한 부자도 더 이상 할 말이 없게 된 거야.

그러자 부자는 벼는 충분히 더 줄 터이니 제발 그 돌만은 달라고 애걸복걸 하다시피 하는 거야. 이상하지 않아? 그 돌 하나가 뭐길래 그렇게 매달리는지. 궁금해진 막내와 식구들은 그 돌을 깨끗이 씻어 보았어.

그랬더니, 그랬더니 글쎄 그게 돌이 아니고 번쩍번쩍 빛나는 황금이었던 거야. 막내의 식구들은 어느 누구도 황금을 본 적이 없어 알 수 없었지만, 그 부자는 처음부터 그것이 황금인 것을 알고 눈독을 들였던 거지. 값으로 치면 낟가리에 비할 바가 아니었으니까.

아무튼 가난했던 이 가족은 하루아침에 벼락부자가 되었지. 졸지에 옆집 부자보다도 더 큰 부자가 된 거야. 그야말로 남부럽지 않게 잘 살게 된 그 집 식구들은 가난했던 시절을 잊지 않고 더욱 더 열심히 일하고 어려운 사람들도 도와 주면서 오래오래 행복하게 살았다는 구나.

할머니 얘기는 여기까진데, 재미있었니?”

"예, 할머니. 와! 할머니가 얘기를 해 주시니까, 티브이에서 보는 것보다 훨씬 재미나요."

"그래요, 할머니. 하나만 더 해 주시면 안 돼요?"

"아이구, 이런. 그렇게 얘기가 재미있었어? 그럼 또 해 줘야지. 그런데 얘들아, 배 고프지 않아? 점심시간이 다 되었으니 먹고 나서 또 하면 어떻겠니?"

"예, 좋아요."

일제히 대답하는 손주들을 바라보며 손 여사는 흐뭇한 미소를 지었다. 오늘따라 손주들이 유난히 더 귀엽고 예뻐 보였다. 그리고, 명절이 항상 이랬으면 좋겠다고 생각했다.

세 가지 소원

창식은 평범한 가정의 남편이자 아버지다. 사랑스런 아내와 초등학교에 다니는 아들이 있다. 집은 작고 그나마 전세일 망정, 사는데 큰 불편을 느끼지는 않고 있다. 별로 크지 않고 유명하지도 않은 중소기업에 다니고 있고 급여도 많지 않다. 그렇지만 먹고 사는데 어려움은 없으며 조금씩이나마 저축도 하고 있고 그만큼 미래에 대한 꿈도 가지고 있다. 작은 기쁨을 큰 행복으로 알고 사는 전형적인 소시민이다. 적어도 그 사건이 나기 전까지는 그랬다.

그러니까 불과 얼마 전의 일이었다. 우연히 오랜 만에 알고 지내던 선배를 만났다. 그 선배는 예전부터 호탕하고 자유분방하기로 이름나 있었다. 동에 번쩍 서에 번쩍 하기를 밥 먹듯 했다. 이번에도 몇 년 동안 통 소식이 없더니 바람처럼 나타난 것이다.

"그 동안 남미 여행을 좀 했지. 역시 세상은 넓더군. 아직도 모르는 게 너무 많아."

이렇게 시작한 선배의 여행담은 밤이 늦도록 끝날 줄을 몰랐다. 다람쥐 쳇바퀴 돌 듯 사시사철 같은 생활을 하고 있는 창식에게 선배의 이야기는 신비 그 자체였다. 시간 가는 줄 모르고 얘기에 빠져 있던 창식에게 선배는 주머니에서 뭔가를 끄집어냈다.

"이게 뭐냐 하면 아마존 원주민의 주술사 반지야. 아마존에서는 이 반지를 끼고 소원을 빌면 이루어진다는 전설이 있지. 단, 그 기회는 한 사람에게 세 번 뿐이야. 난 이미 세 번을 사용했으니 나에게는 더 이상 무용지물인데, 줄까?"

뜻 밖의 믿지 못할 얘기와 제안에 바로 대답을 못하고 망설이다가 창식이 물었다.

"그런데 형은 그 전설을 믿어요? 그리고 정말로 소원이 이루어지던가요?"

창식의 질문에 선배는 긍정도 부정도 아닌 묘한 표정을 지으며 말했다.

"그게 말이지. 소원을 들어주기는 하는 것 같아. 그런데 뭔가 심술을 부리면서 들어주는 것 같단 말야. 그러니 사용하고 안 하는 것은 잘 생각해서 해."

얼떨결에 반지를 받아 들고 집으로 돌아온 창식은 아내에게 자초지종을 얘기했다. 얘기를 들은 아내는 믿기지 않는 표정으로 말했다.

"정말로 이 반지가 소원을 들어준다 해도 우리가 소원을 빌 만큼 필요한 게 뭐가 있지? 굳이 있다면 우리 집이 아직 없다는 건데, 아파트나 한 채 달라고 해 보면 어때? 집세 올라가는 것도 부담되고 몇 년에 한 번씩 이사 다니는 것도 힘드니. 한 일 억원만 있으면 되겠네."

"그래 볼까? 그럼 일 억원만 달라고 해 보지 뭐."

창식은 기대보다는 장난스런 마음으로 반지를 끼고 소원을 말했다. 소원을 말하는 순간 창식은 반지가 부르르 떠는 느낌을 받고 깜짝 놀랐다. 그리고 이거 정말 효과가 있는 것 아냐 하는 생각이 들었다. 왠지 모를 불길한 예감과 함께.

다음 날 아침 출근을 하자 마자 부장이 창식을 불렀다. 그리곤 아주 어렵게 말을 꺼냈다.

"창식씨, 이런 말을 하게 돼서 매우 유감인데 이번 정리해고에 창식씨가 포함됐어요. 다른 사람은 몰라도 창식씨는 전혀 해당이 될 이유가 없는데, 어젯밤 갑자기 위에서 그렇게 지시가 내려왔어요. 퇴직위로금을 별도로 준다고 하니 그나마 다행이라고 생각했으면 해요."

마른 하늘에 날벼락이 따로 없었다. 어제까지 아무런 문제 없이 잘 다니던 직장을 하루 아침에 그만 둬야 하다니 억장이 무너졌다. 그러면서 갑자기 한 가지 무서운 생각이 들어 물었다.

"퇴직위로금이라고 하셨나요? 그게 얼마죠?"

"일 억원입니다. 적은 금액은 아니죠? 내 집 마련에 도움이 될 겁니다."

더 이상 의심할 여지 없이 반지의 소행이 분명했다. 창식은 그렇게 단정지었다. 아내도 마찬가지였다. 호기심으로 바라봤던 반지에 대한 눈길이 증오로 바뀌었다. 슬프고 어이 없는 마음으로 며칠을 보낸 후 아내가 말했다.

"이제 우리 어떻게 살아? 요즘 같이 취업이 어려운 시기에 다시 직장 구하기도 어렵고, 사업을 하려 해도 자금이 없고."

답답하기는 창식도 매한가지였다. 이제까지 한눈 팔지 않고 직장

하나만 믿고 다녔으니 별다른 생각이 있을 리 만무했다. 그러다가 문득 반지가 떠올랐다. 아직 두 번의 기회가 남아있지 않은가? 아내도 마지 못해 찬성했다. 창식은 다시 반지를 꼈다. 그리고 두렵고 떨리는 마음으로 두 번째 소원을 빌었다. 취업이 되거나 사업을 할 수 있게 해 달라고.

다음 날 오전까지는 아무 일이 없었다. 그러나 오후가 되어 비보가 날아들었다. 아들이 하굣길에 교통사고로 병원에 실려 갔다는 것이다. 혼비백산이 되어 병원으로 달려갔으나 아들은 이미 이 세상 사람이 아니었다. 망연자실하여 있는 창식 부부 앞에 검은 정장의 남자가 나타났다.

"저는 보험회사 직원입니다. 아드님의 일에 대해 깊이 애도하면서 보험금을 지급하고자 합니다. 여기에 서명을 해주시면 보험금이 지급될 것입니다. 보험금은 총 오 억원입니다."

반지의 심술은 가혹하기 이를 데 없었다. 아들 죽고 돈 생기면 무슨 소용이란 말인가. 멀쩡하던 집안이 완전히 풍비박산이 나고 말았다. 이 모든 것은 그 원수 같은 반지 때문이었다. 이제 반지는 증오를 넘어 저주의 대상이었다.

설령 아직 한번의 기회가 남아 있다고는 하지만 죽은 아들을 살릴 수는 없지 않겠는가. 아니지 한번 살려내라고 해 볼까? 반지에 소원을 빌면 가능할 것도 같았다. 그렇지만 그에 대한 대가는 또 뭘 치르게 될까? 아마도 아들 목숨 이상의 것일지도 모르겠다. 이런 생각 저런 생각을 하고 아내와도 상의를 해보았지만 이렇다 할 답은 나오지 않았다.

창식은 제발 반지와 얽힌 일들이 현실이 아니고 꿈이기를 간절히 바랐다. 그러다가, 그렇지 반지에게 그렇게 소원을 말하면 되겠구나 하는 생각이 뇌리를 스쳤다. 아내도 동의했다. 지푸라기라도 잡는 심정으로 창식은 소원을 말했다. 제발 이 모든 일들이 꿈처럼 사라지고 예전으로 돌아가게만 해 달라고.

지독한 악몽이었다. 악몽은 너무나도 생생해서 생시와 구별이 안 될 정도였다. 창식은 꿈이었는지 생시였는지 확인을 하기 위해 주위를 둘러 보았다. 예전과 달라진 것은 없어 보였다. 아들 녀석도 세상 모르고 자고 있었다. 천만다행이라고 생각하며 놀란 가슴을 쓸어 내렸다. 한바탕 꿈이 확실하다고 생각하니 비로소 안심이 되었다.

아내는 지극히 평온한 모습이었다. 아내의 그런 모습을 보고 창식은 다시 한번 꿈이었다는 것을 확신했다. 그래도 혹시나 하는 마음으로 넌지시 물어 보았다.

“어제 잘 잤어? 나는 너무나 악몽에 시달려 전혀 잔 것 같지가 않아.”

그러자 아내가 눈을 동그랗게 뜨며 말했다.

“당신도? 나도 그런 악몽은 난생 처음이었어. 다시 생각하기도 싫어. 잠을 깨고 나니 얼마나 좋은 지 몰라. 그 모든 원인이 저 반지 때문인 것 같아. 저 반지 당장 없애 버려.”

반지 얘기를 할 때 만큼은 아내의 표정이 두려움으로 일그러졌다. 어떻게 둘이 같은 꿈을 동시에 꿀 수 있을까? 그럼 정말로 꿈으로 생각되는 모든 일들이 실제로 있었던 일이란 말인가? 창식은 생각만 해도 끔찍하여 반지를 쳐다보기도 싫었다.

창식은 출근 길에 한강을 건너면서 다리 밑으로 멀리 반지를 던져 버렸다. 그러니 반지는 지금 한강 바닥 어디인가에 있을 것이다. 다음 주인을 기다리고 있겠지. 이번엔 어떤 심술을 부릴까 하고.

동창 모임

『또다시 한 해가 저물어 갑니다. 이 해가 가기 전에 학창시절의 그리운 친구들 얼굴도 보고 지난 날을 추억하며 회포를 풀도록 합시다.』

"아직도 이런 문자가 오는 군. 여전들 하구만."

경수는 혼잣말을 하며 휴대폰의 문자를 들여 보다가 옛날 생각에 빠져 들었다. 젊은 시절에는 이런 저런 모임에 꽤나 얼굴을 내밀었었다. 특히 연말이면 여기저기 오라는 곳이 하도 많아 정신을 못 차릴 지경이었다. 모임의 종류도 가지가지여서 직장에서만 해도 과 모임, 입사동기 모임, 연수원 동기 모임, 축구 동아리 모임 등 이루 헤아릴 수가 없었다. 이런 모임의 대부분은 업무와도 직간접적으로 연결이 되어 있어, 빠지고 싶어도 빠질 수 없는 근무의 연장과도 같은 성격을 가지고 있었다.

이런 모임에서는 먹고 마시고 웃고 떠들고 하면서도 한시도 긴장의 끈을 놓을 수가 없었다. 취한 듯 안 취한 듯 오가는 농담 속에 진담이 숨어있고 정보가 들어있기 때문이었다. 때로는 이런 자리에서 중요한 의사결정이나 거래가 이루어지기도 하고 불편한 관계나 오해를 풀기도 했다. 간혹 그 반대의 경우도 있었다. 잘 될 것 같았던 일이 깨지기도 하고 사이가 더 악화되는 일도 있었다. 그러니 업무과 관련된 모임은 제 아무리 분위기가 좋아도 마음 편하게 즐길 수는 없었다.

반면에 업무와 무관한 사적인 모임은 훨씬 마음 편하게 즐길 수 있었다. 특히 동창 모임이 그랬다. 동창들이 모이면 타임머신을 탄 것처럼 그 시절로 돌아갔다. 초등학교 동창 모임에서는 모두가 초등학생이 되었고, 중학교 동창 모임에서는 모두 중학생이 되었다. 서로가 부르는 호칭에서부터 말투에 이르기까지 그 시간만큼은 동심 그 자체였다. 어릴 때부터 서로의 흉허물을 보고 자란 터라 감출 것도 잘난 척할 것도 없었다. 그냥 바라만 보고 있어도 옛 일들이 주마등처럼 떠오르고, 그 얘기를 하다 보면 웃음이 절로 터졌다. 긴장을 할 필요가 전혀 없었고 긴장을 하려 해도 되지가 않았다.

그러나 그렇게 편하게만 느껴졌던 동창 모임도 언제부턴가 조금씩 달려져 갔다. 잘 나가는 친구들은 은근히 자신의 성공이나 출세를 자랑하러 들었다. 모임에 나오는 목적 자체가 자랑을 위해서라고 해도 과언이 아니었다. 자랑거리가 있는 친구들은 저마다 경쟁적으로 성공담을 늘어놓기에 바빴다.

누군가가 연봉이 높은 기업에 입사를 했다고 하면, 다른 친구는 연봉이 무려 배가 되는 곳으로 스카우트되었다고 맞받았다. 그러면 또 다른 친구는 최근 포상과 더불어 특진을 하게 되었노라고 목에 힘을 주었다.

해가 감에 따라 자랑거리의 종류도 다양해졌다. 한 동안은 차 얘기를 많이 했다. 한 친구가 이번에 차를 새로 뽑았다고 하면, 다른 친구는 배기량이 삼천 씨씨라고 했고, 또 다른 친구는 외제차를 타 보니 사람들이 굳이 외제차 타는 이유를 알겠더라고 했다.

골프도 빠지지 않는 단골 메뉴였다. 누군가 싱글을 쳤다고 하면 누군가는 이글을 쳤다고 하고, 이번에 회원권을 샀다고 하면 나는 이번에 산 것이 세 번째라고 했다. 어디 골프코스가 좋더라고 하면 해외에 나가서 쳐 보니 국내 골프코스와는 다른 맛이 있더라고 했다.

골프 못지 않게 회자되는 얘기가 해외여행이었다. 몇몇 친구들은 가본 나라가 가보지 않은 나라보다 많았으며, 어떤 친구들은 세계적인 대도시의 골목길까지 자기 동네처럼 다 꿰고 있었다. 그러니 누가 어디 한 곳 얘기를 꺼내면 그 날은 완전히 세계 지리 시간이 되었다.

그러다가 중년에 접어들자 모든 자랑의 핵심은 자식이었다. 친구

애들은 하나 같이 명문대에 들어가고 해외 유학을 갔으며, 박사나 의사 아니면 변호사였다. 그도 아니면 가수나 배우, 모델, 야구 선수, 축구 선수였다. 한결 같이 소위 엄친아, 엄친딸이었다.

경수는 뭣하나 자랑할 만한 것이 없었다. 나름 열심히 살았고 특별히 잘못 살아온 것도 없는 것 같은데, 왜 그런지 알 수 없었다. 남들 버는 만큼은 버는 데도 가족을 위해 쓰고 나면 항상 남는 것이 없었다. 남는 것이 있다면 그것은 약간의 부족함과 아쉬움이었다. 그러니 좋은 차를 산다거나 골프를 친다거나 해외여행을 하는 따위는 생각조차 하기 힘들었다. 아이들도 착하고 바르게 컸다고 생각하지만, 경수처럼 평범한 길을 걷고 있을 뿐이어서 특별히 자랑할 만한 점은 없었다.

경수는 다른 친구들이 어떻게 그렇게 잘 살 수 있는지 몹시 궁금했다. 한 동안은 모임에 나가는 목적이 그 이유를 알고 싶어서 였는지도 모른다. 그러나 결국 알아내지 못했다. 그러면서 더 이상 동창 모임에도 나가지 않게 되었다. 그렇게 세월은 흘러 경수는 말할 것도 없고 잘 나가던 친구들도 모두 은퇴할 나이가 지나버렸다.

한 동안 연락도 없어 모임이 있는지조차 잊고 지냈는데, 뜻밖의 문자를 받고 보니 경수는 불현듯 친구들이 보고 싶어졌다. 얼마나 변했는지 지금도 자랑할 게 남았는지 궁금하기도 했다. 이제는 언제 또 볼 지 모른다는 생각도 들어 모임에 나가기로 마음 먹었다.

오랜 만에 보는 모임의 분위기는 전과는 사뭇 달랐다. 젊은 시절 그 팔팔했던 모습들은 온데간데없고 지하철 경로석의 모습을 그대로 옮겨 놓은 듯 했다. 친구들 대신 친구 아버지, 아니 친구 할아버지들이 모여 있는 것 같았다. 처음에는 반말도 잘 나오지 않을 정도로 어색했지만, 시간이 지나자 역시 예전과 다름 없이 어린 시절로 돌아갔다. 그리고 그 자랑질도 여전했다.

"나 이번에 이사했어. 왜 새로 생긴 단지 알지? 백 평으로 하려다가 마누라가 청소하기 힘들다고 해서 팔십 평으로 했어. 역시 새로 지은 아파트가 좋긴 좋더라고. 빌트인이라 웬만한 가전제품은 다 있고 청소하기도 아주 편해. 이럴 줄 알았으면 백 평으로 갈 걸 그랬다는 생각이 들더라고. 우리 나이에 두 식구 살면서 큰 집 필요할까 싶지만, 그래도 가끔씩 애들이 오면 넓은 게 필요하더라고. 아무튼 넓고 편해서 좋아. 집 앞에 바로 지하철 역이 있어 어디든 가기도 좋고."

이렇게 한 친구가 입에 침이 마르게 집 자랑을 하자, 화제는 단연 집이 되었다.

"축하해. 새 아파트 좋지. 나도 그 동안 줄곧 아파트에서만 살았었는데, 나이 들고 보니 땅을 밟고 싶어지더라고. 그래서 얼마 전에 전원주택으로 이사했잖아. 처음에는 많이 불편했는데, 시간이 지날수록 편해져. 아침에는 닭 우는 소리와 새 지저귀는 소리에 잠을 깨고 낮에는 텃밭 가꾸고 저녁에는 책 보면서 유유자적하고 있지. 왜 진작 이사를 못했는지 후회가 된다니까. 요즘은 교통이 좋아져 도시 시골이 따로 없으니 굳이 도시에 살 이유도 없지. 귀농이든 은퇴든 할 수만 있다면 전원 생활을 하라고 권하고 싶어."

다른 한 친구가 장황하게 전원주택 예찬론을 펼쳤다. 그러자 기다렸다는 듯이 한 친구가 끼어들었다.

"아파트도 좋고 전원주택도 좋은데 주상복합에 살아보니 또 다른 세상이더라. 현재까지 개발된 주택 중에 가장 과학적이고 합리적인 주택이라고 생각해. 모든 것이 그 안에서 해결될 수 있지. 주상복합은 그 자체가 하나의 축소된 세계라고도 할 수 있을 것 같아. 한 마디로 주상복합은 꿈의 주택이라고 할 수 있지."

전원주택에 이어 주상복합까지 나오자 집 자랑 열기는 최고조에 달했다. 그런데 이제 더 이상 집 얘기는 나올 게 없을 같은 분위기를 깨고 어떤 친구가 지지 않겠다는 듯 비장의 카드를 꺼냈다.

"다 좋은데, 나는 최근 아침밥을 주는 아파트로 이사를 갔거든. 이 아파트는 아침 뿐 아니라 원하면 삼시 세끼를 제공하는 말하자면 숙식을 해결해 주는 아파트야. 밥을 할 필요가 없으니 설거지할 일도 없고 따라서 주방 자체가 있을 이유가 없는 거야. 주방이 없으니 그만큼 생활 공간이 넓어지는 셈이고. 집이란 게 편하게 살기 위한 것인데, 이보다 더 편할 수 없다 뭐 바로 이런 거 아닌가 싶어."

경수는 예전 모임 때마다 반복되었던 자랑 대회 같은 분위기가 여전히 계속되고 있다는 데 놀라지 않을 수 없었다. 지금도 그런 열정이 남아있다니 아직 청춘이구나 하는 생각도 들었다. 그러나 무엇보다도 놀란 것은 그 동안 집들이 그렇게 진화를 했구나 하는 것이었다. 경수는 주상복합이니 전원주택이니 말만 들었지 그 내부가 어떻게 생겼는지 그 속에서의 삶이 어떤 지는 전혀 알지 못했고 관심조차 없었던 것이다. 더구나 밥까지 제공하는 아파트가 있다니 세상 좋아져도 너무 좋아졌구나 하고 감탄해 마지 않았다.

그런 생각을 하며 얘기를 듣기만 하던 경수에게 한 친구가 갑자기 화살을 돌렸다.

"야, 경수야. 오늘 모처럼 나왔는데 너도 한 마디 해라. 너야 원래 말이 없긴 하지만 그래도 오랜 만에 만났는데 어떻게 지내는지 궁금하잖아."

"그래 그래. 경수야. 네 얘기 좀 들어 보자."

더 이상 집 얘기에는 흥미가 없다는 듯 모두들 경수를 쳐다보았다. 경수는 다소 당황스러워 하며 입을 열었다.

"글쎄 너희들도 알다시피 나는 별로 특별한 것이 없어. 예나 지금이나 그저 조용히 사는 거지. 굳이 듣고 싶다면 오늘 기왕 집 얘기가 나왔으니 나도 내가 살고 있는 집 얘기나 해볼 게. 내가 살고 있는 집은 특별할 것이 없이 평범해. 한 가지 특징이 있다면 세 끼 식사는 제공이 된다는 거야. 그것도 집 안에서 제공을 해 주니 집 밖으로 나갈 필요가 없지. 그것 하나는 정말 좋다고 생각해. 아무리 맛있는 것도 집 밖으로 나가기 귀찮거나 몸이 불편하면 그림의 떡일 수 있을 테니까. 아, 그리고 생각해 보니 한 가지 더 있다. 내가 사는 집에서는 목욕할 때 때를 밀어주는 서비스도 해 줘. 굳이 사우나에 가지 않아도 집에서 편하게 목욕을 즐길 수 있지. 얘기하고 보니 우리 집이 가장 첨단인 것 같네. 하하하."

경수는 자신이 말해 놓고도 그 얘기가 믿기지 않아 웃음이 나왔다. 경수 자신이 그럴 판이니 다른 친구들은 더 말할 나위가 없었다. 갑자기 웅성거리기 시작하더니 이구동성으로 질문을 했다.

"아니 네가 사는 곳이 도대체 어디냐? 그런 좋은 곳이 정말 있다면 나도 가야겠다."

모처럼 본의 아니게 자랑질을 하게 된 경수는 다소 거만하게 그러나 소심하게 빙긋이 웃으며 천천히 말했다.

"응, 나 요양원에 있어. 우리 나이엔 요양원이 최고지."

사후세계

"여러분, 사후세계에 오신 것을 환영합니다. 지금부터 사후세계에 대한 브리핑을 시작할 게요. 저는 사후세계의 안내를 맡고 있는 오드리 헵번입니다."

그 말이 끝나기가 무섭게 아 하는 탄성과 함께 우레와 같은 박수가 터져 나왔다. 세상에, 그 전설과도 같은 오드리 헵번을 여기서 보다니 감개무량하다는 듯했다. 오드리 헵번은 잠깐 얼굴이 붉어지나 싶었으나 이내 이런 상황에 익숙한 듯 침착하게 다음 말을 이어갔다. 얼굴만큼이나 고운 오드리의 낭랑한 목소리는 사람들의 마음을 편안하게 했다.

"그 동안 이승에서 사시느라고 수고 많으셨어요. 이제 그 모든 힘들었던 일은 잊으시고 이곳 사후세계에서 행복하게 지내시기 바랍니다. 그럼 사후세계에 대해 말씀을 드릴 게요. 미리 말씀드리고 싶은 것은 여기는 결코 무서운 곳이 아니라는 겁니다. 오히려 그 반대죠. 자, 앞의 영상을 보실까요."

오드리의 말이 떨어지기 무섭게 눈앞에 초대형 영상이 나타났다. 티브이 화면이나 영화 스크린 같은 것과는 전혀 달랐다. 화면은 아예 보이지 않고 허공에 영상만 보이는데 그 규모가 웅장할 뿐 아니라 무지개나 오로라 같은 느낌의 환상적인 분위기가 더해져 이것이 진정한 우주쇼가 아닐까 하는 생각을 하게 했다. 오드리는 사람들의 반응은 으레 그렇다는 듯 무표정하게 설명을 하기 시작했다.

"여러분이 보시는 이 영상이 사후세계의 전경입니다. 보시는 바와 같이 사후세계의 크기는 무한합니다. 우주도 엄청나게 크고 거의 무한에 가깝다고 하지만, 사후세계는 우주의 크기와는 비교가 되지 않을 정도입니다. 몇 백배 더 크다고 봐야겠죠. 또한 말로 표현할 수 없을 정도로 아름답죠. 설명을 할 수 없기 때문에 그냥 감상하시는 것이 좋겠습니다."

사람들은 앞에서 위로 좌우로 또는 뒤로 아래로까지 펼쳐지는 영상에 넋을 잃다시피 빠져들었다. 지구상에 이런 구경거리가 있다면 전 재산을 다 바쳐도 아깝지 않겠다는 생각이 들 정도였다. 오드리 헵번의 미모조차도 빛을 잃는 순간이었다. 잠시 기다렸다가 오드리는 설명을 이어갔다.

"인구 또한 이승과 비교가 되지 않을 정도로 많아요. 생각해 보세요. 하루에도 수 십만, 많게는 수 백만 명씩 사람들이 새로 들어옵니다. 들어오기만 하지 나가는 사람은 없으니 인구는 가히 천문학적 숫자 이상이죠. 나가는 사람이 없다는 얘기는 여기서는 다시 죽는 것이 없이 영원히 산다는 뜻이기도 합니다.

지금 우리가 있는 이곳은 지하세계의 입구라고 할 수 있습니다. 우리는 이곳을 중간계라고 부르죠. 여러분은 여기에 잠시 머무르면서 이곳 생활도 익히고 오리엔테이션도 받으면서 동시에 이승에서의 삶에 대해 심판도 받습니다.

심판 결과에 따라 극락부터 지옥에 이르기까지 각자가 받은 등급에 맞는 곳으로 가게 됩니다. 어디에 가든지 크게 나쁘지는 않으니 그리 걱정하지 않아도 됩니다. 예전의 지옥에서는 상상할 수 없을 정도로 가혹한 형벌을 가했지만 지금은 그런 것이 전혀 없으니까요. 다만 지옥이 극락과 차이가 있다면 생활 환경이 다소 불편하다는 것입니다. 쉽게 얘기해서 냉난방이 잘 안되어 있는 정도예요. 또한 배가 좀 고픕니다.

여기서는 어느 누구도 먹지 않습니다. 먹을 필요도 없고 먹지 않아도 배가 부릅니다. 다만 등급이 아래로 내려갈수록 포만감이 떨어져 배가 고파지게 되죠. 그리고 등급이 낮을수록 춥거나 더운 곳에 있게 됩니다. 극락과 지옥은 그 정도의 차이뿐입니다. 그러니 너무 두려워하지 않으셔도 됩니다."

여기저기서 웅성거리는 소리가 커지기 시작했다. 그러나 오드리는 여전히 그런 반응에는 아랑 곳 하지 않고 설명을 계속했다.

"과거에는 지옥에서의 형벌이 무서웠던 적도 있었습니다. 그러나 과학이 발달함에 따라 그런 것은 사라진지 오래 되었죠. 참고로 말씀드리면 이곳 사후세계의 과학은 이승에서의 과학을 훨씬 능가하고 있습니다. 지금 영상 기술도 보고 있습니다만 수학, 물리, 화학 등 과학의 모든 분야에서 눈부신 발전을 하고 있습니다. 지금 우리가 있는 이 건물도 한번 보세요. 최근 리모델링을 한 것인데, 이승에서는 상상할 수도 없는 기술로 지은 것입니다."

사람들은 그제야 자신들이 있는 건물을 둘러보기 시작했다. 이제까지 사람들은 건물 속에 있다는 것조차 의식하지 못하고 있었던 것이다. 얼핏 보면 자연 상태인 것 같은데, 자세히 보니 모두 인공적으로 만든 것임을 알 수 있었다. 사람이 만들었다고는 도저히 믿기지 않을 정도로 정교하고 아름다우며 기능적이었다. 오드리의 설명은 계속되었다.

"놀라시기에는 아직 이릅니다. 이곳의 과학이 이렇게 발달한 것은 너무나 당연한 것입니다. 뉴턴이나 아인슈타인 같은 수 많은 과학자들이 죽어서 어디로 가겠습니까? 모두 여기에 와 있습니다. 그리고 그 분들이 여기 와서 뭘 하겠습니까? 생전에 하던 일 계속하죠. 그것도 영원히. 그러니 과학이 발달할 수밖에 없지요. 컴퓨터 인공지능은 이미 오래 전부터 개발이 완료되었습니다. 여러분을 심판하는 것도 인공지능이 하고 있습니다. 물론 심판관들이 확인하는 절차가 있긴 하지만 지금까지 단 한 차례의 오판이 없을 정도로 그 기능은 완벽해요.

이승에서는 출신 나라 또는 지역별로 사용하는 언어가 다르지만 여기서는 그런 것에 전혀 구애를 받지 않고 편하게 의사 소통을 하고 있죠? 이것도 인공지능이 우리는 느끼지 못하지만 자동적으로 통역을 해 주고 있기 때문입니다. 이곳의 과학 수준은 이 정도입니다.

과학뿐이겠습니까? 문학, 미술, 음악, 연극, 영화, 스포츠 등 각종 예술과 문화도 최고 경지를 자랑하고 있습니다. 앞으로 직접 접하실 기회가 많이 있을 것이기 때문에 더 이상 말씀드리지 않을 게요.

정치 사회 분야도 자랑할 만합니다. 자유, 평등, 평화가 완전하게 이루어져 있으니까요. 과거에는 옥황상제와 염라대왕이 극락과 지옥을 나누어 종신 집권을 하면서 독재의 성격이 강했습니다만, 지금은 완전한 민주화가 이루어져 있습니다. 지금은 모든 것이 시스템화 되어 있어 아무리 옥황상제나 염라대왕이라 할 지라도 마음대로 하지 못합니다. 그 뿐 아니라 옥황상제와 염라대왕을 선거로 선출하기 때문에 어느 누구도 독점할 수가 없게 되었습니다.

또한 여기서는 누구나 똑 같은 성인이고 나이도 의미가 없기 때문에 서열이나 차별이 있을 수 없지요. 그리고 원하면 무엇이든 할 수 있고 가질 수 있는 무한한 자원이 있어, 서로 다툴 필요도 이유도 없습니다. 그냥 하고 싶은 것 마음대로 하면서 살면 되지요.

반면에 전혀 발전하지 않는 분야도 있습니다. 대표적인 것이 의학입니다. 질병이 없이 항상 건강하기 때문이죠. 이승에서는 의사가 대접을 받겠지만 여기서는 가장 할 일 없고 의미 없는 사람이 의사라는 것도 참고로 말씀드립니다.

여기서는 경제학도 의미가 없어요. 돈이 필요 없는데 경제학이 있을 수가 없겠지요. 의식주를 비롯한 생활필수품들이 해결되어 있어서 경제라는 개념 자체가 사라지고 있습니다. 이승에서의 기준으로 본다면 여기의 모든 사람들은 엄청난 부자입니다. 원하는 것은 무엇이든 가질 수 있으니까요."

여기까지 얘기하고 오드리는 잠깐 말을 멈췄다. 그러자 기다렸다는 듯이 질문이 들어왔다.

"여기서 가족은 어떻게 됩니까? 예전 가족을 찾을 수 있나요? 아니면 이승에서의 인연과 관계없이 새로운 가정을 꾸리게 되나요?"

"그렇지 않아도 막 얘기하려던 참이었습니다. 여기서는 가족의 의미가 없습니다. 어쩌면 우리 모두가 한 가족이라는 의미도 됩니다. 어차피 여기는 아기를 낳을 필요가 없지요. 아기를 낳지 않아도 매일 같이 인구는 엄청나게 늘어나니까요.

따라서 개별적으로 가정을 꾸려 어렵게 산고를 겪으면서 애를 낳고 육아를 하는 수고를 하지 않아도 됩니다. 누가 만약 아이를 낳는다면 그건 축복이 아니라 오히려 재앙이 될 겁니다. 어느 누구도 환영하지 않고요.

그러다 보니 여기서는 남녀의 구별도 거의 의미가 없습니다. 여기에서 살다 보면 둘 만의 독점적 관계가 그리 좋은 것만은 아니라는 것을 아시게 될 겁니다. 남녀의 구별 없이 누구라도 다정하게 지내는 것이 평화를 유지하는 근원이기도 하지요."

대답을 마친 오드리는 고개를 좌에서 우로 천천히 돌리며 청중을 바라보았다. 또 질문을 받겠다는 뜻으로 보였다. 다시 질문이 나왔다.

"얘기를 들어 보니 이곳 사후세계는 살기에 아주 좋은 곳 같습니다. 심지어 지옥도 살 만한 것 같은데, 나쁜 짓 많이 한 사람에게는 너무 관대한 것 아닌가요?"

"그렇습니다. 사후세계는 사람들을 벌하기 위한 곳이 아닙니다. 오히려 한 평생을 열심히 살다 온 사람들에게 위로와 평안을 주기 위한 목적이 훨씬 크지요. 지옥도 경각심을 주기 위한 최소한의 것일 뿐입니다. 이승에서도 사형제 폐지가 늘어나고 있는 추세인 것처럼, 여기서도 불필요한 형벌은 하지 않는 것을 원칙으로 하고 있습니다.

그리고 한 번 지옥으로 갔다고 영원히 그곳에 있는 것은 아닙니다. 백 년에 한 번씩 재심을 받을 수 있습니다. 가급적 구제를 해주기 위한 제도입니다. 지옥에서 백 년 정도 고생하면서 자신의 지은 죄를 뉘우치면 면죄를 해도 되지 않느냐는 것이 제도의 취지입니다.

재심 제도를 실시한 이후로 재심에 임한 거의 모든 사람들이 구제되고 있습니다. 그럴 수밖에 없는 것이 여기서 회개하지 않을 이유가 없기 때문이죠. 그리고 지옥 생활도 춥고 배고픈 것 빼고는 극락과 별반 다를 것이 없으니 너무 걱정하지 마시기 바랍니다."

그 말에 사람들은 저으기 안심을 하는 눈치였다. 이제 심판에 따라 내 자리를 찾아가면 되는 것이다. 설령 지옥으로 간다 할지라도 영원히 그곳에 머무르는 것은 아니라는 것이 무엇보다도 큰 위안이자 희망이었다.

"이런 곳인 줄 알았으면 진작 올 걸. 하루라도 더 살려고 뭐 하러 그 고생을 했는지 모르겠네."

누군가가 큰 소리로 말했다. 그 말에 모두 공감한 듯 한바탕 시원하게 웃었다.

토정비결

새해가 될 때마다 생각나는 일이 있다. 벌써 오래 전 얘기다. 연초에 새해 인사 차 잘 아는 선배 사무실에 들렀었다. 그런데, 사무실이 다소 소란하고 어수선했다. 무언가 하고 봤더니 토정비결을 보면서 환담을 하고 있었다. 내가 들어서자 마침 잘 왔다는 듯 생일생시를 물었다.

"아, 지금 각자의 토정비결을 보면서 제일 좋게 나온 사람이 한턱 내기로 했거든. 자네도 한번 참여 해 보지."

다 잘 아는 사람들이고 친하게 지내는 터라 마다할 이유가 없었다. 재미삼아 생일생시를 말했더니 바로 신년운세가 나왔다. 내 생일생시가 프린터에서 나오자 사람들은 모두 함성을 질렀다. 거기에는 '왕이 되는 것보다 더 좋은 운세' 라는 제목이 붙어 있었기 때문이었다. 월별로 적힌 세부적인 내용도 더할 나위 없이 환상적이었다. 비교하고 말 것도 없이 나는 그 해 운세가 가장 좋은 사람으로 뽑혀 덤으로 주머니를 탈탈 털리는 봉변을 당했다.

그렇지만 기분이 그다지 나쁘진 않았다. 평소 나는 토정비결 같은 것을 믿지도 않거니와 별로 본 적도 없었다. 그런데도 원하는 대로 쓴다고 해도 그렇게 쓰기 힘들 정도로 엄청나게 좋은 운세를 받고 보니 은근히 믿고 싶은 마음이 생겨났다. 아니, 어느 틈엔 가 나도 모르게 믿기 시작했다. 괜히 가족을 포함한 다른 사람들 토정비결까지 기웃거리면서 비교를 하곤 했다. 아무리 눈을 씻고 봐도 나 만한 토정비결은 어디에도 없었다. 점점 나는 틀림없이 뭔가 있지 않고서야 이런 토정비결이 나올 수는 없다는 확신을 하기에 이르렀다. 그리고 금년에 과연 나에게 어떤 행운이 올 것인지 기대해 마지 않았다.

그러나, 결과는 기대와 전혀 달랐다. 기대가 너무 컸던 탓인지는 모르겠으나 무엇 한 가지도 행운이라고 할 만한 것은 없었던 것 같다. 운세에는 연초에 재물운이 따른다고 되어 있었다. 그렇지만 재물이 들어오는 것은 고사하고 손재수나 없으면 다행이라는 생각이 들 정도였다.

결정적인 것은 아버지가 돌아가신 것이었다. 건강이 좋지 않으셨던 아버지는 결국 많은 병원비만 남겨놓고 떠나셨다. 유산으로 산이 하나 있긴 했는데, 워낙 오지에다 악산인지라 거저 준다고 해도 갖겠다는 사람이 없을 정도로 경제적 가치가 없는 땅이었다. 그나마 조의금으로 병원비는 어떻게 해결을 했지만, 이렇다 할 재물운은 어디에도 찾을 수가 없었다.

그 다음으로 나를 신경 쓰이게 했던 것이 서쪽으로부터 귀인이 나타난다는 것이었다. 그런데 도대체 뭘 보고 귀인이라는 것인지 알 수 없었다. 그리고 서쪽은 또 어디를 가리키는 것인지도 애매했다. 국내만을 기준으로 하면 서해안 쪽이겠지만, 국제적으로 보면 중국부터 해서 유럽, 아프리카, 그리고 미국에 이르기까지 서쪽 아닌 곳이 없었다. 그래서 나는 남녀노소를 불문하고 새롭게 만나게 되는 모든 사람들에게 각별한 관심을 가지기 시작했다. 혹시 이 사람이 귀인이 아닐까 해서.

그러던 중, 정말 귀인 같은 사람을 만났다. 그 사람은 풍채부터가 남달랐다. 흰 머리에 수염을 기르고 도포 같은 옷을 입고 다니는 모습이 마치 산신령 같았다. 실제로 계룡산 등지에서 수 십년간 입산수도를 했다고 했다. 처음에는 자신의 번뇌망상을 해결하기 위해 시작했지만 종국에는 세상의 이치를 깨쳤노라고 했다. 스스로를 일송선사라 부르며 자신은 속세와는 인연이 없으니 할 일만 끝나면 다시 산 속으로 돌아갈 것이라고 했다. 할 일이란 자신이 깨우친 바를 세상에 알릴 제자를 양성하는 것이라고 했다. 이미 수십 명의 제자들이 있지만 아직 수제자는 찾지 못했노라고도 했다.

다른 때 같으면 그냥 웃고 넘어갈 말이었지만, 토정비결에 미련이 남아있던 터라 혹시나 하는 마음에 소홀히 할 수가 없었다. 일송선사를 정성을 다해 깍듯이 모셨다. 하루는 일송선사가 말했다.

"내 처음부터 눈 여겨 봤는데, 그대는 내 수제자가 될 재목이야. 무엇보다도 세상을 구할 그릇은 타고 나는 것이야. 노력만으로는 한계가 있지. 그런 그릇이 흔치는 않지. 내가 만난 사람 중에는 그대가 처음이고. 물론 타고 났다고 해서 가만히 있으면 안 되고 노력을 해야 지. 한번 해 보겠나?"

이건 정말 믿기 힘든 제안이었다. 세상사를 모두 꿰뚫고 있는 분이 나를 인정했다는 것만으로도 감격할 일이었다. 그렇지만 나는 그럴수록 겸손해야 한다는 생각으로 자신을 낮추며 조심스럽게 물었다.

"그건 너무 과찬이신 것 같습니다. 저는 그런 그릇이 되지 못한다고 생각합니다. 그저 선사님의 높은 가르침을 조금이나마 얻고자 할 뿐입니다."

그러자 일송선사는 껄껄 웃으며 수염을 쓰다듬었다.

"하하하, 그대는 겸손한 마음까지 가지고 있으니 큰 그릇이라는 거야. 아무리 좋은 재목이라도 겸손하지 않으면 큰 일을 그르치게 되지. 그렇지만, 겸손도 지나치면 없는 것만 못할 수도 있으니 항상 경계하시게. 그리고 다 때가 있는 법이야. 내가 속세에 내려온 것도 때가 되었기 때문이고 그대가 나를 만난 것도 때가 되었기 때문이지."

그 말에 나는 감전된 듯 온 몸이 부르르 떨렸다. 토정비결에 왕이 되는 것보다 더 좋은 운세라 하였다. 왕이 되는 것보다 더 좋은 운세가 과연 뭘까 했는데, 세상을 구하는 일이야말로 바로 그것 아니겠는가? 그리고 때가 되었다는 말도 토정비결의 금년운세와 딱 맞아떨어지지 않는가? 그러니 토정비결에 나온 귀인이 바로 일송선사일 것이라고 철썩 같이 믿지 않을 수 없었다.

"그러면 제가 무엇을 어떻게 하면 되겠는지요?"

나는 자세를 고쳐 앉으며 머리를 조아렸다. 일송선사는 우선 도장을 열어야겠다고 했다. 자신은 속세와 인연이 없고 스승을 만나지 못해 입산하여 독학으로 고생고생 하며 수도를 했지만 나를 포함한 제자들은 그럴 필요가 없다고 했다. 속세에서 편하게 자신이 깨친 바를 전수 받으면 된다는 것이었다. 도장을 열기 위해서는 결국 돈이 필요한데, 가진 돈이 없다 하니 보증만 서면 된다고 하였다. 하늘 같은 스승의 말을 거역할 수 없어 나는 보증을 서고 말았다.

결과는 뻔했다. 얼마 지나지 않아 일송은 도사를 사칭한 한낱 사기꾼에 지나지 않는다는 것이 밝혀졌다. 그러나 이미 때는 늦어 있었다. 보증 선 것이 문제가 되어 얼마 전 어렵게 마련한 아파트를 고스란히 뺏기고 말았다.

그제서야 나는 정신이 번쩍 들었다. 우리나라에 왕이 없어진 지가 언젠데, 왕은 무슨 왕. 그리고 요즘 세상에 토정비결을 믿다니, 세상 공부하는 수업료 냈다 치고 다시는 그런 데 현혹되지 않으리라 다짐을 했다. 그리고 마음을 추슬러 일에만 전념했다.

겨우겨우 충격에서 벗어날 즈음, 연말이 다가왔다. 다행히 직장 일은 잘 되고 있었다. 일도 재미있고 실적도 나쁘지 않았다. 잘하면 승진도 가능할 것 같았다. 나는 토정비결의 망상에서 깨어난 후 일에만 매진했다. 굳이 그러려고 한 것은 아니고 직장 일 말고는 딱히 할 일이 없었던 것이다. 그러다 보니 언제부턴가 회사에서는 열심히 일하는 사람으로 인정을 받고 있었다. 그러니 다른 운은 없었다 하더라도 승진만큼은 바라봄 직 했다.

그러나 그것마저도 내 편이 아니었다. 갑자기 회사 사정이 악화되면서 실적에 관계없이 무더기로 정리해고 되는 사태가 벌어졌다. 나도 예외가 아니었다. 결코 더 이상 믿는 것은 아니었지만, 토정비결에는 연말 승진운도 있었다. 그러나 토정비결은 끝까지 나를 외면했고 배신했다. 차라리 그 토정비결을 몰랐더라면 얼마나 좋았을까 하는 생각만 들었다.

그나저나 집도 잃고 직장도 잃고 당장 살 길이 막막했다. 수중에 남은 돈도 없었다. 주위를 둘러봐도 도움을 받을 곳도 없었다. 아, 이래서 노숙자가 되는구나 하는 생각까지 했다. 노숙자들이 있는 곳까지 가보기도 했다. 그러나 차마 그 속으로 들어갈 수는 없었다.

불과 일 년도 되지 않는 사이에 이렇게 상황이 달라질 수가 있을까? 연초만 하더라도 나는 그렇게 행복할 수가 없었다. 가진 것은 비록 별로 많지 않았지만 부족하거나 아쉬운 것은 없었다. 무엇보다도 희망에 벅차 더 이상 바랄 것이 없었다. 그야말로 완벽한 인생이라고 할 만했다.

그러나 연말에는 모든 것이 완전히 반대가 되었다. 내 인생은 불행 그 자체였다. 가진 것이라곤 아무 것도 없었다. 아무런 희망도 없었다. 절망 뿐이었다. 정말 이렇게 짧은 시간에 이렇게 극적으로 변할 수 있는지 믿기 어려웠다.

그러다가 아버지로부터 물려받은 산이 생각났다. 보증 때문에 아파트를 뺏길 때도 그 산은 워낙 가치가 없어서 그대로 남았었다. 어쨌거나 그 산은 고맙게도 내게 남은 유일한 재산이었다. 선택의 여지가 없었다. 나는 아무 생각도 없이 무작정 그 오지로 들어갔다.

그리고 그 추운 겨울, 움막 같은 집을 지어 놓고 난방시설도 전혀 없이 초근목피로 연명을 하며 그 땅을 일구기 시작했다. 그 때부터 시작된 고생은 수십 년이 이어졌다. 그 결과 지금은 개도 있고 고양이도 있고 닭도 있고 오리도 있고 거위도 있고 돼지도 있으며 소도 있다. 이젠 제법 농장의 면모를 갖추게 되었다.

그 동안 고생은 했지만 그래도 이제는 살 만하다. 그 때와 비교하면 지금의 나는 엄청난 부자다. 마음은 더 부자이고 행복하기 그지없다. 더 바랄 것도 없다. 그리고 가끔 그런 생각도 해 본다. 그 해 토정비결이 전혀 틀린 것만은 아닌 것 같다는. 여기는 명실공히 동물의 왕국이라 할 만하고 이 왕국의 왕은 바로 나니까.

이혼을 하지 않는 방법

김세창 노인의 집은 설 준비로 분주했다. 김 노인의 부인인 권 여사는 거의 한 달 전부터 강정과 유과와 식혜와 수정과에 이르기까지 이것 저것 준비하느라고 눈코 뜰 새가 없었다.

김 노인 부부는 아들 셋에 딸 둘 오 남매를 두었는데, 막내 딸만 빼고 모두 출가하였다. 막내 딸도 사귀는 사람이 있으니 금년에는 좋은 소식이 있을 것으로 기대하고 있다. 다들 직장을 따라 서울을 비롯한 전국 각지의 도회지로 나가 있으니, 동리에서 제일 큰 김 노인 집에는 김 노인 부부만 덩그러니 남게 되었다.

김 노인 부부는 일년 내내 농사 짓는 일 외에는 할 일이 없었다. 간혹 시간이 나면 집안 청소와 정리하는 일로 소일을 하였다. 찾아오는 사람도 찾아갈 사람도 없었다. 오로지 명절 때 인사오는 자식들 보는 것이 유일한 낙이였다.

평소에는 너무 커서 관리하기가 벅찬 집이건만, 명절 때 만큼은 그렇게 작을 수가 없었다. 그래도 김 노인 부부는 이때가 제일 즐겁고 행복했다. 둘만 고즈넉이 지낼 때보다 이렇게 모여서 지지고 볶고 지내는 것이 사람 사는 것 같았다. 비록 하루 밤 지나면 모두 떠나고 적막 강산이 되지만 또다시 찾아올 다음 명절을 기다리며 지루한 일상을 이겨낸다.

평생을 자식들 잘 키운 보람으로 살아온 김 노인이었다. 다섯 남매 모두 대학을 나오고 번듯한 직장에 들어가 큰 도시에서 근무하고 있으며 좋은 배필 만나 결혼도 잘 하여 화목한 가정을 꾸리고 있으니 남부러울 것이 없었다. 이 사실을 아는 사람들은 김 노인이 세상에 없는 복을 타고 난 사람이라고 입을 모았다.

이렇게 더 바랄 게 없는 김 노인에게 최근 한 가지 걱정이 생겼다. 주변에 이혼하는 사람들이 너무 많은 것이었다. 예전에 이혼은 본인 뿐 아니라 집안 전체의 흉이었다. 이혼한 사람이 있는 집에서는 혼사 길이 막힐까 봐 전전긍긍하였다. 이혼이라는 말 자체가 금기어였다.

그런데 언제부턴가 이혼이 유행처럼 번져 지금은 걸핏하면 이혼이었다. 처음에는 별 일 다 있다, 남의 일이다 했는데 이제는 그게 아닌 것이다. 일가친척 안에서도 심심찮게 이혼이 발생했다. 다행히 자식들은 아직까지 이혼 얘기 없이 잘 살고 있지만, 언제 어떻게 될지 모른다는 불안감이 김 노인 마음 한 구석에 자리잡기 시작한 것이다.

그러나 김 노인의 이런 걱정은 큰 아들 가족을 필두로 자식들이 속속 도착하면서 일단 수면 아래로 가라 앉았다. 큰 아들은 언제나 믿음직했다. 제일 먼 서울에 살고 있지만 항상 제일 먼저 왔다. 어떨 때는 명절 이틀 전에 오기도 했다. 큰 며느리 또한 맏며느리 답게 도착하기 무섭게 부엌으로 가서 시어머니의 일을 거들었다. 그런 큰 아들 내외를 보면 그렇게 든든할 수가 없었다. 이어서 둘째 아들과 셋째 아들 가족도 도착했다. 얼마 지나지 않아 두 딸도 왔다. 이제 본격적인 잔치가 시작된 것이다.

남자들은 사랑채에서 여자들은 부엌에서 이야기 꽃을 피우고, 아이들은 모처럼 만난 사촌들과 논으로 밭으로 들로 산으로 신나게 뛰고 놀았다. 해가 지고 저녁상을 물리고 난 후에도 여흥은 계속되었다.

드디어 설날 아침, 그렇게 늦게 잠이 들었건만 모두들 이른 아침에 일어났다. 설날 행사는 순조롭게 진행되었다. 차례를 지내고 세배 순서가 이어졌다. 아이들은 세배 돈 챙기느라 신이 났고 어른들은 준비해 온 빳빳한 새 돈을 호기롭게 뿌렸다.

김 노인도 손주들에게 세배돈을 나누어 준 후 따로 준비한 봉투를 며느리들에게 하나씩 돌렸다. 세배 돈 치고는 거액이었지만, 어차피 아들들이 며느리들 모르게 챙겨준 것이니 김 노인으로서는 손해보는 장사는 아니었다. 김 노인은 그저 아들이 준 돈을 며느리에게 돌려주며 생색만 내면 되었다. 다만 아들들이 준 돈은 금액의 차이가 있었지만, 김 노인은 며느리들에게 항상 같은 금액을 주었다. 마음으로는 더 주고 싶은 며느리가 있었지만, 뒤탈이 날지도 모른다는 생각에 그럴 수가 없었던 것이다.

이윽고 아침상이 준비되었다. 대청에 준비된 큰 상에는 김 노인 부부와 아들 딸 부부들의 자리가 마련되었고, 손주들 상은 사랑방에 따로 준비되었다. 김 노인은 어제부터 참고 참았던 말을 넌지시 꺼냈다.

"요즘 이혼하는 집이 왜 그렇게 많은 지 모르겠구나. 세상이 어떻게 되려고 그러는지. 너희들은 이혼에 대해 어떻게 생각하냐?"

김 노인은 자기 의견에 동조해 주길 기대하며 좌우를 둘러 보았다.

"옛날처럼 이혼이 허물이 되는 시대는 지났지요. 이혼이 좋은 것은 아니지만 그렇다고 무조건 이혼하지 않고 사는 것만이 미덕은 아니란 겁니다. 이혼할 사유가 생기지 않으면 좋지만, 이혼 사유가 생기면 할 수밖에 없다고 생각해요."

가장 믿었던 큰 아들 입에서 얘기치 않았던 대답이 나오자, 김 노인은 순간 뒤통수를 얻어맞은 듯한 충격을 받았다. 더욱 김 노인을 경악케 한 것은 아들 딸 며느리 사위 할 것 없이 모두 다 큰 아들 의견에 동조한다는 것이었다. 세상 모든 부부가 이혼을 해도 내 자식들만은 그러지 않을 것이라 믿었고 또 그러길 바랬는데, 내 자식들도 믿을 수 없는 상황이라니 어찌 이럴 수 있단 말인가? 김 노인은 정신을 바짝 차리고 다시 물었다.

"이혼을 하면 애들은 어떻게 하라고? 저희들 편하자고 애들 생각은 하지 않는다는 말이냐?"

김 노인의 약간은 노기서린 말을 이번에는 둘째 아들이 받았다.

"요즘 애들은 부모 이혼 때문에 별로 상처를 받지 않아요. 오히려 날마다 싸우면서 억지로 사는 것보다 낫다고 생각할 거예요. 그러고 살 바에는 차라리 이혼하라는 자식도 있다잖아요."

김 노인은 어이가 없어 더 이상 할 말을 잃을 정도였다. 우리 애들은 다르다고 생각했던 것이 자신의 착각이었을 뿐이라는 것을 인정하지 않을 수 없었다. 김 노인은 체념한 듯 다시 입을 열었다.

"그래, 그러면 이혼은 왜 한다 더냐? 그 이유나 알자."

"저는 다른 건 다 참아도 바람 피우는 건 못 참을 것 같습니다. 만약 아비가 바람을 피면 저도 바로 이혼할 겁니다."

큰 며느리가 기다렸다는 듯이 말했다. 큰 며느리는 심성도 착하고 성격도 무던하여 이혼은 생각지도 않을 줄 알았는데, 뜻 밖의 대답에 놀라지 않을 수 없었다. 김 노인은 완전히 놀람과 충격의 연속이었다.

"저는 경제적인 것도 무시할 수 없다고 생각합니다. 아무리 사람이 좋아도 경제적인 능력이 없으면 계속 살 수가 없어요."

둘째 며느리가 말을 받았다. 언중유골이라고 둘째 아들이 직장을 몇 번 옮기면서 수입이 다소 오락가락 했던 것에 대한 불만이 드러난 말이었다. 셋째 며느리도 가만있지 않았다.

"저도 한 말씀드리겠습니다. 시집살이도 이혼 사유가 될 수 있다고 생각합니다. 요즘 시집살이 하는 며느리가 어디 있냐고 하지만, 명절증후군이라는 말이 있지요. 명절증후군이 대표적인 시집살이의 하나라고 생각합니다. 아무리 부부 금슬이 좋아도 시집 때문에 이혼하는 경우도 많지요."

얘기를 들어보니 당장 이혼 사유가 있는 건 아니었다. 그러나 한편으로는 어느 한 가정도 불안하지 않은 집이 없었다. 큰 아들은 술을 좋아하고 사람을 좋아해서 바람을 필 가능성이 농후하다. 들키지 않아서 그렇지 이미 바람을 피웠을지도 모른다. 둘째 아들은 돈벌이보다는 자기 하고 싶은 일에 더 관심이 많다. 그러다 보니 직장도 힘들면 쉽게 그만 두고 만다. 그 때마다 둘째 가족은 다음 직장을 구할 때까지 경제적인 고통을 감내해야 했다. 셋째 아들 내외는 가끔 다투곤 하는데, 그게 대부분 셋째 며느리의 시집에 대한 불만에서 시작하는 것 같았다. 이거 참 예삿일이 아니로구나 생각하며 입맛을 쩍 다시고 있는데, 이제껏 조용히 있던 큰 딸이 나섰다.

"제 생각에는 요즘에는 아이들 교육 문제도 이혼 사유가 되는 것 같아요. 아이가 하나 아니면 많아야 둘이니 부모들이 아이들 교육에 목숨을 걸다시피 하잖아요. 그러다 보니 교육에 대한 의견이 다르면 이혼까지도 가는 것 같아요."

"원 세상에. 이혼 사유 아닌 것이 하나도 없구나. 그렇다면 이혼을 막을 방법은 뭐가 있을까?"

"방법이 있기야 하지요. 그것도 근본적으로 막을 수 있는 방법이."

막내 딸이 빙긋이 웃으며 말했다. 김 노인은 귀가 번쩍했다. 오늘 들은 말 중 처음으로 마음에 드는 말이었다.

"그래? 듣던 중 반가운 소리로구나. 너한테 큰 상을 줘야겠구나. 그래, 그게 뭐냐?"

김 노인의 반색에도 불구하고 막내 딸은 웃음을 참지 못한 듯 피식 웃으며 말했다.

"뭐긴 뭐겠어요? 이혼의 근본적인 원인은 바로 결혼이잖아요? 그러니 결혼을 하지 않으면 이혼도 없을 수 밖에요."

두 노인 이야기

임상우 회장은 오랜 만에 자신의 집무실을 찾았다. 회사 빌딩 맨 위층에 있는 그의 집무실은 대기업 회장실 치고는 소박하기 그지없다. 그 뿐 아니라 이 방은 임직원들조차도 위치를 알지 못할 정도로 외진 곳에 있으며 심지어 회장실이라는 표식조차도 없다. 그러니 몇몇을 제외한 대부분의 임직원들은 회장실의 존재 자체도 모른다. 심지어 이 회사에서 임 회장의 얼굴을 아는 사람은 아무도 없다. 단 두 명을 제외하고는.

임 회장은 회사를 설립할 때부터 본인의 존재를 철저히 숨겼다. 물론 거기에는 그만한 이유가 있다. 그는 처음부터 사업을 한 것은 아니었다. 작은 회사의 연구소 직원이었던 그는 그저 자기 일밖에 모르는 평범한 회사원이었다. 별 다른 욕심이 없었던 그는 평생 한 직장만을 다니다가 결국 정년을 맞았다. 그리고 여느 퇴직자나 다름없이 연금으로 근근이 살아갔다.

그러던 그에게 어느 날 뜻 밖의 행운이 찾아왔다. 그것도 말로 표현할 수 없을 정도로 엄청난 행운이. 직장 생활 시절에 재미삼아 특허를 내 놓은 것이 있었는데, 그 당시 기술로는 현실성이 없다 하여 주목을 받지 못했었다. 그랬는데, 은퇴한지 십 년도 훨씬 지나 갑자기 그 특허가 황금알을 낳는 거위로 변신한 것이다. 급기야 내놔라 하는 기업들이 경쟁적으로 계약을 맺고자 하여, 심사숙고 끝에 가장 믿음이 가는 어느 벤처기업과 손을 잡았다.

그 때부터 그의 인생은 완전히 달라졌다. 사업이 본격화되자 걷잡을 수 없을 정도의 돈이 쏟아져 들어오기 시작했다. 예상을 뛰어넘고 상상을 초월하는 수준이었다. 남들은 평생 한번 맞기 힘든 로또를 거의 매일 맞는 느낌이었다. 로또도 한번 맞을 때 흥분이 되고 기쁨도 있는 것이지, 거의 매일 맞는 로또는 더 이상 로또가 아니었다. 돈도 어느 정도 많아야 지 감당이 안될 정도로 많은 돈은 행운이 아니라 걱정거리였다. 이 많은 돈을 어찌하나 하는 걱정으로 밤잠을 이루지 못할 지경이었다. 행운도 도가 지나치면 행운이 아니라 재앙이 될 수 있다는 것을 경험해보지 않은 사람은 알지 못할 것이라고 생각했다.

문제를 해결하기 위해 처음에는 돈을 써 보기로 했다. 돈을 뿌리듯이 마구 써 보았지만, 전혀 표시가 나지 않았다. 아무리 좋은 옷을 입고 맛있는 것을 먹고 좋은 집과 차를 사도 한계가 있었다. 큰 돈은 결국 땅이나 건물 같은 부동산 매입에 들어 갔는데, 그 돈은 없어지기는커녕 시간이 지나면 더 큰 재산이 될 뿐이었다. 돈을 버는 것도 힘들지만 돈을 쓰는 것도 버는 것 이상 힘들다는 것을 뼈저리게 느꼈다.

그는 여생을 돈 쓰는 일에 바치기로 맘먹었다. 기왕이면 좋은 일에 후회없이 맘껏 쓰고 싶었다. 자신을 위해서는 연금만으로도 충분했다. 고심을 한 끝에 그는 해결책을 찾아냈다. 우선 그는 회사를 하나 만들었다. 돈을 벌기 위한 것이 아니라 돈을 쓰기 위한 회사였다. 자금은 걱정할 필요가 없었다. 충분할 정도 이상으로 넉넉히 투자를 하였다. 은행융자 같은 것도 전혀 필요 없었다. 최대한 많은 직원을 고용하고 최대한 많은 급여를 지급했다. 그러고도 남는 수익은 어려운 사람들을 돕는 일에 쓰도록 했다.

그런데 그는 모든 일에서 전면에 나서지 않았다. 늦은 나이에 남들의 주목을 받는 것이 부담스럽고 쑥스러웠다. 그는 이미 돈에 시달릴 대로 시달려 본 터라 이제 더 이상 그 무엇 때문에라도 시달리고 싶지 않았던 것이다. 그의 개인적인 바람은 오직 하나 자유로운 삶이었다. 행여라도 얼굴이 알려져 기자들이 따라다니는 일이 생긴다면 정말 견디기 어려울 것 같았다.

"김 실장, 박 실장. 그 동안 잘 지냈나? 수고가 많네."

임 회장의 존재를 알고 있는 단 두 사람 김 실장과 박 실장은 회사를 시작할 때부터 임 회장의 분신 같은 존재였다. 임 회장이 존재를 전혀 드러내지 않고 편안하게 지낼 수 있는 것은 오로지 이 두 사람 덕분이었다.

"예, 회장님. 회장님 덕분에 잘 지내고 있습니다. 그리고, 회사도 여전히 잘 되고 있습니다. 작년에 비해 매출이 이십 퍼센트 이상 늘었고, 수익도 이십 오 퍼센트 이상 늘었습니다. 작년에 연말 상여금을 천 퍼센트 지급하였습니다만, 금년에는 이천 퍼센트를 지급할 예정입니다. 이직율은 여전히 영 퍼센트입니다. 남는 수익금은 재단에 기부할 예정입니다. 작년보다 삼십 퍼센트 정도 늘어난 금액입니다. 본의 아니게 삼 년 연속 입사하고 싶은 회사와 이미지 좋은 회사 1위를 하고 있습니다.

기획실을 맡고 있는 김 실장이 간단히 보고했다. 돈을 쓰기 위해 세운 회사임에도 불구하고 묘하게도 그게 쉽지 않았다. 기업 이미지가 좋다 보니 매출이 저절로 올라 어쩔 수가 없었다.

"별일 없는 것이 아니구만. 우리는 수익을 내는 것이 목표가 아닌데, 너무 역행하고 있는 것 아닌가? 아무튼 수고했고 박 실장 얘기도 들어 볼까."

임 회장은 농담 반 진담 반으로 두 사람을 바라보며 한 마디 했다. 재단을 맡고 있는 박 실장이 말을 받았다.

"남는 수익은 재단에서 잘 쓰고 있습니다. 이미 국내에서는 한계가 있어, 동남아시아와 아프리카까지 남김 없이 지원하고 있습니다. 각국 대표들이 많은 감사 인사와 훈장 수여 의사를 보내오고 있습니다만, 회장님 뜻대로 정중하게 사절하고 있습니다."

"그래, 좋아. 앞으로도 계속 수고하고, 자금이 더 필요하면 바로 얘기해. 요즘 자금 요청이 너무 없는 것 같아. 두 사람은 돈 쓰는 게 본연의 임무인 것을 잊지 말라고. 그리고 전에도 얘기했지만 내가 죽더라도 두 사람이 알아서 계속 일을 추진해 줘."

이렇게 임 회장은 오로지 돈 쓰는 일에만 몰두하고 있었다. 필요 이상의 돈이 얼마나 애물단지인가를 잘 알고 있는 그였기에, 들어오는 대로 최대한 빨리 처분하고 싶었다. 그는 돈이란 잠시 거쳐 지나가는 것이지 결코 소유하는 것이 아니라고 생각하고 있었다.

한편 같은 건물의 1층 한 구석에는 임 회장과 연배는 비슷하지만 사회적으로는 완전히 대조적인 사람이 근무하고 있었다. 바로 이 건물의 관리를 맡고 있는 관리소장이었다. 그는 누구보다도 일찍 출근하여 오십 층도 넘는 건물을 한 층 한 층 돌면서 구석구석 꼼꼼히 살폈다. 그 뿐 아니라 만나는 사람마다 인사를 하고 안부를 챙겼다. 이 건물에 근무하는 사람 치고 그를 모르는 사람이 없었으며 그 역시 거의 모든 사람의 얼굴과 이름을 기억하고 있었다.

그는 최선을 다해 열심히 일했으며 항상 즐거워했다. 주위에 어려운 사정이 있거나 고민이 있으면 귀담아 들어주고 어떻게든 도와주려 했다. 그가 앞장서면 아무리 어려운 일도 쉽게 쉽게 해결되는 것 같았다.

난치병으로 고생하던 직원을 도와준 일이 대표적이었다. 전 직원의 마음을 움직여 거액의 수술비를 마련하였을 뿐 아니라 세계적인 전문의를 초빙하여 수술을 받게 함으로써, 거의 가능성이 없을 것이라는 예상을 깨고 기적적으로 완치가 되게 하였다.

그는 겉보기에는 초라한 모습이었지만 많은 사람들에게 기쁨과 희망을 주는 귀한 존재였다. 그는 언제부턴가 관리소장보다는 멘토로 여러 사람들의 가슴에 자리잡고 있었다. 어떤 면에서 그는 임 회장과 다른 점보다는 비슷한 점이 더 많다고 할 수도 있었다.

그랬던 그가 어느 날인가부터 보이지 않기 시작했다. 그리고 얼마 지나지 않아 비보가 날아들었다. 숙환으로 별세라는 그의 부고였다.

회사 사람들은 갑작스러운 그의 죽음에 가족을 잃은 것 이상으로 슬퍼했다. 애도의 물결은 장례식장으로 이어졌다. 그러나 장례식장에서 그들의 슬픔은 놀라움으로 바뀌었다. 처음에는 빈소를 잘못 찾았나 했다. 세계 각국에서 조문 행렬이 이어지는 가운데, 빈소 입구에는 다음과 같이 적혀 있었다.

'주식회사 행복 임상우 회장 빈소'

상견례

"안녕하세요. 지금부터 예비신랑 나일로군과 예비신부 전한별양의 상견례를 시작하겠습니다. 예비신랑과 예비신부의 호칭은 편의상 지금부터 그냥 신랑 신부로 하겠습니다. 저는 오늘 사회를 맡은 신랑의 친구 김인수입니다. 신랑신부는 이 상견례가 특별하고 의미있는 시간이 되기를 바라고 있습니다. 그래서 어떤 식으로 하는 것이 좋을까 고민을 하다가 신랑신부의 생각과 계획을 들어보면 어떨까 하는 생각을 했습니다. 여기 모이신 가족과 친지께서는 허심탄회하게 질문을 하시고 신랑신부는 가급적 정확하고 자세하게 답을 하시면 앞으로 새로운 가족이 되면서 겪을 오해나 갈등을 줄일 수 있지 않을까 합니다. 제 의견에 동의하신다면 박수를 부탁드립니다."

진행자의 말이 끝나자 박수가 힘차게 쏟아졌다. 모두가 흥미와 호기심을 갖는 듯했다.

"그럼 아무래도 먼저 양가 부모님들부터 시작하시는 것이 좋을 것 같습니다. 신랑신부를 포함해서 우리 모두 명찰을 달고 있기 때문에 굳이 자기 소개를 하실 필요는 없을 것 같습니다. 바로 질문을 하시면 되겠습니다."

진행자의 말이 끝나자 성격이 급해 보이는 신랑의 어머니가 질문에 나섰다.

"둘은 아직 살 집을 준비하지 못한 것 같은데, 우리 집에 들어와 살 생각은 없는지?"

처음부터 센 질문이 들어왔다. 신랑신부는 잠시 눈짓을 주고받더니 신랑이 입을 열었다.

"저희는 결혼을 약속하면서 정한 몇 가지 원칙이 있습니다. 그 원칙에 입각해서 말씀을 드리겠습니다. 이제부터 경제적인 측면에서는 부모님께 어떠한 지원도 요청하지 않을 겁니다. 집도 마찬가지입니다. 크던 작던 저희들 힘으로 준비하겠습니다."

신랑의 어머니는 아들의 단호한 대답에 서운함이 역력했다. 그러나 스스로 알아서 하겠다는데 더 할 말이 없다는 표정이었다. 신부 어머니도 비슷한 감정을 느꼈는지 관련된 질문을 했다.

"부모에게 의지하지 않겠다는 생각은 좋지만, 부모가 자발적으로 돕겠다는 것도 거절하겠다는 건가요?"

이번에는 신부가 빙긋이 웃으며 답을 했다.

"물론 주시겠다면 받을 수 있어요, 엄마. 하지만 여기에는 조건이 있어요. 아무런 조건이 없어야 한다는 것이 조건이에요. 겉으로 드러나는 조건이 없더라도 어떤 조건이 느껴지거나 예상이 되면 그런 지원도 사절이에요. 그러니 애써 주려고 하시지 않는 것이 제일 좋을 것 같아요."

"그렇게 경제적인 자립을 하려는 이유가 어떤 간섭도 받기 싫다는 뜻은 아닌가요?"

이번에는 신랑 친구 중 한 명이 짓궂게 질문을 했다. 신랑의 의중을 눈치채고 하는 질문 같았다.

"부정하지 않겠습니다. 그리고 상호 간섭하지 않는 것이 좋다고 생각합니다. 경제적이든 정신적이든 서로에게 부담을 주거나 압력을 행사하는 것은 바람직하지 않다고 생각합니다. 어떤 경우라도 그저 관행이라던가 가풍이라던가 하는 이유로 불합리한 요구나 간섭을 하신다면 부모님 말씀이라도 거부할 것임을 분명히 밝힙니다."

신랑의 단호한 발언에 분위기가 다소 싸늘해졌다. 진행자가 나섰다.

"제가 간단한 질문 하나 드리겠습니다. 자녀 계획은 어떻게 됩니까?"

"하하, 아직 결정을 하진 못했습니다만, 신부만 좋다면 둘은 있었으면 합니다. 그러나 이 사항에 대해서는 전적으로 신부의 결정에 따르겠습니다."

신랑에 이어 신부가 말을 이었다.

"저는 형편만 허락한다면 셋까지는 키웠으면 합니다. 교육비와 육아의 부담이 되겠지만 뜻이 있으면 해결책은 있을 것이라고 생각해요."

신부의 대담한 계획에 참석자들은 일제히 박수를 보냈다. 여기저기서 격려와 응원의 말도 쏟아졌다.

"신부는 육아를 위해 직장을 그만 둘 생각도 있나요?"

신부 친구 중의 한 명이 물었다.

"아니요. 그럴 계획은 없습니다. 다만 육아 휴직은 필요하다고 생각합니다. 육아 휴직은 저만이 아니라 상황에 따라 신랑이 할 수도 있다고 생각합니다."

"그렇다면 신랑에게 묻습니다. 육아를 포함한 가사 분담에 대해 어떻게 생각하시는지요?"

"예, 저는 둘 다 직장 생활을 하는 만큼 가사분담도 당연히 같이 해야 한다고 생각합니다. 출산과 수유를 빼고는 남편과 아내의 역할에 차이가 없다고 생각합니다. 따라서 모든 가사는 서로가 힘닿는 대로 하면 될 것이라고 생각합니다."

신랑의 소신 발언에 이번에는 신부 측에서 우와 하는 환호와 함께 박수가 터져 나왔다. 신부 측 누군가가 질문을 이었다.

"신랑 참 멋집니다. 그 마음 변치 않기를 바라면서 한 가지만 묻겠습니다. 살다 보면 어느 집이나 고부간의 갈등이 있던데 이 문제에 대한 대책이 있습니까?"

"예, 이 문제에 대해서는 오래 전부터 생각한 것이 있습니다. 이 자리에서 그 동안 생각했던 것을 말씀드리겠습니다. 저는 결혼을 함과 동시에 누구의 아들이기보다는 신부의 남편으로 살 것입니다. 그러니 그 점에 대해서는 부모님께서도 더 이상 서운하게 생각하지 말아 주셨으면 합니다. 그리고 며느리로서 해야 할 일이 있다면 그것은 아들인 저도 같이 해야 한다고 생각합니다. 아들 없는 며느리는 없기 때문입니다. 예를 들어 아내가 명절 준비를 해야 한다면 저도 같이 할 것입니다. 같은 시간에 같이 가서 앞치마도 같이 두르고 전도 같이 부치고 나물도 같이 볶겠습니다. 그리고 이 일은 친가와 처가의 구분 없이 똑 같이 하겠습니다. 저는 그것이 합리적이고 공평하다고 생각합니다."

이번에도 박수갈채가 쏟아졌다. 역시 신부 측의 호응이 두드러졌으나 신랑 측도 공감하는 분위기였다. 사회자가 입을 열었다.

"신랑의 입장에 대해 신부께서도 한 말씀 하셔야 할 것 같은데요."

"이럴 때는 남편 뜻에 순종을 해야 하는 것 아닌가요?"

신부의 대답에 여기저기서 웃음이 터져 나왔다. 사회자도 웃음을 참으며 말을 이었다.

"예, 우문현답에 부창부수입니다. 진행을 하다 보니 상견례가 아니라 청문회가 된 느낌입니다. 청문회에서는 원래 적격 부적격을 가리는데, 내친 김에 여기서도 마지막으로 그런 순서를 가져 볼까 합니다. 부적격으로 판정을 해도 본인들의 의사결정을 뒤집지 못한다는 것은 알고 계시죠? 그럼 신랑 측을 대표해서 신랑 아버님 말씀을 듣도록 하겠습니다."

"참 시대가 많이 바뀌었다는 생각이 듭니다. 또한 내가 키운 자식이지만 나하고는 세대가 다른 만큼 생각도 많이 다르구나 하는 생각도 했습니다. 생각이 다르다고 해서 누가 옳고 그른 것은 아닌 것 같습니다. 얘기를 듣는 내내 불편한 면도 없지 않았으나 곰곰 생각해 보니 나름 일리가 있다고 생각합니다. 무엇보다도 자식을 셋까지 두겠다는 신부의 말이 마음에 듭니다. 앞으로 살면서 자식 눈치를 봐야 하는 것 아닌가 하는 걱정이 됩니다만, 잘 살 거라고 생각하고 또 잘 살기를 바라는 마음으로 적격 판정을 내리겠습니다."

우레와 같은 박수가 쏟아졌다. 분위기가 화기애애해졌다. 긴장하고 있던 신부 측도 화색이 돌았다. 신부 아버지가 마이크를 잡았다.

"저야 반대할 이유가 없을 것 같습니다. 저는 신랑의 마음가짐이 고맙고 대견하며, 오늘의 그 마음이 변치 않길 바랄 뿐입니다. 왜냐하면 제가 신랑이라면 이런 결혼을 하느니 차라리 혼자 살 테니까요."

여기저기서 웃음이 터져 나왔다. 이렇게 상견례는 흐뭇하게 마무리되었다.

로봇 시대

"이렇게 저희 회사를 직접 방문해 주셔서 대단히 감사합니다. 저는 마케팅을 담당하고 있는 김성율 팀장입니다. 무엇을 도와 드릴까요?"

자신을 마케팅 팀장이라고 소개한 단정한 근무복 차림의 김성율은 누구에게나 호감을 주는 밝은 인상의 청년이었다. 진우용은 김성율 팀장이 첫인상부터 마케팅 담당에 적임자라는 생각을 하며 자신의 찾아온 용건을 밝혔다.

"최근 이 회사에서 획기적인 로봇을 개발했다는 얘기를 들었습니다. 그래서 어떤 로봇인지 직접 보고 싶기도 하고 또 필요한 로봇이 있으면 구입할까 해서 오게 됐습니다."

자신의 방문 목적을 얘기하며 진우용은 상담실 안을 둘러보았다.

상담실은 로봇 회사 답게 첨단 기기들이 즐비했으나 전반적인 분위기는 넓고 쾌적했다. 진우용은 넓으면서도 아늑한 분위기에 마음이 저절로 편안해졌다.

"아, 예. 잘 오셨습니다. 이미 매스컴을 통해 발표가 되었습니다만, 저희 회사는 이번에 가히 혁명적인 수준의 로봇을 출시하게 되었습니다. 저희가 새로 개발한 로봇의 컨셉은 한 마디로 사람과 로봇의 경계를 허무는 것입니다. 사람 같은 로봇, 이것이 저희가 개발한 로봇의 실체입니다."

김성율 팀장은 간단명료하게 자사의 제품을 설명했다. 군더더기 없는 명쾌한 설명에 더 이상 질문이 필요 없을 정도였다. 그 말의 진위를 확인하는 것 빼고는.

"사람 같은 로봇이라고 말씀하셨는데, 그것이 어떤 의미인가요?"

진우용의 뻔한 질문에 김성율 팀장은 기다렸다는 듯이 대답했다.

"말씀드린 그대로입니다. 겉모습부터 말하는 것, 행동하는 것, 생각하는 것까지 모든 것이 사람과 다를 바 없습니다. 다만 내부 장기에 해당되는 부분은 인공지능과 전자기기로 이루어져 있고 이것을 움직이는 동력은 전기입니다. 물론 배터리 충전은 로봇 자신이 알아서 하기 때문에 사람이 신경 쓸 필요가 없습니다. 한마디로 먹는 것 대신 배터리를 사용하는 것 말고는 사람과 구별이 되지 않습니다."

김성율 팀장의 거침없는 설명에 진우용은 감탄해 마지 않았다. 하루가 다르게 과학이 발전한다는 말이 새삼 실감이 되었다. 과학 발전의 끝은 어디일까 하는 궁금증도 일어났다. 동시에, 들으면 들을수록 호감을 느끼게 하는 김성율 팀장의 깔끔한 말솜씨에 진우용은 점점 더 매료되고 있었다.

"사람도 사람마다 다 제 각기 다른데, 로봇도 그런 가요?"

진우용은 김성율의 장단에 맞추듯 질문을 이어갔다. 김성율 팀장 역시 진우용의 장단에 음률을 맞추듯 화답했다.

"예, 좋은 질문이십니다. 저희 로봇은 모두 맞춤형입니다. 얼굴 모습, 키, 몸무게 등 외형은 말할 것도 없고, 성격, 체력, 지식, 지능, 취미, 장기, 유머 감각 등 모든 것을 고객의 요구에 맞춰 드리고 있습니다. 저희는 보다 정확히 고객의 요구사항을 파악하기 위해 오백 문항의 체크리스트를 준비하고 있습니다."

김성율 팀장의 설명은 누가 들어도 이런 로봇 하나 있었으면 하는 마음이 생겨날 만했다. 진우용 역시 예외는 아니어서 바짝 욕심이 일었다. 처음에는 그저 단순 호기심 수준이었지만 이제는 갖고 싶다는 마음이 더 커졌다.

"대단한 로봇인 것만은 분명한 것 같은데, 가격은 얼마나 하나요?"

가격 얘기가 나오자 김성율 팀장은 잠시 숨을 고르더니 천천히 입을 열었다.

"예, 가격은 그 가치만큼 비쌉니다. 요구하시는 수준에 따라 차이는 있습니다만, 일반적으로는 평범한 사람의 수입을 십 년 이상 한 푼도 쓰지 않고 모아야 할 정도입니다. 그러니 부담이 큰 금액인 것은 사실이지만, 장기할부제도를 이용하면 구입이 그리 어려운 것도 아닙니다."

당연히 비쌀 것으로 예상했던 진우용은 오히려 마음만 먹으면 구입할 수도 있는 현실적으로 가능한 가격이라고 생각했다. 그러나 그전에 새로운 궁금증이 생겨났다.

"가격은 충분히 합리적이라고 생각합니다. 그런데, 그렇게 비싸게 구입하여 그 값만큼 이용하려면 어떻게 하면 될까요?"

"예, 용도는 매우 다양합니다. 한 마디로 고객께서 해야 할 일 중에 하기 싫은 일은 모두 시키실 수 있습니다. 집안 청소, 밥하는 일, 설거지, 빨래는 물론이고, 운전기사, 비서, 직원 등의 역할도 잘 합니다. 예를 들어, 어떤 매장을 운영할 경우 자리를 비우셔도 로봇이 아무런 문제없이 매장을 관리할 수 있습니다. 이 로봇은 가격에 걸 맞는 일을 충분히 할 뿐 아니라 수익을 내 줄 수도 있습니다. 그 뿐 아니라 함께 놀아 주기도 합니다. 형제자매, 친구 역할은 물론 연인 역할까지도 가능합니다."

진우용은 듣고 보니 전혀 비싼 게 아니라는 판단이 들었다. 자신이 경영하는 매장의 매니저로 이 로봇을 이용한다면 그것 만으로 로봇 가격을 뽑고도 남을 것 같았다. 그렇게 되면 자신은 할 일이 없겠다는 생각도 했다.

"정말 대단한데요. 그렇게 모든 것을 로봇이 다해주면 저는 뭘 하지요?"

"당연히 하실 수 있는 걱정입니다. 그렇지만 그 동안 하고 싶어도 시간이 없어서 못했던 일들을 뭐든지 하실 수가 있을 겁니다. 취미 생활이나 봉사활동 같은 것 말이죠. 또한 만나보고 싶었던 그리운 사람도 실컷 만나실 수 있고, 가보지 못했던 곳도 시간에 쫓기지 않고 여유 있게 다니실 수 있을 것입니다. 그야말로 인생을 제대로 즐기실 수가 있겠습니다."

김성율 팀장의 조리 있는 설명을 듣다 보니 진우용은 저절로 고개가 끄덕여졌다. 이 로봇 하나만 있으면 모든 꿈이 이루어질 것 같았다. 지금까지 살아온 것을 되돌아보니 인생에서 가장 큰 장애는 시간이었다. 그 동안 시간 때문에 못했던 일이 어디 한두 가지였던가? 그럼에도 불구하고 걱정되는 부분이 전혀 없는 것은 아니었다.

"다 좋은데, 로봇의 부작용은 없을까요? 이를 테면, 누가 로봇을 범죄에 이용하거나 하면 어떻게 하죠?"

"당연히 걱정하실 수 있습니다. 그렇지만, 로봇이 사회질서를 해치거나 범죄에 이용되는 것은 법으로 강력하게 막고 있습니다. 모든 로봇은 사람을 해치거나 시설물을 파손하지 못하도록 설계되어 있습니다. 만약 이 규정을 어기면 로봇을 출시할 수도 없지만, 규정을 어기고 출시를 시도하기만 해도 그 회사는 바로 강제폐업이 되기 때문에 걱정하시는 일은 결코 발생하지 않을 겁니다."

김성율 팀장의 설명은 완벽했다. 더 이상 궁금한 것도 의심이 가는 것도 없었다. 다만 한 가지 지금까지의 말이 사실인지 확인하는 것만 남았다.

"지금까지 설명은 잘 들었습니다. 그렇지만 정말로 로봇이 말씀처럼 잘 작동이 되는지 실제 제품을 보여주실 수 있겠습니까?"

진우용의 이 마지막 질문에 김성율 팀장은 싱긋 웃으며 말했다.

"이미 다 보셨습니다. 그럼 저는 배터리 충전할 시간이 되어 일어나 보겠습니다. 감사합니다."

면접 시험

민우는 아침 일찍 눈을 떴다. 여섯 시로 맞추어 논 휴대폰 알람이 울리기도 훨씬 전이었다. 여전히 긴장을 하고 있구나 생각하며 민우는 속으로 쓴 웃음을 지었다. 면접 시험을 보러 가는 것이 벌써 몇 번째인가? 이제는 셀 수도 없을 정도였다. 그럼에도 면접은 볼 때마다 새롭고 또 그래서 항상 긴장을 하게 되었다. 이 정도 경력이면 웬만한 면접은 다 될 것 같은데 그게 아니었다. 아무리 예상되는 질문에 답을 준비하고 연습까지 하고 가도 예상은 늘 보기 좋게 빗나갔던 것이다. 이제는 면접에 대한 트라우마가 생길 정도였다.

면접을 하지 않고 취업을 할 수 있는 방법을 찾아보았으나 허사였다. 변변치 못한 일자리도 면접이 없는 시험은 없었다. 민우가 내린 결론은 인생에서 면접 시험은 필수라는 것이었다.

피할 수 없으면 즐기라고 했던가. 그래 까짓 것 될 때가지 한번 즐겨 보리라 민우는 이렇게 마음먹었다. 그리고 나니 한결 마음이 가벼워지고 자신감도 생기는 것 같았다. 오늘 면접이 그렇게 마음먹은 후 처음 보는 면접이었다.

민우는 어릴 때부터 취업을 인생의 목표로 삼고 살아왔다. 빠듯한 살림살이에 아르바이트와 장학금으로 겨우겨우 대학을 마친 민우로서는 대학원 진학이나 해외 유학 같은 것은 감히 엄두를 내지 못했다. 그 흔한 어학 연수도 한번 가보지 못했다. 가보기는 커녕 꿈조차 꿀 수 없었다. 그러니 취업 말고는 달리 생각할 수 있는 것이 없었다. 기왕이면 유명한 대기업이나 아니면 연봉이 높은 실속 있는 기업에 들어가겠다는 것이 바라는 최고의 꿈이었다.

민우는 나름대로 이 꿈을 위하여 차근차근 준비를 했다. 대학에서의 학점은 물론 토익 점수도 부끄럽지 않을 정도로 받아 놓고 컴퓨터를 비롯한 업무와 관련한 각종 자격증도 따 놓았다. 소위 스펙들은 만들어 놓을 만큼 만들어 놓았다.

그리고 이 정도면 하는 마음으로 이 회사 저 회사에 원서를 넣기 시작했다. 처음에는 어느 정도 자신이 있었다. 아니 자신을 넘어 나 정도면 하는 자만심도 있었다. 그러나 그런 자신과 자만심은 오래 가지 못했다. 열 군데 원서를 넣으면 서류 전형에서 통과되는 곳은 한두 곳에 불과했다. 그 한두 곳은 대개 합격이 돼도 갈 마음이 별로 생길 것 같지 않은 한 마디로 별로 마음에 들지 않는 그런 곳이었다.

도대체 어떤 사람들이 원서를 넣길래 서류 전형조차 통과가 안되는지 처음에는 이해가 되지 않았다. 그러나 알고 보니 그건 너무나 당연했다. 보통 대기업에는 정원의 수 백배에 달하는 지원자가 몰렸다. 모두가 내놓으라 하는 스펙들을 갖고 있었다. 그 중에서 극히 일부만이 필기시험을 치를 수 있는 기회가 주어졌다. 그러니 아무리 성적이 좋고 스펙이 좋아도 서류심사를 통과하기 위해서는 운이 따라주지 않으면 안되었다.

민우는 서류만 통과되면 필기시험은 자신이 있었다. 나름 내공을 닦았다고 생각했기 때문이다. 그리고 그건 현실로도 입증이 되었다. 몇 번 되지는 않았지만, 민우는 필기 시험을 통과하지 못한 적은 한번도 없었다.

문제는 필기시험 뒤에 있는 면접이었다. 다소 긴장하는 것은 누구나 마찬가지일 텐데, 이상하게 민우는 유독 면접에 약했다. 면접을 볼 때마다 뻔히 아는 답도 갑자기 기억이 나지 않기도 하고, 말을 더듬기도 하였다. 특히 예상치 못한 엉뚱한 질문이 나올 때는 당황하여 아무 생각이 나지 않았다. 뭔가 질문에 걸맞는 기발한 답을 해야 할 텐데 그것이 무엇인지 도대체 감조차 잡을 수가 없었다. 특별히 면접에 대비한 특별 강의까지 받아 보았지만 별무 소득이었다. 지금까지 십여 차례의 면접 시험을 치렀으나 최종 합격을 한 경우는 한 곳도 없었던 것이다.

이제 남은 곳은 오늘 면접을 보는 한 곳뿐이었다. 이 회사는 크진 않지만 내실 있는 대표적인 강소기업이었다. 민우는 원래부터 내심 이 회사를 마음에 두고 있었다. 대기업도 물론 좋긴 하지만 왠지 정이 가진 않았다. 그렇지만 이 회사는 어쩐지 마음이 끌렸다. 특별한 이유는 없었다. 사람도 꼭 이유가 있어야만 가깝게 느껴지는 건 아니지 않은가? 아무튼 마음을 비우고 즐긴다는 기분으로 면접에 임하기로는 했지만, 그만큼 꼭 되었으면 하는 마음도 간절했다.

민우는 어제 준비해 둔 와이셔츠와 넥타이, 그리고 손수 다려서 옷걸이에 고이 모셔 놓은 양복을 차례차례 입기 시작했다. 넥타이를 맬 때는 길이를 맞추기 위해 전날 몇 번을 연습하고 표시해 둔 것을 몇 번이나 확인을 해서 한번에 성공을 했다. 넥타이를 한 번에 마음에 맞게 매는 것이 거의 없는 일이라 민우는 좋은 예감을 느꼈다.

대기실은 또다른 민우들로 가득 차 있었다. 매번 느끼는 거지만 민우는 모두가 민우 자신의 분신 같다고 생각했다. 어쩌면 다른 사람들도 이 중에 내가 누구일까 헷갈리고 있지 않을까 하는 생각도 했다. 한결 같이 입은 검은 양복에 흰 셔츠, 반짝이는 몇 번 신지 않은 구두에 이르기까지 누가 누군인지 구별하기 어려워 보였다. 그러나 하나하나 호명이 되면서 각자는 구별이 되고 정체성도 분명해졌다.

드디어 민우의 차례가 되었다. 민우는 안내하는 직원이 하라는 대로 면접관들 앞에 놓여 있는 의자에 앉았다. 민우 말고도 두 명이 더 있었다. 질문이 쏟아지기 시작했다.

"주민우씨는 왜 이 회사에 지원을 했나요?"

"자신의 취미와 특기에 대해 얘기해 보세요."

"친구는 주민우씨에게 어떤 존재인가요?"

"돈, 명예, 일 중에 무엇을 택하겠습니까?"

"자본주의란 무엇인가요?"

"개와 고양이 중 어느 것이 좋은가요?"

"남산에는 소나무가 몇 그루나 있을까요?"

분명 어려운 질문들은 아니었다. 그러나 답을 하기 쉬운 질문은 하나도 없었다. 이전 같았으면 민우는 아예 답을 못했을 질문이 대부분이었다. 다른 두 명에게도 같거나 비슷한 질문들이 이어졌다. 다들 면접관들의 눈치를 보며 원하는 답을 하려고 혼신의 힘을 다하고 있었다.

민우도 별반 다르지 않은 모습이었으나, 속으로는 평정심을 잃지 않고 있음을 민우 자신이 느끼고 있었다. 민우는 정답을 찾으려 하지 않고 그저 생각나는 대로 담담하게 질문에 답을 했다. 드디어 운명을 가를 결정적 질문이 나왔다.

"만약 회사에서 일 억원을 내놓고 신제품을 개발하라고 하면 어떻게 하겠습니까?"

질문이 나오기 무섭게 한 사람이 답했다.

"저는 인공 지능과 생명공학을 접목한 첨단 로봇을 개발하겠습니다. 그래서 우리 회사가 세계적인 로봇 회사가 되도록 하겠습니다."

너무나도 당찬 포부였다. 면접관들은 거창한 대답에 호의를 표하면서도 현실성에 대해서는 고개를 갸웃하는 모습이었다. 두 번째 사람이 답할 차례였다. 그는 한 손으로 턱을 괴고 한참을 생각하다가 입을 열었다.

“이런 중요한 일은 신중하게 결정을 해야 한다고 생각합니다. 저는 입사 후에 충분한 시간을 가지고 연구해서 보고서를 제출하겠습니다.”

첫 번째 사람과 대조적으로 신중한 답변을 내놓았다. 이제 민우 순서였다. 민우는 대답에 앞서 벌떡 일어났다. 그리고 신바람난 듯이 소리쳤다.

“지금 바로 신제품 개발하러 가겠습니다.”

갑과 을

오늘도 카페는 복작인다. 사람들은 저마다 무슨 바쁜 일들이 그리 많은 지 열심히들 수다를 떨고 있다. 노트북을 펴 들고 뭔가 작업을 하는 사람, 게임을 하는지 카톡을 하는지 아니면 쇼핑몰 검색을 하는지 휴대폰을 붙들고 씨름하는 사람들도 있다.

아무 할 일이 없는 것처럼 메모지에 낙서를 하거나 애먼 성냥을 심심풀이 삼아 부러뜨리는 사람은 그 어디에서도 찾기가 힘들다. 다분히 지루하고 다소 무기력해 보이면서도 낭만적인 한가로움이 엿보이는 풍경은 이제는 정녕 볼 수 없는 옛모습이 되고 만 것 같았다.

나는 사람들 사이를 비집고 들어가 그 중 제일 외진 자리를 골라 앉았다. 앉고 보니 시끄럽기는 매일반이었지만 그래도 원하는 자리에 앉았다는 만족감으로 위안을 삼았다. 그리고 주변 분위기에 어색하지 않도록 짐짓 자연스러운 듯 휴대폰을 꺼내 들었다. 특별한 목적도 없이 휴대폰을 만지작거리다가 조금 따분해질 무렵, 입구 쪽에 선희의 모습이 보였다.

"일찍 왔네."

선희가 자리에 앉으며 말했다.

"응. 오다 보니 조금 일찍 왔어. 잘 지냈지? 근데, 유미는 오늘도 늦으려나?"

나는 휴대폰을 집어넣으며 대답했다.

"걔야 항상 늦잖아. 오늘도 좀 늦을 거라고 했고. 신경 쓰지 말자. 얘기하다 보면 오겠지. 그나저나 나는 유미 걔가 도통 이해가 안된다. 그렇게 시어머니에게 당하고도 어떻게 그럴 수가 있다니?"

선희는 유미 얘기와 흥분을 동시에 꺼냈다. 나는 선희가 그러는 것을 충분히 이해하고도 남았다. 나도 들으면서 어느 새 흥분하고 있었던 것이다.

"글쎄 말이야. 누가 모시라고 한 것도 아닌데, 왜 스스로 그런 말도 안되는 고생을 사서 하느냐 말이야. 난 아무래도 유미가 그 동안 스트레스를 너무 받아 실성을 한 것은 아닌가 의심이 된다니까.”

“그렇게 생각할 만도 하지. 걔 결혼할 때부터 한번 생각해 봐라. 시어머니가 얼마나 반대를 했니? 집안이 어떻고 학벌이 어떻고 심지어는 사주가 나쁘니 궁합이 안맞니 하면서 온갖 트집을 잡았잖아. 사실 유미 흠잡을 데가 어디 있어? 집안 형편이 좀 어렵긴 했지만 그게 무슨 문제가 돼. 그래서 열심히 공부해서 장학금 꼬박꼬박 받으며 졸업했잖아. 그리고 누구나 부러워하는 직장 들어가고. 게다가 예쁘지 건강하지 무엇 하나 빠지는 게 없잖아. 마음씨는 또 얼마나 비단결이니? 양심을 걸고 우리 중에 유미가 제일 아니니? 우리 애가 유미 같은 애하고 결혼한다면 난 원이 없겠다.”

선희의 말에 나는 전적으로 공감했다. 유미는 어릴 때부터 나무랄 데가 없는 아이였다. 항상 명랑했고 남을 배려했다. 한 마디로 군계일학이었다. 유미와 같이 있는 것만으로도 기분이 좋아지고 행복해지곤 했다. 그런 유미를 생각하니 나도 점점 열을 받기 시작했다.

“어렵게 겨우 승낙을 받아 결혼을 하긴 했지만, 신혼 생활은 또 어땠니? 세상에 무슨 죄인처럼 주말마다 시댁에 가서 밀린 청소에 빨래에 파출부도 그런 파출부가 없었지. 집이 멀지도 않은데 걸핏하면 자고 가라고 성화를 대고, 종갓집 맏며느리처럼 애경사마다 불려 다니고, 명절 때마다 휴가 때마다 시댁에서 살다시피 했지. 그러다 보니 우리하고 만나는 것도 얼마나 힘이 들었니? 한동안은 나까지 유미네 시집살이를 하는 것 같은 생각이 들었다니까."

정말로 그랬다. 내가 왜 유미 시집 때문에 속상해야 하고 스트레스를 받아야 하는지 어이가 없던 시절이 지금도 잊혀지지가 않는다.

"그러게. 나는 얘기를 들을 때마다 너무나 끔찍해서 소름이 끼칠 정도였어. 요즘 세상에도 그런 시집살이가 있나 해서. 나 같으면 이혼을 해도 몇 번을 했을 거야. 유미한테도 어떻게 그러고 사느냐고, 차라리 헤어지라고 입버릇처럼 말했었지. 그럴 때마다 유미는 단호하게 말했지. 내가 선택한 길이니 끝까지 해보겠다고. 이게 내 운명이라면 기쁜 마음으로 받아들이겠다고 말이야. 유미 정말 대단한 애 아니니? 난 유미가 친구지만 존경스럽고, 또 내 친구라는 게 자랑스러워. 헤어지라고 했던 내 말이, 아니 그런 내 생각이 부끄럽기도 하고. 아직도 이해되지 않는 면이 없는 것은 아니지만."

이번에도 선희의 말에 공감하지 않을 수 없었다. 유미는 내가 기억하는 한 거의 유일하게 존경심을 갖게 하는 그런 친구였다.

"그건 나도 마찬가지야. 유미가 더 없이 좋고 사랑스럽지만, 시어머니에게 그렇게까지 충성을 하는 것은 이해가 안 돼. 너무 지나친 것 아냐? 그런다고 알아주는 것도 아니고 좋은 소리 듣는 것도 아닌데. 그런데도 싫은 표정 한번 하지 않는 유미가 과연 정상일까 하는 생각을 한 적도 있다니까."

"그러게. 세상 무서울 게 없이 호랑이 같던 유미 시어머니가 하루아침에 그렇게 쓰러질 줄 누가 알았겠니? 뭐, 그 분 쓰러진 걸 기뻐하는 건 아니지만, 솔직히 유미 입장에서는 잘 된 일이라고 생각했잖아. 사지도 못쓰고 말도 제대로 못하고 병원에만 누워서 지내야 할 판이니 유미 괴롭힐 일도 없을 거라고 말이야."

"맞아. 나도 속으로 얼마나 좋았는지 몰라. 겉으로 표현하진 않았지만. 그런데, 유미는 우리의 예상과 기대를 완전히 저버리고 시어머니를 굳이 자기 집으로 모셔와서 간병을 하고 있는 것 아니니. 삼시 세끼 챙겨서 떠먹여 드리는 것만 해도 쉬운 일이 아닐 텐데, 식사 때마다 양치에, 아침 저녁 세수에, 매주 목욕까지 난 누가 죽인다고 해도 못할 거야. 어디 그 뿐이니? 대소변도 갓난 아이처럼 침대에서 받아내야 한다니, 도대체 왜 그래야 하느냐 말야."

나도 모르게 목소리가 커졌다. 주위가 여전히 소란하였음에도 불구하고 내 목소리가 너무 컸든지 옆 자리 사람들이 힐끔힐끔 쳐다보는 듯했다. 무안하여 고개를 옆으로 돌리다가 낯익은 얼굴과 마주쳤다. 바로 유미였다.

"애, 없는 사람 얘기를 그렇게 크게 해도 되는 거니? 입구에서도 너희들 목소리가 들리더라."

핀잔을 주며 유미가 자리에 앉았다.

"다 너 걱정돼서 하는 얘기 아니겠니? 어떻게 그러고 사니?"

나는 겸연쩍게 웃으며 변명을 했다. 유미 역시 웃으며 말을 받았다.

"감사하게도 다들 내 걱정을 많이 해 주셔. 그런데 걱정하는 것만큼 힘들진 않아. 내가 자발적으로 하는 거니까. 예전에 이거 해라 저거 해라 시켜서 할 때보다 지금이 훨씬 더 좋아. 몸은 힘들지 몰라도 마음은 편해. 전에는 내 마음대로 할 수 있는 일이 거의 없었는데, 지금은 모든 일을 내 계획대로 내 생각대로 하니까 사는 재미가 있는 것 같아."

유미 말을 듣기만 하던 선희가 물었다.

"얼굴도 좋아 보이고 잘 지내기는 하는 것 같아 다행이긴 한데, 한 가지만 물어보자. 그냥 병원에 계시게 해도 될 텐데, 가족들 만류에도 불구하고 굳이 병원에서 집으로 모시고 온 이유가 뭐니?"

"아, 그거? 글쎄, 왜 그런 생각이 들었을까? 나도 잘 모르겠는데, 요즘 와서 이런 생각이 들었어. 고부간은 영원한 갑과 을의 관계라고 할 수 있잖아? 그런데 지금은 완전히 갑과 을이 바뀐 상태인 거야. 난 지금 갑질을 철저히 즐기고 있는 것 같아. 하하하."

꼰대

경수는 언제나처럼 일찍 일어났다. 휴대폰 알람은 여섯 시로 맞춰 놨지만, 그 시간까지 자 본 적은 거의 없었다. 늦잠을 자면 무슨 죄라도 짓는 것 같은 강박감에 경수는 새벽이면 저절로 눈이 떠졌다. 이제 겨우 다섯 시를 조금 넘긴 시간, 경수는 혹시라도 아내가 깰 세라 조심조심 침대를 빠져나왔다.

일어나자 마자 경수가 맨 먼저 향한 곳은 어김없이 화장실이다. 경수는 변기에 앉아 휴대폰을 켰다. 밤새 들어온 이메일을 검색하고 문자와 카톡을 확인하고 난 후 뉴스를 본다. 신문 대신 휴대폰으로 뉴스를 보기 시작한 지가 꽤 됐다. 가끔 신문을 보기도 하지만, 신문은 더 이상 신문이 아닌 구문일 때가 많다. 그에 반해 휴대폰 뉴스는 말 그대로 뉴스 같다. 거의 모든 뉴스가 속보다. 게다가 여러 매체 뉴스를 한꺼번에 볼 수도 있다. 그 뿐 아니라 뉴스 뒤에 달려있는 댓글을 보는 재미 또한 쏠쏠하다. 그 밖에도 휴대폰은 볼거리가 무궁무진 하다. 카페니 블로그니 하는 것에서부터 쇼핑몰에 이르기까지 이것저것 기웃거리다 보면 삼십 분은 눈 깜짝할 사이에 지나간다.

경수가 화장실부터 찾는 이유는 오랜 습관 때문이다. 화장실이 하나뿐이던 시절, 경수는 화장실 사용 시간이 겹치지 않도록 새벽시간을 이용할 수밖에 없었다. 화장실이 하나뿐인 것이 가장인 경수의 무능 때문이라고 생각했기 때문이다. 그렇게 억지로 습관을 들이다 보니 화장실이 둘로 늘어난 후에도 새벽에 화장실 가는 것이 더 편하게 되었다. 면도하고 세수에 머리까지 감고 화장실을 나올 때까지 식구들은 여전히 자고 있다.

화장실에서 나온 경수는 곧바로 부엌으로 갔다. 아침 준비를 하기 위해서다. 여느 부부들처럼 맞벌이를 하고 있는 경수 부부는 자연스럽게 집안 일을 나누어 하게 되었다. 아침 준비는 어차피 일찍 일어나는 경수 몫이 되었다. 아침 준비는 간단하다. 전날 준비한 밥과 국을 덥히고 냉장고에 있는 반찬 몇 가지를 꺼내면 그만이다. 아, 그리고 한 가지가 더 있다. 과일과 커피를 준비하는 일이다. 그렇더라도 그렇게 오래 걸리지는 않는다.

아침이 거의 준비될 무렵이면 아내와 애들이 일어난다. 애들이 일어나면 조용하던 집안 분위기가 갑자기 분주해진다. 아내와 애들은 교대로 화장실을 쓰면서 겹치는 시간을 이용해 식사를 한다. 같은 시간에 셋이서 화장실 둘을 적절하게 나누어 쓰는 방식이 절묘하다. 수시로 교대를 하면서도 화장실이 비어 있는 시간도 누군가가 기다리는 시간도 없이 매끄럽게 돌아간다. 한바탕 난리법석을 치른 후 아이들이 등교하고 아내도 출근을 하고 나면, 경수는 부리나케 설거지를 마치고 간단하게나마 아침 청소까지 하고 나서야 출근을 한다.

경수는 가벼운 한숨과 함께 집을 나섰다. 스스로 자진해서 시작한 일이지만 집안 일이 부담스러운 건 사실이다. 저녁에 퇴근하고 나서도 해야 할 일은 있다. 저녁 준비는 퇴근을 일찍 하는 아내 몫이긴 하지만, 아내가 저녁을 준비하는 동안 가만히 앉아 있을 수만은 없다. 빨래를 걷어 갠다든지, 애들 방 정리를 한다든지, 집안 일은 해도해도 끝이 없다는 것을 해 본 사람은 다 안다. 저녁식사가 끝나면 설거지도 경수가 하게 된다. 아내는 극구 말리지만 퇴근해서 저녁식사가 끝날 때까지 잠시도 쉬지 못하는 아내가 안스러워 설거지를 하는 편이 마음이 편하다.

경수가 이렇게 다소 강박적으로 집안 일을 챙기는 것은 경수 나름대로의 각오 때문이다. 경수의 아버지는 전형적으로 가부장적인 사람이었다. 또한 겉으로 보이는 아버지는 집안의 어른이고 기둥으로서 손색이 없었다. 어릴 때는 그런 아버지 모습이 근엄과 권위의 상징으로 보였으며 존경스럽기도 했다.

그러나 자라면서 경수는 아버지의 그런 모습에 점차 회의를 느끼기 시작했다. 아버지의 영광 뒤에는 어머니의 희생이 있었다. 어머니는 숙명처럼 기꺼이 받아들이셨지만 경수의 눈에는 그것이 공정하게 보이지 않았다. 제사 때 명절 때 어머니는 보름 전 한달 전부터 이것저것 준비로 쉴 틈이 없었다. 그것은 살인적인 노동량이었다. 그건 분명 혼자서 할 수 있는 일이 아니었다. 그럼에도 아버지는 결코 집안 일에는 손 하나 까딱하지 않았다. 식구들 모두 마찬가지였다. 어느 누구도 관심 자체를 갖지 않았다. 어쩌면 알면서도 모르는 척했는지도 모르겠다.

어머니 스스로도 누가 알 세라 힘든 내색 한번 하지 않았다. 경수는 자라면서 점차 아버지는 집안의 독재자요 폭군이라고 생각하게 되었다. 그러나 이러한 부조리와 부당함에 대해 대놓고 항의하지 못했다. 이미 타성에 젖어버린 경수 자신도 아버지 그늘에서 편안함을 공유하고 있었던 것이다. 경수는 두고두고 자신의 나약함과 비겁함을 후회했고, 성인이 된 이후 자신의 결혼 생활은 아버지처럼은 하지 않겠노라고 굳게 다짐했던 것이다.

아울러 한 가지 더 결심한 것이 있었다. 부지런히 살겠다는 것이었다. 이것 역시 아버지를 보면서 생각한 것이다. 아버지는 아침에 늦게 일어나는 편이었다. 거의 매일 술을 했기 때문에 밤 늦게 귀가했고 그때마다 취해 있었다. 그러니 아침 일찍 일어나는 것이 쉽지 않았다. 특히 휴일 아침에는 해가 중천에 이르도록 일어날 줄을 몰랐다. 일어나는 시간이 식사시간이라 번번이 식구들과는 따로 독상이 차려졌다. 식사가 끝나면 신문을 보는 듯 조는 듯하다가 다시 잠이 들곤 했다. 경수에게 남아있는 아버지의 모습은 술 취한 모습과 자는 모습이 대부분이었다. 어머니는 낮이고 밤이고 아버지 주무시니 조용히 해라라는 말을 입에 달고 살았다.

지나고 생각해 보니 아버지는 좋은 부모라고 생각되지 않았다. 존경심은 고사하고 특별히 배울 만한 점이 없었다. 자식들에게도 할아버지 얘기를 하려면 민망할 정도였다. 매일 술 드시고 늦잠 주무시고 할머니만 부려먹고 하셨다는 얘기만 할 수는 없지 않은가. 자식과 손자들을 생각서라도 나는 그러지 말아야겠다는 생각을 했던 것이다.

경수는 일찍 일어나고 늦게 잤다. 수험생인 애들보다 수면시간이 짧았다. 시험기간에 밤 늦게까지 공부할 때도 잠이 든 것을 확인한 후에야 잠자리에 들었다. 애들이 야간자율학습으로 늦게 올 때도 졸린 눈을 비벼가며 기다렸다. 그러다가 못 참겠으면 아예 아파트 입구 큰 길까지 나가서 기다리기도 했다. 경수는 아무리 몸이 고달파도 애들한테 좋은 모습을 보여야 한다는 일념으로 그 모든 것을 이겨냈다. 적어도 우리 애들은 아버지인 경수 자신을 존경하거나 자랑스러워하지는 않더라도 미워하거나 부끄러워하지는 않을 거라는 자부심으로 뿌듯하기도 했다.

나아가 경수는 애들에게 솔선수범 이상의 교육은 없다는 생각으로 집안의 모든 일을 앞장서서 했다. 청소만 해도 그렇다. 매일 하는 청소와는 별도로 주말마다 대청소를 했다. 화장실, 베란다, 현관은 말할 것도 없고 다용도실, 주방 후드에 이르기까지 닦고 또 닦았다.

자는 애들을 깨워 같이 하기도 했다. 어릴 때부터 습관을 들이는 것이 좋겠다는 생각에서였다. 애들도 처음에는 간혹 투정이 있었지만 갈수록 당연한 일로 받아들이고 잘 따라주었다. 경수는 그런 애들 모습이 사랑스럽고 대견하고 고맙고 흐뭇했다. 이런 것이 애들 키우는 보람이고 재미 아니겠나 싶었다. 청소를 마치고 나면 애들이 좋아하는 짜장면과 탕수육을 사주며 기분을 맞춰 주기도 했다.

경수는 집에 있는 동안 자는 시간을 빼고는 눕지를 않았다. 할 일이 끊이질 않아서도 그렇지만 다분히 의도적인 것도 있었다. 자식들 앞에서 빈둥대는 모습을 보이고 싶지 않아서였다. 여가 시간이 있을 때는 주로 독서를 했다. 별 다른 취미가 없기도 했지만 독서만큼 좋은 취미활동이 없다고 여겼기 때문이다.

금주와 금연은 기본이었다. 담배는 처음부터 피우지 않았고, 직장생활을 하면서 업무 상 한두 잔씩 마시던 술도 아예 끊었다. 남들은 도대체 무슨 재미로 사느냐고 물어도 전혀 개의치 않았다.

경수는 몸은 힘들어도 행복했다. 이 정도면 성공적인 삶이 아닌가 하는 생각도 했다. 큰 부자가 되거나 유명해지거나 출세를 한 것은 아니지만, 더 이상 부러울 것이 없었다. 사는 데 큰 걱정 없고 가족 모두 건강하고 화목하고 행복하면 됐지 더 무엇을 바라겠는가 했다.

그러던 어느 주말 저녁, 식구들이 저녁을 먹고 한 자리에 모였다. 이런 저런 얘기를 하던 중 큰 애가 다소 엉뚱한 얘기를 꺼냈다.

"꼰대가 무슨 말인 줄 알아. 최근에 영국 비비씨 방송이 꼰대라는 말을 정의했는데, 자신은 항상 옳고 남들은 항상 틀리다고 믿는 나이든 사람이래."

큰 애 말이 끝나기가 무섭게 작은 애가 박장대소하며 소리쳤다.

"딱 아빠네!"

마음의 문

마음의 세계에 가 본 적이 있습니까?
우리가 원하는 것이면 무엇이든지 이루어질 수 있는 곳.
모든 차원을 넘어선 그곳 마음의 세계로 가 보겠습니다.

1. 만남

대낮에 큰 길에서 한 여인이 어떤 험상궂게 생긴 남자로부터 봉변을 당하고 있었다. 평범한 용모와 보통 체격의 그 여인은 머리가 헝클어지고 옷 매무새도 흐트러진 것으로 보아 뭔가 심하게 행패를 당한 듯 했다. 남자는 흉기로 찔렸던 것으로 보이는 얼굴의 심한 흉터와 목과 팔에 어지럽게 드러난 문신으로 쳐다보기만 해도 소름 끼치도록 무서웠다. 그 남자는 계속 여인을 갖은 욕설과 함께 윽박지르며 괴롭히고 있었다. 여인은 어찌할 바를 모르고 누군가의 도움을 간절히 바라는 듯 했으나, 몰려든 사람들은 구경만 할 뿐 어느 누구도 선뜻 나서질 않고 있었다.

마침 그 옆을 지나가던 일범은 가만히 보고만 있는 사람들을 의아하게 생각하며 그 여인에게 곧장 다가가 물었다.

"도와 드릴까요?"

여인은 기다렸다는 듯이 고개를 끄덕였고, 일범은 말 없이 그 여인의 손을 끌고 재빨리 그곳을 빠져 나왔다. 의외로 그 남자는 더 이상의 어떤 행패도 부리지 않았다. 언제 그랬냐 싶게 가만히 있을 뿐이었다. 모였던 사람들도 그제야 안도의 한숨을 내쉬며 제각기 흩어졌다.

둘은 근처 공원으로 가서 벤치에 앉아 우선 마음을 진정시키기로 했다. 어느 정도 시간이 흘러 여인의 마음이 안정 되었다고 생각한 일범이 가려고 하자 여인은 한사코 집까지 같이 가 달라고 부탁했다. 일범은 바쁜 일도 없던 터라 굳이 거절할 이유가 없어 집까지 동행해 주었다.

여인의 집은 그리 멀지 않았으나 어쩐지 생소한 곳이었다. 차나 한잔 하고 가라는 여인의 말에 이끌려 들어간 여인의 집은 그 여인과 비슷하게 아담하고 평범했다. 자그마한 거실 하나에 주방과 욕실이 있었고 침실인 듯한 곳은 문이 닫혀 있었다. 살림살이도 아주 단출하여 혼자 살기에 꼭 필요한 정도만 있는 것 같았다. 그렇지만 깨끗이 정돈된 집은 매우 아늑하고 편안한 느낌이었으며, 그와 함께 그 동안 긴장했던 마음도 어느 정도 풀어졌다.

차를 준비하여 마주 앉은 여인은 좀 전과는 사뭇 다른 모습이었다. 극한 두려움에서 벗어나 미소까지 되찾은 얼굴은 유난히 이목구비가 뚜렷하고 반듯하여 마치 조각을 한 것 같았다.

"제 이름은 응원이라고 합니다. 소응원. 다시 한번 오늘 일 감사드립니다. 정말 난감했는데 덕분에 무사했습니다. 어떻게 보답을 해드려야 할지……"

"별 말씀을 요. 당연히 해야 할 일이었고, 대단한 일도 아닌데요, 뭐. 그리고 뭘 바라고 한 일도 아니었고요. 큰 일 없이 이 정도로 마무리 된 것을 다행으로 생각할 뿐입니다. 그건 그렇고, 응원씨라고 하셨죠? 저는 정일범이라고 합니다. 실례지만 응원씨, 어떤 일을 하시는 지 여쭤봐도 될까요?"

일범은 응원이 어떤 사람인지 몹시 궁금해져 묻지 않을 수 없었다. 응원은 예상했던 질문이라는 듯 여유 있는 미소를 지으며 말했다.

"한번 맞춰 보시겠어요? 맞추시면 선물을 드릴 수도 있는데요."

응원의 말에 궁금증은 더욱 커졌지만, 일범은 일단 생각을 해보기로 했다. 그러나 아무리 생각을 해봐도 전혀 짐작이 가지 않았다. 엉뚱하게도 하늘에서 내려온 선녀, 아니면 숲 속에서 잠깐 놀러 나온 요정, 안드로메다 같은 곳에서 온 외계인은 아닐까 하는 등의 허무맹랑한 공상만이 머리 속을 오락가락하는 것이었다. 그러다가 시간이 꽤나 흘러 뭐라도 대답을 해야지 하는 순간, 응원이 일범의 말을 제지하며 닫혀진 방문을 가리켰다. 그리고 짧게 말했다.

"저 문을 열어 보세요. 그 안에 답이 있을 거예요."

일범은 그 말에 이끌리듯이 문 앞으로 가서 손잡이를 잡았다. 손잡이를 잡은 손에 묘한 전율이 느껴졌다. 그러나 일범은 궁금한 마음에 망설임 없이 문을 열었다. 그 순간 무언가 말로 표현할 수 없는 강한 기운에 순간적으로 정신이 아찔하면서 몸이 휘청 하였다. 잠시 후 정신을 차리고 보니 완전히 별천지가 펼쳐져 있었다. 그곳은 침대나 하나 놓여 있는 단순한 침실 같은 작은 공간이 아니었다. 계절에 관계 없이 온갖 꽃들이 만발해 있고 이름 모를 과일들도 주렁주렁 열려 있으며 형형색색의 새들이 어우러져 저마다의 자태를 뽐내는데, 말로만 듣던 낙원 세상이 있다면 바로 이런 곳이겠구나 싶었다.

황홀한 경치와 꽃 향기에 취해 걷다 보니 연못 위에 있는 정자에 다다랐다. 거기에는 언제 왔는지 응원이 기다리고 있었다. 응원은 조금 전의 응원이 아니었다. 언제 갈아 입었는지 화사하기 그지 없는 의상과 더불어 후광처럼 빛나는 자태가 주위 분위기를 압도하고 있었다. 일범은 이 이해할 수 없는 상황에 대해 묻지 않을 수 없었다.

"이게 어떻게 된 건가요? 혹시 꿈인가요, 아니면 마술인가요?"

"놀라셨나요, 일범씨? 이건 꿈도 마술도 아닌 분명한 현실 세계입니다. 다만 그 동안 보지 못하고 그냥 지나쳤던 것뿐이지요. 자세한 것은 차차 아시게 될 테니 너무 조급해 하실 필요는 없을 것 같군요. 그것보다도 이게 바로 제가 말씀 드렸던 선물인데 마음에 드시나요?"

"선물이라고요? 저는 응원씨 질문에 답을 하지도 않았고 지금까지도 응원씨가 누구인지 전혀 알지를 못하는데요."

"일범씨가 문을 여는 순간이 바로 답을 하신 겁니다. 그리고 지금 여기 보이는 모든 것들이 답에 대한 선물이고요."

"저 자신이 무슨 답을 했는지도 모르는데 이 엄청난 것들이 선물이라고요?"

"일범씨는 모르는 것이 아닙니다. 알지만 안다는 사실을 아직 깨닫지 못하고 있는 것뿐이지요. 그렇지만 그것은 별로 중요하지 않습니다. 중요한 것은 진실이니까요."

응원의 알 듯 모를 듯한 말에 일범의 머리 속은 점점 더 복잡해져만 갔다.

"그렇다면 여기 이 모든 것이 다 정말로 제 것이라고요? 그럼 응원씨는요? 이 집은 원래 응원씨 집이 아닌가요?"

일범이 이런 질문을 하는 순간 머리 속에 섬광처럼 스쳐 가는 것이 있었다. 그래 바로 그거로구나 하는 생각이 들자 일범은 응원의 손을 잡고 그 곳을 나와 문을 닫았다. 그러자 생각했던 대로 원래 그 집 모습이 되었다. 응원도 다시 수수한 차림의 그 모습 그대로였다. 일범이 물었다.

"저 문을 다시 열면 아까와 똑 같은 모습은 아닐 수도 있겠군요? 전혀 다를 수도 있겠고요?"

응원은 대답 대신 이제 다 알면서 무얼 더 묻느냐는 표정을 지어 보였다. 일범도 미소로 답했다. 아직은 얼떨떨하지만 이해는 할 수 있었다. 그 문은 바로 '마음의 문' 이었던 것이다. 그 문을 여는 순간 일범은 다름 아닌 자신의 마음 속으로 들어간 것이다.

2. 마음수련

일범은 본인이 직접 겪고도 도저히 믿어지질 않았다. 어떻게 내 마음 속에 내가 들어갈 수 있는가? 상상할 수도 없었던 일인데 그것이 현실이라니. 내 마음은 내 몸 속에 있을 텐데 거꾸로 내가 그 속에 들어갈 수가 있다? 더구나 원래 내 마음이 그렇게 큰 건가? 이런저런 의문이 꼬리에 꼬리를 물고 이어졌다. 이때 빙그레 웃고만 있던 응원이 천천히 입을 열었다.

"마음은 정해진 크기가 없는 거지요. 콩알보다 더 작아질 수도 우주를 다 품을 정도로 커질 수도 있는 것이 마음이니까요."

"그렇다면 마음은 어떻게 크게 할 수 있나요? 그리고 누구나 자기 마음 속에 들어갈 수 있는 건가요?"

일범은 급한 마음에 묻지 않을 수 없었다.

"마음은 누구라도 노력하면 크게 할 수 있습니다. 마음 속에 들어가는 것 역시 아무나 가능하지만 그러기 위해서는 각고의 노력이 필요하지요. 오랜 시간 끊임 없는 수련이 있어야만 합니다. 대개 기본적으로 십수 년의 맹렬한 정진을 해야 합니다. 일범씨도 엄청난 수련을 하신 것 같은데 여태 마음의 문을 전혀 모르셨다는 것이 오히려 이상하군요."

"수련을 해야 한다고요? 금시초문이군요. 그럼 어떻게 저같이 전혀 수련을 하지 않은 사람에게 이런 일이 일어날 수 있는 걸까요?"

응원의 대답에 일범은 되물었다.

"정말 모르시는 것 같으니 간략하게 설명을 드리죠. 마음수련인이라는 말을 들어 보신 적이 있으신가요? 우리 같이 마음 단련에 정진하는 사람들을 부르는 말이지요. 마음수련인들은 자기의 마음을 키우고 가꾸며 조정하는 등의 훈련을 합니다. 이 세상은 육안으로 보이는 세상만 있는 것이 아닙니다. 마음의 눈으로 볼 수 있는 세상이 따로 있지요. 그 세상은 우리가 알고 있는 세상과는 별개의 완전히 새로운 세상이지요. 그 세상은 우리 누구라도 스스로 만들 수 있는 경우에 따라 있을 수도 있고 없을 수도 있으며, 아주 클 수도 있고 아주 작을 수도 있는 신비로운 곳이지요. 일반 사람들은 돈을 벌어 집을 사고 땅을 사는 것을 목표로 한다면, 마음수련인들은 마음을 단련하여 마음의 세계를 넓히고 가꾸는 것을 목표로 합니다. 그러나 그러기 위해서는 길고 긴 세월 동안 수련을 해야 하며, 그렇게 하고도 성공한다는 보장이 없습니다. 실제로 크든 작든 마음의 문으로 들어 갈 수 있는 마음수련인은 그리 많지 않습니다. 그런데 일범씨는 이미 놀랄 정도로 큰 마음을 가지고 있으며 그것도 아주 잘 가꾸어져 있지 않습니까? 어지간히 수련을 해서 얻을 수 있는 결과가 아니죠. 제가 궁금한 것은 그렇게 수련을 하고도 어떻게 그 사실을 일범씨 본인이 모를 수 있나 하는 겁니다."

응원의 설명에 일범은 깊은 생각에 빠졌다. 짚이는 구석이 있었다. 일범은 어릴 때부터 혼자 있기를 좋아했다. 혼자서 특별히 하는 일은 없었다. 다만 조용히 눈을 감고 한 가지 생각에 집중하곤 했다. 처음에는 이 생각 저 생각이 오락가락 하여 잠시도 한 생각이 머물러 있지 않았으나 어느 순간부터 생각하는 것이 마음대로 되기 시작했다. 뭔가 한 가지를 생각하기로 마음 먹으면 그 생각이 외에 다른 어떤 생각도 나지 않았다. 그 때부터 일범은 생각을 집중하는 놀이(?)에 재미를 붙여 더욱 더 혼자 있기를 즐겼다. 일범의 부모는 내심 걱정을 하면서도 천성이려니 하고 지켜보기만 했다. 일범이 남들과 어울릴 때는 명랑하고 쾌활하며 대인관계도 나쁘지 않았기 때문이다.

그리하여 일범은 어느 순간부터 자기 마음을 마음대로 할 수 있는 경지에 이르게 되었다. 그러자 놀라운 일이 벌어지기 시작했다. 한번 주의를 기울여 본 것은 절대 잊지 않았다. 이를 테면, 사람 얼굴이나 이름, 전화번호, 주소 같은 것은 마음만 먹으면 언제까지나 기억을 할 수 있었다. 누가 한 말, 드라마 내용, 학교 수업 시간에 들은 내용들도 빠짐 없이 기억을 할 수 있었던 것이다. 이러한 내용들은 마치 무한대 용량의 컴퓨터와 같은 머리 속에 각기 구별된 유에스비에 저장된 것처럼 있다가 언제라도 필요할 때 꺼내 볼 수 있는 정도의 경지에 까지 이르렀던 것이다.

그렇게 되니 공부 같은 것은 일도 아니었다. 수업시간에 듣기만 하면 잊혀지질 않으니 예습 복습을 전혀 하지 않아도 시험에서 틀릴 문제가 없었다. 다른 사람들은 모두 일범을 신기하게 생각하고 천재라고도 했지만, 일범은 오히려 밤새워 공부하는 다른 친구들을 이해하지 못하고 이상하게 생각했다.

그러나 시간이 흐르면서 일범은 모든 상황을 파악했다. 최고 성능의 컴퓨터가 머리 속에 내장되어 있는 셈이니, 그런 것쯤 파악하는 것도 일이 아니었다. 그 후부터 일범은 자신의 능력을 드러내지 않고 평범한 듯 살아오고 있었던 것이다. 그러면서 스스로 평범한 사람이라고 자신을 세뇌 시켜왔다. 물론 일범은 대부분의 시간을 버릇처럼 생각을 모으고 정리하는 취미 생활하는 데 보냈다. 이미 취미가 습관으로 굳어져버렸던 것이다. 그런데 그 습관이 사실은 일범 자신도 모르는 수련 과정이었던 것이다.

"제가 볼 때 일범씨는 마음수련인 중에서도 상급 수준이라고 생각해요. 앞으로 갈고 닦으면 더욱 더 높은 경지에 이르시겠지만요."

어느 정도 현실을 직시하기 시작한 일범이지만, 응원의 이 말에는 다시 한번 헷갈리지 않을 수 없었다.

"저는 오늘 처음으로 마음의 문을 열었고, 마음의 세계가 있다는 것도 이제 겨우 알게 된 초보자 중의 초보자인데 상급이라니 이해가 되지 않는군요."

"물론 당황스럽고 이해가 되지 않을 수도 있으시겠지만, 제 얘기는 전혀 과장이 아닙니다. 이 세계를 좀 더 아시게 되면 확실하게 이해하실 겁니다. 다만 앞으로 자만하지 마시고 계속 정진하여 진인의 경지에 오르시기를 바랄 뿐입니다. 진인은 최고의 경지에 오른 수련인을 말합니다. 일범씨의 현재 실력으로 볼 때 충분히 가능한 일이라고 생각합니다."

응원의 이 말에 일범은 다시 한번 놀라지 않을 수 없었다. 수련인 중에서도 최고의 수련인이라니 상상할 수 없는 얘기라고 생각했다.

"진인이라구요? 점입가경이군요. 너무 과한 평가 아닌가요? 그리고 그러한 경지가 어떤 의미가 있나요? 마음수련은 그냥 각자 알아서 하면 되는 것인데 굳이 상급이니 진인이니 하면서 구별을 할 필요가 있는 건가요?"

일범의 항의성 질문에, 좋은 질문이라는 듯 응원이 답을 이었다.

"예, 일범씨의 말씀이 맞습니다. 당연히 마음수련인은 자신을 다른 누구와 비교하거나 누구의 눈치를 보거나 경쟁을 하거나 할 이유가 없습니다. 그러나 마음수련인 중에 간혹 굳이 경쟁적으로 비교하려는 사람들이 있습니다. 이들 중에는 비교하거나 경쟁하는 것으로 그치지 않고 자기보다 나은 사람을 시기하고 방해하며 심지어 해치려고까지 하는 사람도 있습니다. 이런 사람들을 타락수련인이라고 부르지요. 우리 마음수련인들은 이런 타락수련인이 하루빨리 사라지고 질서가 바로 세워져 예전의 평화로운 시절로 돌아가기를 간절히 바라고, 이것을 해결할 진인이 나와 주기를 학수고대하고 있는 것이지요."

"그렇다면 낮에 행패를 부린 그 사람도 마음수련인 중의 하나였나요?"

일범의 말에 응원은 고개를 끄덕였다.

"그렇습니다. 그 사람도 한때 촉망받는 수련인이었지만 어느 순간 타락의 길을 걷기 시작하더니 최근에는 수련인만 보면 가만두려고 하질 않습니다. 지금 수련인들은 언제 어떻게 당할지 몰라 전전긍긍 하고 있지요. 저도 항상 조심을 하는데 오늘 잠시 방심한 사이 당하고 말았지요. 일범씨가 아니었으면 정말 큰일 날 뻔 했습니다. 다시 한번 감사 드립니다."

이제 일범은 모든 상황을 어느 정도 이해하게 되었다. 그러면서 앞으로 험난할 수 밖에 없는 자신의 운명을 예감했다.

3. 동행

응원을 만나고 난 이후 일범은 인생이 완전히 바뀌었다. 그저 평범한 청년에 불과했던 그가 하루 아침에 장래가 촉망되는 마음수련인이 된 것이다. 미운 오리새끼가 백조로 탈바꿈 한 것 이상의 극적인 반전이었다. 일범의 출현 소식은 마음수련인들 사이에 삽시간에 퍼져 나갔고 단연 화제의 초점이었으며, 일범의 일거수일투족은 호기심 반 기대 반으로 모두가 주목하는 화제의 대상이 되었다. 일범 자신은 몹시 당황스러웠다. 이제까지 남들의 주목을 받은 적도 없었고, 또 주목 받는 것 자체를 극도로 피해 온 그였기에 어떻게 처신해야 할지 난감하기 이를 데 없었다.

이러한 상황에서 응원의 도움은 무엇보다도 큰 힘이 되었다. 사실 응원은 마음수련인들의 최고 지도자인 진인의 딸이었다. 응원의 아버지는 강력한 지도력으로 모든 마음수련들의 존경과 신뢰를 받으며 조직을 잘 이끌어 왔으나, 예기치 않은 사고로 갑자기 세상을 떠나게 되었다. 응원은 어릴 때부터 아버지의 지도를 받아 아주 젊은 나이에 마음의 문을 열고 많은 수련인들로부터 부러움을 받았으나, 졸지에 아버지를 잃고 고아의 신세가 되면서 외롭게 지내고 있던 터였다. 한때 아버지의 뒤를 이어 다음 진인이 되는 것이 아니냐는 기대를 받기도 했지만, 스승이기도 했던 아버지를 잃고는 수련의 진행속도가 급격히 떨어져 많은 이들의 실망과 안타까움을 자아냈다.

응원의 아버지 소유평 진인이 세상을 떠나자, 그 뒤를 이을 진인을 정하지 못한 마음수련인 세계 또한 큰 동요를 겪게 되었다. 마치 춘추전국시대와 같이 비슷비슷한 사람들이 저마다 진인 자리를 노리며 서로를 견제하기에 이르렀다. 하지만 어느 누구도 소유평 진인의 뒤를 이을 정도의 재목은 되지 못하여 진인의 자리는 아직까지도 공석으로 남아 있었다. 게다가 그 동안 숨어 지내던 타락수련인들이 서서히 고개를 들고 나타나기 시작하면서 마음수련인 세계는 그 어느 때보다도 혼란스럽고 어두운 상황이 되었다.

타락수련인들의 공통된 특징은 욕심이 많다는 것이었다. 그들은 무엇이든 욕심을 냈다. 그 중에서도 가장 큰 욕심은 다른 수련인들의 마음의 문을 빼앗는 것이었다. 수련인들이 평생을 바쳐 일구어 논 마음 세계를 송두리째 가로채려고 하였다. 그것이 여의치 않으면 그 마음 세계를 무참히 짓밟아 파괴시키려고 하였다. 못 먹는 감 찔러나 보겠다는 심보였다. 그들은 대개 마음의 문을 열기는 하였으나, 그 세계가 매우 작거나 제대로 관리가 되지 않아 보잘 것이 없었다. 그럼에도 불구하고 그들은 최고 수준의 마음수련인이 되고 싶다는 욕망만 가득 차 있었다. 그러다 보니 다른 수련인이 일구어 논 소중한 재산을 가로채거나 없애버리는 것이 그들의 일이 되어버린 것이다.

더 나아가 그들은 육안 세계에도 욕심을 냈다. 마음의 문을 열고 들어가는 마음 세계는 마음의 눈, 즉 심안으로만 볼 수 있어 심안 세계라 하고, 상대적으로 누구의 눈에나 보이는 이 세상은 육안 세계라고 한다. 마음수련인 대부분은 마음 세계에만 관심을 갖지, 육안 세계에는 관심을 갖지 않는 것이 일반적이다. 개중에는 육안 세계에 관심을 갖는 경우도 있기는 하지만 어떤 지위나 명예 따위에 마음이 있는 것은 아니다. 다만 그 사는 모습이 걱정되어 어떻게 도와 줄 수 없을까 하는 연민의 정 같은 것일 뿐이다. 그러나 타락수련인들은 육안 세계의 권력, 지위, 명예 심지어 향락까지 가지려고 수단 방법을 가리지 않았다.

소유평 진인은 그러한 타락수련인들이 못된 짓을 할 수 없도록 엄히 다스렸으나, 소 진인 이후 그럴 능력을 가진 사람이 아직 나타나지 않고 있는 상황이었다. 응원은 일범에게 이런 내용을 전하면서 말을 이었다.

"당분간 몸을 피하여 수련에 정진하시는 것이 좋을 것 같아요. 갑자기 유명해져 타락수련인들의 표적이 되고 있으니까요. 확실하게 그들을 제압할 수 있기 전까지는 그들과 만나지 않는 것이 상책이라고 생각합니다. 다행히 아직까지 일범씨 얼굴은 잘 알려져 있지 않으니 조용히만 계시면 그들이 쉽게 찾지는 못할 거예요."

"나야 그렇다지만 응원씨는요? 응원씨는 이미 저보다 훨씬 많이 알려져 있고 이미 공격을 받은 적도 있지 않습니까? 저는 저보다 응원씨가 걱정입니다."

일범은 걱정스런 눈빛으로 응원을 바라보았다.

"저도 조용히 지내야지요. 지금까지 지내온 것처럼요. 저는 이미 숨어 지내는 것에 숙달이 돼 있으니 제 걱정은 안 하셔도 됩니다. 중요한 것은 일범씨가 수련에 정진하여 하루속히 타락수련인을 제압하는 것입니다."

응원은 간절한 마음을 담아 일범을 안심시키려고 하였다.

"응원씨 마음은 알지만 그러면 제 마음이 편칠 않아요. 불편한 마음으로 제대로 정진이 되겠습니까? 그러지 말고 우리 같이 피합시다. 그게 더 상책일 것 같으니."

"그렇긴 하지만 혹시라도 제가 누가 되면 어떻게 하나요?"

응원이 조심스럽게 말했다.

"누가 되다니요. 걱정하실 필요 전혀 없습니다. 조용히 지내는 것처럼 쉬운 일이 어디 있습니까? 제가 생각해 놓은 곳이 있으니 그 곳으로 갑시다."

일범의 단호한 말에 응원은 마지못한 듯이 고개를 끄덕였다. 사실 응원도 일범이 자신을 데려가 주기를 내심 바라고 있었다. 그동안 혼자 지내는 것도 외로웠고 이제 조금씩 무서워지기도 하였던 것이다. 그리고 무엇보다도 일범이 마음에 들었다. 일범 또한 응원에 대해 특별한 감정을 가지고 있었다. 만난 지 얼마 되진 않았지만 많은 것을 알게 해 주었고 또 많은 것을 알게 된 여인이었다. 그 뿐 아니라 이성으로 느끼기 시작한 최초의 여성이기도 했다.

그리하여 둘은 한적한 교외로 나갔다. 최종 목적지는 물론 일범의 마음 세계였다. 그곳만큼 안전한 곳은 없었기 때문이다. 그러나 마음 세계도 완벽한 도피처는 아니었다. 우리의 몸은 육신과 정신 즉 마음 둘로 나눌 수 있으며 육신은 마음을 담는 그릇이라고 할 수 있다. 수행과 정진으로 마음은 크고 자라지만 육신은 영양분을 섭취하고 운동을 해야만 건강한 상태를 유지할 수 있게 된다. 육신에 대해서는 마음수련인이든 일반인이건 같을 수 밖에 없다. 아무리 마음수련인이 높은 경지에 오르더라도 육신이 약하면 의미가 없다. 그릇이 깨지면 그 안에 담긴 내용물이 전부 쏟아져버리듯이 육신이 허약하여 못쓰게 되면 마음 또한 병들고 못쓰게 되고 마는 것이다. 그래서 마음수련인들은 마음을 수련하는 것 못지 않게 육신 단련과 관리에도 신경을 쓰게 되는 것이다.

그런데 마음 세계 안에서는 육신을 위해 먹을 수 있는 것이 아무 것도 없다. 육신을 위한 음식만큼은 육안 세계에서 가져와야만 하는 것이다. 물론 배가 고프거나 힘이 없어지거나 하는 것을 느끼지는 못한다. 그러나 그렇다고 아무 것도 먹지 않고 운동도 전혀 하지 않고 있다가 육신 세계로 나오게 되면 육신은 아무 힘도 없어 그대로 쓰러지게 되며 심하면 죽음에 이르게 되는 것이다. 그 동안 이미 여러 차례 마음의 문을 열고 들어가 본 두 사람은 그러한 경험을 한 바 있어 거기에 대한 대책이 절대적으로 필요하다는 것에는 공감하고 있었다.

아무튼 그들은 일범의 마음의 문으로 들어갔다. 이제 마음 세계에서의 새로운 생활이 본격적으로 시작된 것이다.

4. 수련

일범의 마음 세계는 그 사이 더 커져 있었다. 집은 아담하였으나 밝고 아늑하여 지내기에 안성맞춤이었다. 집 앞에는 넓은 정원에 꽃밭과 연못이 가지런히 있었으며, 아름드리 느티나무 옆으로는 조그만 정자도 있었다. 정원이 끝나는 즈음에는 자그마한 강이 흐르고, 강 너머 멀리에는 높은 산들이 병풍처럼 펼쳐져 있는데, 그 중 높은 봉우리에는 만년설이 덮여 있었다. 강줄기를 따라 끝까지 가면 넓고 푸른 바다가 나타났다. 그 바다 건너와 산 너머에 또 무엇이 있는지는 알 수가 없었다. 모든 곳을 다 가보고 싶은 마음이 굴뚝 같지만, 일범은 그 일정을 뒤로 미뤄 놓았다. 한가하게 쉬러 온 것이 아니라는 생각 때문이었다.

일범은 무엇보다 어느 누구에게도 방해 받지 않고 안전하게 지낼 수 있는 공간이 있다는 것만으로도 만족했다. 응원도 지극히 흡족해 했다. 그녀는 전체적인 분위기가 마치 부드러운 목화 솜처럼 포근하게 느껴졌다. 낮에는 따사로운 햇살과 상큼한 미풍이 어우러져 따뜻하였으며, 밤에는 대지의 온기가 은은히 퍼져 춥지도 덥지도 않고 상쾌하였다. 밤하늘을 수 놓은 수 많은 별들은 달과 함께 밤을 밝히고 있었다.

이 모든 것이 꿈 같이 황홀하였지만 여기에 취해 있을 수만은 없는 일이었다. 응원이 입을 열었다.

"그 사이에도 마음 수련이 대단하셨네요. 참 놀라울 정도입니다. 어릴 적에 제 아버님 마음 세계에도 들어가 보고 감탄을 금치 못했습니다만, 그곳에 비해 전혀 손색이 없네요."

응원의 뜻하지 않은 찬사에 일범도 한 순간 우쭐한 마음이 들었다. 그러나 응원의 다음 말은 그를 더욱 긴장하게 만들었다.

"그렇지만 결코 자만하시면 안됩니다. 아직도 수련이 많이 필요하니까요. 일범씨는 마음을 모으는 수련 즉 마음을 집중하는 수련은 이미 타의 추종을 불허할 정도의 경지에 올라 있습니다. 그러나 마음을 꿰뚫어 보고 또 마음을 다스리는 수련은 부족합니다. 나아가 경지에 오른 마음이 어떤 경우에도 흔들리지 않도록 확고히 하는 수련도 해야 합니다."

응원은 아버지 소 진인에게서 전수 받은 마음 수련의 비법을 일범에게 알려 주기 시작했다. 이제부터 일범은 본격적으로 체계적인 마음 수련을 받기 시작한 셈이었다. 자연스럽게 응원은 일범을 지도하는 사범 역할을 하게 되었다.

그들은 먼저 하루 일과와 수련 일정에 대한 계획을 세웠다. 대부분 응원이 소 진인으로부터 지도 받을 때 했던 방식 그대로였다. 다행히 응원은 그간 멈추고 있었던 수련 내용을 고스란히 기억하고 있어서, 수련은 계획대로 착착 진행되었다. 일범은 역시 마음

수련 체질이었다. 응원이 주문하는 어떤 고난도의 수련도 거뜬히 이겨냈다. 응원도 감탄해 마지 않았다. 그녀도 일범과 함께 수련을 게을리 하지 않았지만 일범과의 격차는 날로 벌어지고 있었다.

그럼에도 불구하고 일범은 많이 힘들어했다. 그들은 새벽에 잠에서 깨어나기가 무섭게 마음 수련을 시작했다. 마음을 모아 새벽부터 오전 내내 수련을 하고 나면 심신이 지칠 대로 지쳤다. 그러나 오후에는 지친 몸을 이끌고 육신 단련 수련에 들어 갔다. 육신 단련은 마음의 건강을 유지하는 데도 필요하거니와 경우에 따라 타락수련인들의 공격을 막아내기 위해서도 절대적으로 필요하였다. 따라서 육신 단련 시간에는 체력 보강과 호신술 연마에 중점을 두었다. 그리고 저녁에는 다시 마음 수련에 돌입했다. 마음 수련에서 가장 중요한 것은 맑은 정신이었다. 따라서 정신을 맑게 하는 것 또한 수련의 한 과정이기도 했다. 다행스럽게도 일범의 마음 세계는 정신을 맑게 하는 기운이 가득 채워져 있었다. 이 기운은 일범은 물론 응원에게도 큰 도움이 되었다. 저녁 수련까지 마치고 나면 둘 다 완전히 녹초가 되어 잠이 들었지만 다음 날 새벽이면 언제 그랬냐 싶게 회복이 되어 있었다.

가장 힘든 것은 먹는 문제였다. 건강한 육신을 위해서는 꾸준한 육신 단련뿐 아니라 충분한 영양 공급도 필요했다. 그러나 마음 세계 안에서는 영양 공급을 위한 음식을 구할 방도가 없었다. 최소한 현재 그들의 수준에서는. 유일한 방법은 마음의 문 밖에서 구해오는 것이었다. 그 둘 중 최소한 한 명이 위험을 무릅쓰고 나갔다 와야 하는 것이었다.

처음에는 둘이 같이 다녔다. 그러나 그것은 너무나 위험한 일이었다. 우선 두 사람이 같이 다니는 것 자체가 너무 눈에 띄었다. 그들이 아무리 평범을 가장해도 행동거지 하나하나가 일반 사람들과는 차이가 확연했다. 그리고 두 사람은 – 일범은 말 할 것도 없고 응원까지도 – 이미 수련의 경지가 상당한 수준에 이르러 다른 수련인들이 근처에만 가도 기를 느낄 정도였다. 하물며 둘이 같이 있으면 그 기는 멀리 떨어진 곳에서도 감지가 가능했던 것이다. 그러니 같이 다니는 것은 현실적으로 매우 어려웠다. 그래서 당분간 바깥 출입은 일범이 맡기로 했다.

그리고 마음의 문의 위치도 출입할 때마다 바꿨다. 처음에는 한적한 곳이 안전할 것으로 생각했으나 반드시 그렇지만도 않았다. 한적한 곳이 오히려 눈에 더 잘 띄고 기도 쉽게 감지될 수 있었던 것이다. 따라서 아무리 조심을 해도 마음의 문 밖은 위험하기 짝이 없었다.

실제로 일범의 출입이 늘어감에 따라 일범을 찾는 무리들의 움직임도 바빠졌다. 이미 몇 번 그들과 마주치기도 했다. 그 때마다 그 동안 갈고 닦은 솜씨로 그들을 따돌리긴 했지만, 항상 불안했다. 그들도 일취월장하는 일범의 실력을 간파하고 있었으며 더 이상 그대로 있다가는 자기들이 당할 수 밖에 없으리라는 것도 잘 알고 있었다. 그래서 시간이 가면 갈수록 그들은 일범을 찾는 일에 전력을 다하였다. 처음에는 개별적으로 하던 것을 하나 둘 모이기 시작하더니 아예 조직을 갖춰 일범을 찾아내는 일은 물론 이려니와 마음수련인 세계를 아예 차지해버리려는 움직임까지 보이고 있었다.

마음수련인들은 불안과 공포 속에서 하루하루를 보내고 있었다. 오로지 일범이 나타나 타락수련인들을 물리쳐 주기만을 기다리면서. 일범은 마음수련인들 사이에서 전설이 되어가고 있었던 것이다.

일범은 당장에라도 타락수련인들을 혼내 주고 싶은 마음이 굴뚝 같았지만, 섣불리 행동할 수는 없는 일이었다. 일범의 일거수일투족은 일범 개인뿐 아니라 마음수련인 전체의 안위가 달려 있게 된 것이다.

더구나 위험은 마음의 문 안에도 있었다. 가끔 영문도 모르게 갑자기 날씨가 춥거나 더워지기도 하고 눈보라가 치거나 태풍이 몰아치기도 했다. 지진으로 자고 있던 집이 무너져 하마터면 목숨을 잃을 뻔 한 적도 있었다. 심지어는 정원으로 벼락이 떨어져 간담이 서늘해지기도 했다. 시간이 지남에 따라 그러한 일은 차차 줄어들었지만 아직도 불안한 것은 그만큼 수련을 더 해야 한다는 반증이기도 했다.

그럴수록 일범과 응원은 정진에 정진을 거듭했으며, 드디어 서서히 마음의 문을 나설 때가 다가오고 있었다. 어느 날 모처럼 일범을 대신해 밖에 다녀 온 응원이 말했다.

“오늘 우연히 성학철이라고 하는 마음수련인을 만났습니다. 아버지 제자인데 지금은 원로가 되셨지요. 그 분 말씀이 타락수련인들의 농간과 협박으로 조만간 진인을 선출하기로 했다고 합니다. 타락수련인들은 그들의 대표를 진인으로 추대하려고 한다는 겁니다. 다른 수련인들은 감히 나서지도 못한 채 눈치만 보고 있다는군요. 더 이상 늦기 전에 이제는 나가야 할 것 같습니다.”

“그렇지만 아직도 수련이 많이 부족한 것 같은데 괜찮을지 모르겠네요.”

일범이 조심스럽게 대답하자, 응원이 말을 이었다.

“내일은 그 동안의 수련 결과를 총 점검해 보기로 하시죠. 그 결과에 따라 나가는 일정을 정해야 할 것 같네요.”

일범도 응원의 의견에 동의하였다. 일범 자신도 자기의 실력이 어느 정도일까 매우 궁금하였던 것이다. 드디어 날이 밝고 일범과 응원은 마주 앉았다. 둘은 자세를 바로 하고 눈을 감았다. 응원이 물었다.

"산 너머가 보이시나요? 그리고 바다 건너에도 무엇이 있는지 보이시는지요?"

응원의 질문에 일범은 눈을 감은 채 마음을 모았다.

"예, 보입니다. 아주 선명하게 보이네요."

"그러면 보이는 것들이 마음에 드시나요?"

응원이 다시 물었다. 일범은 더욱 마음을 집중하여 찬찬히 들여다 보았다.

"예, 매우 아름답고 신비롭습니다. 아주 마음에 들고, 가서 보고 싶네요."

"그러면 같이 가시죠."

응원의 말이 떨어지기가 무섭게 그들은 이미 산 너머 새로운 세상에 와 있었다. 일범이 드디어 마음 수련의 최고 경지에 오른 것이 확인되는 순간이었다.

5. 결전의 날

육안 세계로 나온 일범과 응원은 제일 먼저 성학철을 찾아가기로 했다. 현 사태에 대해 가장 먼저 상의해야 할 사람이라는데 이견이 없었기 때문이다. 응원은 통심술로 성학철이 있는 곳을 찾기 시작했다. 통심술은 마음수련인 사이에서 서로가 상대방에게 마음을 열어 자신의 위치를 알려주거나 서로의 의사를 주고 받을 수 있는 텔레파시와 비슷한 것이다.

성학철은 그리 멀지 않은 곳에 있었다. 둘은 지체 없이 그곳을 향해 달려 갔으나, 그곳으로 가는 길이 그리 순탄치는 않았다. 길목마다 타락수련인(타락인)들이 진을 치고 기다리고 있었던 것이다. 지난 번 응원이 성학철을 만나고 난 이후 그들의 경계가 한층 더 삼엄해져 있었다.

일범은 가급적 그들과 정면으로 부딪히는 것은 피하고 싶었다. 겁나거나 무서워서가 아니라 대사를 앞 둔 상황에서 사소한 일에 휘말리는 것은 좋지 않다고 생각했기 때문이다. 그래서 그 동안 닦은 실력을 한번 시험해 보기로 했다. 내 마음의 힘으로 상대방의 마음을 내 뜻대로 움직이게 하는 운심법을 써 보기로 한 것이다. 운심법은 수련인들 중에서도 제대로 할 수 있는 사람이 거의 없을 정도의 고난도 능력으로, 같은 수련인을 상대로 하는 것은 더더욱 어렵기 그지 없는 것이었다. 그러나 일범은 과감하게 연마한 실력을 그대로 발휘하였다. 그러자 두세 명의 타락수련인으로 보이는 사람들의 태도가 갑자기 이상해지기 시작했다. 한 순간에 온몸이 늘어지고 눈동자가 풀리면서 멍한 상태가 되었다. 일범과 응원이 그 앞을 지나가도 아무런 반응이 없었다. 실력을 처음으로 확인하는 순간이었다. 그들은 어렵지 않게 성학철을 만나게 되었다.

성학철은 그들을 반가이 맞았다. 그 동안 내내 노심초사하다가 이제야 안도를 하는 빛이 확연했다.

"잘 와 주었소. 그렇지 않아도 내일이 총회여서 이제나저제나 하고 있었는데 이렇게 때 맞춰 와주어서 무어라 감사를 해야 할지 모르겠소."

성학철이 진심으로 감사의 뜻을 전하자, 일범이 답했다.

"그 동안 고생이 많으셨습니다. 힘 닿는 데까지 최선을 다하겠습니다. 우선 현재 상황과 해야 할 일부터 알려 주셨으면 합니다."

그러자 성학철은 수련인 세계의 역사부터 꺼내기 시작했다. 성학철이 한 말의 대강은 이러했다.

과거 수련인들은 특별한 조직이 없이 각자 알아서 처신을 해 왔다. 나라가 어지러울 때는 관직에 나가 정세를 바로 잡기도 하고 환란에 처하면 의병을 일으키기도 했다. 세상이 조용할 때는 승려나 유학자 등 종교지도자 역할도 하고 초야에 묻혀 조용히 수련에 정진하기도 했다. 그 중에는 역사적으로 유명한 마음수련인들도 상당수 있다. 다만 우리가 모르고 있을 뿐이지. 그러나 대부분의 수련인들은 그들만의 세상에서 조용히 지내며 속세는 가급적 멀리 했다. 간혹 수련인들끼리 어울려 세상사를 논하거나 환담을 하기도 했지만 결코 자주 있는 일은 아니었다.

그러다가 수련인들이 점차 늘어나고 개 중에 사이비 수련인도 나타나게 되자 수련인들 사이에서 조직의 필요성이 대두되었다. 벌써 오래 전 일이고 역사적으로 기록된 것도 없기 때문에 정확한 것은 알지 못하지만, 처음에는 불과 몇 명 안 되는 뜻 있는 수련인들이 모여, 진인을 선출하고 진인의 주도로 수련인의 정화 작업을 수행했다. 모임의 이름은 정심단이라고 하였으며 그 이름은 지금도 변함이 없다. 초기의 정심단원들은 일치단결하여, 개인의 사리사욕을 위해 악행을 저지르는 수련인들을 발본색원하였다. 진인은 대략 10년을 주기로 선출을 하였으나 대부분 연임이 되어 종신이 불문율처럼 관례가 되었다. 간혹 너무 연로하여 생전에 사퇴를 하는 경우도 있었지만 아주 드물었다. 선출 방식도 무투표의 추대 형식이었다. 이제까지는 그래왔다. 그것도 만장일치로.

그러나 이번 경우는 유례가 없는 상황이다. 실력으로 힘으로 경우에 따라서는 무력으로 심지어 불법으로 진행이 될 수도 있다. 선출을 하는 원칙도 새로 정해야 한다. 우리가 일반적으로 알고 있는 일인일표 방식이 될 가능성은 거의 없다. 예상하기에는 호선에 의해 복수의 후보가 나오고 그 후보들이 자신의 능력을 보여준다. 능력의 차이가 현저하면 높은 능력을 가진 사람이 진인이 되지만, 실력이 엇비슷하거나 경쟁자가 3명 이상일 때는 여러 가지 경우의 수가 나올 수 있다.

그 중에서도 최악의 시나리오는 후보자들의 경쟁으로 그치지 않고 후보자들을 지지하는 세력 간의 물리적인 충돌이 일어나는 것이다. 그것은 정심단 최대의 위기이자 불명예가 될 것이다. 타락인들은 수는 적지만 암암리에 결집이 되어 있고, 수단 방법 가리지 않고 나올 것이 뻔하다. 그렇게 되면 타락인을 제외한 수련인들은 수적으로는 다소 우세하다 해도 당할 수 밖에 없게 되는 것이다.

이제 길은 오직 하나 일범이 나서서 실력으로 타락인들을 제압해야 하는 것이다. 성학철은 이미 뜻이 맞는 몇몇 원로 수련인들과 일범을 진인으로 밀자는 결의까지 했다는 것이다.

대강의 이야기를 마친 성학철은 깊은 한숨을 내쉬며 일범을 바라보았다. 일범은 조심스럽게 자신의 의견을 말했다.

"타락인들을 막아내는 일은 제가 앞장을 서겠습니다만, 진인은 원로님들 중에서 한 분이 맡아 주셨으면 합니다. 저는 어리고 경륜도 일천하여 아직은 큰 일을 맡기가 어렵습니다."

일범의 말이 끝나기 무섭게 성학철은 단호하게 말했다.

"이미 원로들이 신중하게 검토하여 내린 결정이니 그대로 따라 주었으면 하네. 저마다 개인적인 입장이 있겠지만 지금은 그런 것은 뒤로 미루고 오로지 타락인을 물리칠 생각만 해야 한다고 생각하네."

성학철의 일리 있는 한 마디에 일범도 더 이상 할 말이 없었다. 일범과 응원은 모든 것을 원로들의 뜻에 따르기로 하고 내일을 위해 잠자리에 들었다.

드디어 결전의 날이 밝았다. 전날 계획했던 대로 성학철과 일범, 응원 일행은 모임 장소로 향했다. 가는 길에 원로 수련인들이 합류했다. 총회 장소는 인적이 드문 곳에 위치한 체육관 같은 곳이었는데, 다른 모임의 총회와는 분위기가 사뭇 달랐다. 요란한 장식이나 현수막이 없는 것은 물론이고 그 흔한 인쇄물 하나 볼 수 없었다. 그저 삼삼오오 모여 인사를 나누고 안부를 묻는 것이 고작이었다. 겉으로는 평화롭기 그지 없는 모습이었다.

그러나 수련인들과 타락인들은 일정한 거리를 두고 긴장하는 모습이 역력했다. 수련인들은 다소 위축된 모습으로 있다가 성학철 일행이 들어 오는 것을 보고 비로소 표정이 밝아졌다. 원로들 뒤로 일범과 응원의 모습이 보이자 가벼운 탄성이 나오기도 했다. 타락인들 사이에서도 탄성이 나오기는 하였는데, 그것은 다분히 야유가 섞인 것이었다.

시간이 되자 관례에 따라 최고참 정심단원인 성학철이 연단으로 올라갔다. 성학철은 최고 연장자는 아니지만 일찍이 어린 나이에 단원이 되어 최고참이 되어 있었던 것이다. 연단에 오른 성학철이 천천히 입을 열었다.

6. 승부

“오늘은 우리 마음수련인들에게 매우 중요하고 뜻 깊은 날이 될 것입니다. 아시는 바와 같이 오늘 이 자리는 그 동안 오랜 기간 공석으로 있던 진인을 새롭게 모시는 자리입니다. 그러나 안타깝게도 이제까지 만장일치로 추대하던 관행을 깨고 경선으로 진인을 모셔야 할지도 모르는 상황입니다. 전례가 없기 때문에 먼저 경선 방법에 대해 논의를 하지 않을 수 없습니다. 의견을 말씀해 주시기 바랍니다.”

성학철의 발언에 장내는 웅성거리기 시작했다. 이때 원로 중의 한 사람이 일어섰다.

“진행을 원활하게 하기 위해 한 말씀 드리겠습니다. 호선으로 추천을 하고 추천을 받은 사람들끼리 경합을 하여 결정을 하는 것이 좋을 듯 합니다.”

다들 이 의견에는 동의를 하는 듯 했다. 성학철이 주위를 둘러 보며 진행을 이어갔다.

“좋은 의견이라고 생각합니다. 다른 의견이 없으시면 그대로 진행을 할까 하는데, 혹시 이견이 있으십니까?”

모두 침묵으로 동의를 대신 했다.

“그러면 이견이 없으신 걸로 알고 추천을 받도록 하겠습니다. 추천을 해 주시기 바랍니다.”

성학철이 말을 마치기가 무섭게 이름이 호명되기 시작했다.

“문수웅님을 추천합니다.”

“명태민님 추천합니다.”

“이표님을 추천합니다.”

거의 동시에 세 사람의 이름이 호명되었다. 모두 타락인들이었다. 사전에 협의가 된 듯 했다. 그러나 성학철은 개의치 않는다는 듯 담담한 표정으로 진행을 계속했다.

“문수웅님, 명태민님, 이표님 세 분이 추천되었습니다. 다른 또 추천 있으십니까?”

“예, 정일범님을 추천합니다.”

이번에는 원로 진영에서 추천이 들어왔다. 그러자 타락인 쪽에서 비웃음이 섞인 듯한 야유가 나왔다. 기선을 잡아보겠다는 얕은 생각 같았으나 오래 이어지지는 않았다. 일범을 끝으로 더 이상의 추천이 없자 후보가 된 네 사람은 다른 사람들이 커다란 원을 그리고 앉아 있는 중심으로 나가 작은 원형 형태로 자리를 잡고 앉았다.

이제 드디어 네 사람의 진검 승부가 시작되었다. 그러나 실제로는 네 사람의 승부라기보다는 일대 삼의 승부였다. 일범을 제외한 나머지 세 사람의 공격대상은 오직 일범뿐이었고, 일범은 혼자서 외롭게 세 사람을 상대해야 했다. 네 사람은 자세를 바로 하고 눈을 지긋이 감았다. 겉으로는 아주 평온해 보였다. 그러나 그 내면은 그렇게 긴장되고 살벌할 수가 없었다.

먼저 이표가 칼을 뽑았다. 나름대로 장기가 있는 수련인들이 많은데, 이표의 장기는 바로 불이었다. 불은 원래 따뜻한 것이지만 그 기운이 극에 달하면 그 열기가 모든 것을 달구고 태워 재로 만들어 버리기도 한다. 이표는 바로 그 불을 자유자재로 다루는 능력이 탁월하였던 것이다.

이표의 마음은 순식간에 불로 가득 찼고 그 불은 모두 일범에게로 향했다. 잠깐 사이에 실내는 이표가 내뿜는 열기로 후끈 달아올랐다. 그러나 그것은 아무 것도 아니었다. 정말로 무서운 것은 마음 속으로 들어오는 불이었다. 거기 모인 사람들은 마음 속으로 맹렬히 파고드는 열기 때문에 마음이 뜨거워져 견딜 수가 없을 정도였다. 사람들은 매우 고통스러워하며 가까스로 참는 모습이 역력했다.

그러나 정작 공격을 직접 당하고 있는 일범은 별다른 내색을 하지 않았다. 이표의 불 공격이 일범에게는 거의 통하지 않았던 것이다. 오히려 이표 자신이 너무 힘을 쏟은 나머지 제풀에 쓰러지고 말았다. 쓰러진 이표는 자신이 쏟아 낸 열기로 인해 온 몸이 땀으로 흥건히 젖어 있었다.

이표가 맥 없이 쓰러지자 타락인 진영은 당황하기 시작했다. 일범이 만만치 않을 것이라는 예상은 했지만, 예상했던 것보다 훨씬 강하게 느껴졌기 때문이다. 그러나 이제 시작이라는 듯 명태민이 나섰다. 명태민의 장기는 물이었다. 물은 그 본질이 부드럽기 그지 없지만 변화를 하면 그렇게 강하고 무서운 것이 없을 정도이다. 명태민은 이런 물의 성질을 마음대로 다루는 능력을 가지고 있었다.

명태민이 공격을 시작했다. 그러자 분위기가 갑자기 바뀌었다. 그 뜨겁던 열기는 사라지고 실내 전체가 마치 물에 잠기는 듯 출렁거리기 시작했다. 사람들은 멀미를 하는 것처럼 구역질을 하기도 하고 데굴데굴 구르기도 하였다. 시간이 경과하면서 사람들은 마치 물에 빠지기라도 한 것같이 숨을 쉴 수가 없었다. 허우적거리며 숨을 쉬기 위해 안간힘을 썼지만 별 도움이 되지 못했다. 멀쩡한 육지에서 익사를 할 판이었다.

이번에는 일범도 몸을 가누지 못하고 흔들렸으나 그것뿐이었다. 잠시 흐트러졌던 자세를 바로 잡은 일범은 바로 반격을 개시했다. 일범의 반격은 상대방의 공격을 무력화하는 호신술의 일종이었다. 명태민은 일범의 반격에 그리 오래 버티지 못했다. 명태민은 서서히 무너져 갔고, 주위는 다시 평온을 찾았다. 수련인들도 언제 고통을 받았나 싶게 활기를 되찾았다.

그러나 아직은 끝이 아니었다. 가장 무서운 상대인 문수웅이 남아 있기 때문이었다. 문수웅은 그 동안 타락인 중에서는 말할 것도 없고 마음수련인을 통틀어서도 최고의 실력자라는 평판을 받고 있었다. 특히 문수웅은 바람을 잘 다루었는데, 이것은 수련인 중에서도 문수웅만이 유일하게 할 수 있는 능력이었다. 그만큼 바람을 다루는 것은 어렵기도 하려니와 또한 그만큼 강력하기도 했다.

바람의 본질은 공기다. 공기는 이 세상 어떤 물질보다도 부드럽고 가볍다. 그러나 부드럽고 가벼운 만큼 그 이면에는 강하고 무서운 힘이 숨어 있다. 문수웅은 그 힘을 사용할 줄 알았던 것이다.

문수웅은 심호흡을 한번 하더니 기를 모으기 시작했다. 사람들은 숨을 멈추고 문수웅만 주시하고 있었다. 이윽고 실내가 먹구름이 낀 듯 어두워지더니 일진광풍이 몰아쳤다. 처음에는 옷자락만 심하게 나부끼더니 급기야 바람이 살 속을 파고 들듯이 매섭게 몰아쳤다. 밖에서 몰아치는 바람은 그래도 견딜 만 했지만, 오장육부를 도려내는 듯이 마음을 후벼 파는 바람은 거의 사경을 헤매게 하였다. 사방에서 피를 토하며 쓰러지는 사람들이 속출하였다.

일범도 단단히 준비는 하고 있었으나 문수웅은 역시 만만한 상대가 아니었다. 일범은 이제까지는 전혀 느껴 본 적이 없는 강한 충격과 통증으로 정신을 잃어버릴 뻔 했다. 가까스로 고통을 참으며 일범은 무심법으로 맞섰다. 무심법은 마음을 완전히 비워버림으로써 상대방의 공격을 무력화하는 것으로 일범이 새롭게 터득한 호신술의 하나였다. 무심법을 쓰면서 비로소 일범은 고통에서 벗어날 수 있었다. 그와 동시에 공격 대상을 잃고 어찌할 바를 모르던 문수웅은 탈진하여 급기야 쓰러지고 말았다.

승부는 가려졌고 동시에 경합도 끝났다. 이제 남은 것은 예정된 수순뿐이었다. 성학철은 일범이 진인으로 결정되었음을 공식적으로 선언하였고, 이로써 이날의 모임은 막을 내렸다. 타락인들은 시작할 때의 기세는 모두 어디로 갔는지 슬금슬금 꽁무니를 빼기 시작했다. 마음수련인들은 일범을 둘러싸고 축하를 하면서 모처럼만에 활짝 웃었다.

7. 신의 집

평화를 찾은 마음수련인들은 이제 각자 원래 있던 자리로 돌아갈 때가 되었다. 그러나 일범은 뭔가 아쉬웠다. 어렵게 모인 자리인 만큼 향후 계획을 상의하고 싶었던 것이다. 모두 일범의 의견에 찬성하여 회의 자리가 마련되었다. 일범이 입을 열었다.

"먼저 이렇게 한 마음으로 뜻을 같이 해 주신데 대해 다시 한번 감사 드립니다. 그러나 오늘 같은 일이 다시는 되풀이되지 않아야 한다고 생각합니다. 그래서 생각해 보았습니다. 수련도장 같은 것을 만들면 어떨까 합니다만……"

일범이 말을 꺼내기가 무섭게 여기저기서 기다렸다는 듯이 맞장구를 쳤다. 진작에 있었어야지 하는가 하면, 얘기가 나온 김에 오늘 당장 설립합시다 하는 성질 급한 사람도 있었다. 아무튼 의견은 쉽게 모아졌다. 장소는 한적한 산골로 잡았으며, 이름은 마음수련원으로 하기로 했다. 원장을 정하는 데는 다소 의견이 엇갈렸다. 많은 사람들은 일범이 원장도 겸해 주기를 원했다. 그러나 일범의 생각은 달랐다.

"원장은 아무래도 원로 분들 중에서 맡는 것이 좋겠다고 생각합니다. 그리고 저는 따로 할 일이 있습니다."

따로 할 일이 있다는 일범의 말에 수련인들은 더 이상 권하지 못하고 물러섰다. 그러나 조건이 있었다. 응원이 부원장을 맡으라는 것이었다. 일범과 응원은 이미 수련인들에게는 공인된 사이가 되어 있었으며, 당사자인 일범과 응원도 굳이 부인하지 않았다. 결국 응원이 일범의 일을 나누어 같이 해달라는 의미였다. 차마 그 제안마저 거절할 수가 없어 결국 응원이 부원장을 맡기로 했다. 그러다 보니 부원장을 먼저 정한 가운데 원장을 뽑는 재미있는 상황이 연출 되었다. 논의 끝에 원장은 성학철이 맡게 되었다.

수련원의 가장 큰 목적은 타락수련인이 나오지 않도록 하는 것인 만큼, 외부에 드러내거나 소문을 내는 일 따위는 할 이유가 없었다. 그럼에도 불구하고 용케도 알고 찾아오는 사람들이 제법 있었다. 찾아오는 사람들까지 내칠 이유는 없기 때문에 모두 수용하기로 했다.

다만 숙식은 스스로 해결해야 한다는 것이 조건이었다. 빈집과 농사 지을 터는 있었다. 낮에 부지런히 일하면 저녁에는 나름대로 수련을 쌓을 수 있었다. 특별히 지도해 주는 것은 없었다. 각자 알아서 수련을 해야 하니 재미도 없고 답답하기도 하여 대부분이 며칠을 버티지 못하고 돌아갔다.

그러나 개중에는 수련원의 분위기와 기에 심취하여 잘 버티는 사람도 있었다. 물론 정심단원들도 가끔씩 들러 수련도 하고 정담도 나누곤 했다. 산속이라 숲도 좋고 계곡 물도 좋아서 누구라도 편하게 쉴 수 있는 곳이었기 때문이다. 성학철과 응원은 교대로 수련원을 지키면서 꾸려 나갔다. 일범도 시간 나는 대로 틈틈이 들렀다.

기실 일범이 따로 할 일이 있다고 한 것은 자신의 마음 세계를 둘러 보는 일이었다. 그 동안 타락수련인 문제 때문에 마음 세계에 들어 가도 제대로 살펴 볼 여유가 없었다. 그러다 보니 내 마음에 의해 만들어진 세계이고 내 마음 자체이기도 한데, 정작 일범 자신도 정확히 알지 못했고 그래서 매우 궁금했던 것이다. 시간이 얼마나 걸릴지 알 수 없어 일범은 출발 전 응원에게도 이해를 구했다.

오랜 만에 마음의 문을 열고 들어 간 일범은 그 동안의 큰 변화에 깜짝 놀랐다. 우선 전체적으로 흐트러지고 거칠어진 느낌이 들었다. 마치 지진이나 홍수와 같은 천재지변을 겪고 난 것 같은 모습이었다. 예전의 가지런히 정돈되고 아늑했던 분위기는 아니었다. 응원과 머물렀던 집도 폐가가 되어 잡초에 묻혀 있었다. 사실 그리 오랜 기간도 아닌데 이렇게 갑자기 변할 수가 있는지 일범은 이해하기가 힘들었다. 마음의 변화가 크게 있었던 것도 아닌데.

그러다가 문득 그렇지 하는 생각이 들었다. 바로 총회에서 타락수련인들과 일전을 치르면서 심신이 크게 충격을 받았던 것이 기억난 것이다. 그 여파가 이렇게 마음 세계에 영향을 주는구나 생각을 하니 갑자기 섬뜩한 마음이 들었다. 내 마음의 변화 하나하나가 즉각적으로 마음 세계에 영향을 주는 것이구나 하는 것을 실감하였던 것이다.

또 다른 변화가 있나 하고 천천히 사방을 둘러 보니 전보다 훨씬 커져 있는 것을 쉽게 알 수 있었다. 마음을 집중하여 헤아려 보았으나 그 크기를 가늠하기조차 힘들었다. 더구나 일범이 둘러보고 있는 그 순간에도 그 크기는 계속 커지고 있었다. 세계라고 부르기에는 너무 커서 우주라고 부르는 것이 합당할 것 같았다. 그 어마어마하게 큰 규모에 일범 자신도 놀라지 않을 수 없었다. 언젠가 응원이 했던 말이 생각났다. 마음이 커지기로 하면 우주보다도 커질 수 있다고 했던가?

전체적으로 마음 세계를 훑어본 일범은 하나하나 살펴보기 위해 서서히 발걸음을 옮겼다.한참을 걸어 바닷가에 다다른 일범은 다시 한번 놀라지 않을 수 없었다. 뜻밖에도 거기에는 사람들이 있었다. 그것도 한두 명이 아니고 아예 부락을 이루고 살고 있었던 것이다. 처음에는 외부 사람들이 들어 왔나 생각을 했다. 그러나 가만히 관찰을 해 보니 외부에서 들어 온 사람들 같지는 않았다. 남녀노소가 함께 어울려 있는 모습이 여간 자연스럽지 않아 그들이 이 세계의 주인이고 오히려 일범 자신은 이방인 같았다. 하긴 외부에서 일범도 모르게 그 누가 이 곳에 들어올 수 있기나 하겠는가?

궁금한 마음에 일범은 그들에게 서서히 다가갔다. 일범이 다가가자 그들 중 몇몇도 호기심 어린 눈으로 일범을 향해 다가왔다. 그들은 대체로 탄탄한 몸매로 매우 건강해 보였으나 키는 작은 편이었다. 특이한 것은 피부가 아주 매끄럽고 윤기가 나며 투명할 정도로 맑다는 것이었다. 옷을 입기는 하였는데, 마치 옛날 원시인처럼 나무 껍질이나 풀 같은 것을 이용한 아주 간단한 차림새였다. 무슨 말을 어떻게 해야 하나 망설이고 있는데, 그들 중 한 명이 먼저 입을 열었다.

"어디서 오셨나요?"

한국어였다. 생긴 모습이나 피부색으로는 동양인인지 서양인인지 짐작이 되지 않았는데,생각지 않게 한국말이 나오니 신기하게 느껴졌다. 어디에서 왔다고 말하기도 쉽지 않아서 엉겁결에 전에 살던 집 쪽을 가리켰다.

"예, 저는 저 쪽에서 왔습니다만……"

일범이 말을 끝내기도 전에, 그 사람들은 깜짝 놀라며 이구동성으로 외쳤다.

"신의 집에서요?"

갑작스럽게 한꺼번에 외치는 소리에 일범도 덩달아 놀라며 되물었다.

"신의 집이라뇨? 오면서 보니 아무도 살지 않는 것처럼 보이는 폐가가 하나 있던데, 그걸 말씀하시는 건가요?"

일범은 짐짓 모른 체하며 되물었다.

"예, 지금은 폐가처럼 보이지만 전해오는 얘기로는 대재앙이 있기 전까지 그 집은 아름답기 그지 없는 사람의 솜씨로는 도저히 흉내조차 낼 수 없는 집이었다고 합니다. 그래서, 누가 사는지 본 사람은 아무도 없지만 조상 대대로 신의 집이라고 생각하고 있는 것입니다. 저희가 생각해도 신이 아니고는 거기에 살 사람은 아무도 없으니 신의 집이라고 생각할 수 밖에 없는 거죠."

듣고 보니 맞는 부분도 있긴 한 것 같았다. 그들을 포함해 이 세상을 만든 사람이 바로 일범이니, 일범이 그들에게는 조물주요, 신이라고 할 수도 있는 것 아니겠는가? 일범은 자신이 일개 인간이라고 밖에는 생각해 본 적이 없는데, 갑자기 정체성에 혼란이 오기 시작했다. 과연 나란 존재는 뭐란 말인가? 멍하니 이런저런 생각에 잠겨 있는데, 침묵을 깨고 그 중 나이 든 사람이 입을 열었다.

"족장님께 가시지요. 멀리서 오신 것 같은데, 궁금한 것도 많으신 것 같고 저희도 듣고 싶은 얘기가 있으니까요."

그 말에 따라, 일범은 그들과 함께 족장의 집으로 갔다. 이미 소식을 들었는지 족장은 집 앞에 나와 있다가 정중히 일범을 맞았다.

"먼 곳에서 귀한 걸음을 해 주셨습니다. 어서 오시지요."

일범도 조심스럽게 예를 갖추며 안으로 들어갔다.

8. 족장 태원

집은 시원스럽게 넓었다. 단순한 구조였으나 깔끔하고 잘 정돈된 느낌이었다. 정원에는 잘 가꿔진 화단 옆에 탁자와 의자들이 갖춰져 있었다. 손님을 접대하기 위해 마련해 놓은 자리로 보였다. 일범도 거기로 안내되었다. 일범과 부족 일행이 자리를 잡자 족장이 입을 열었다.

"이곳에 오신 것을 환영하며 어려운 걸음 해 주신 것에 대해 다시 한번 감사를 드립니다. 저는 현재 이 마을의 족장을 맡고 있는 태원이라고 합니다. 아무쪼록 여기 계시는 동안 편하고 즐거운 시간 되시기 바랍니다."

"환대에 감사 드립니다. 저는 일범이라고 합니다. 이 세상은 얼마나 넓으며 또 어떤 것들이 있는가 하는 호기심으로 무작정 출발한 여행이었는데, 오다 보니 여기까지 오게 되었습니다. 이곳에 와 보니 경치도 좋고 날씨도 좋고 여기 모이신 여러분도 좋고 참 잘 왔구나 하는 생각이 듭니다."

족장의 인사에 일범도 화답했다. 일범의 말이 끝나기 무섭게 족장은 가족들을 불렀다. 족장의 아내와 자녀들은 나란히 서서 일범에게 수줍은 듯 미소를 지어 보였다. 이어서 족장의 아내가 먼저 자신을 소개하고 이어서 자녀들을 일일이 인사를 시켰다. 그런데 인사법이 좀 특이했다. 다섯 명의 자녀들은 인사와 동시에 노래를 부르거나 춤을 추었다. 그곳에 모인 사람들도 장단을 맞추며 흥을 돋웠다. 북과 장구 비슷한 타악기를 연주하는 사람들도 있었다. 일범은 초면에 인사를 하면서 노래하고 춤추는 것이 좀 어색했지만 한편으로는 재미도 있어 그들이 권하는 대로 함께 어울려 한껏 즐겼다. 한 바탕 신나게 놀고 난 후 사람들은 하나 둘 자리를 잡고 앉았다. 족장이 말했다.

"우리 부족은 조상 대대로 여기에 터를 잡고 살아왔습니다. 현재 수백 가구가 됩니다만 어느 누구도 신의 집 너머로 나가 본 사람이 없고 또 외부에서 누가 들어 온 적도 없습니다. 그래서 다른 곳에 우리 말고 사람들이 있는지조차 모르고 있었지요. 선생께서는 여러 곳을 다니신 것 같으니 우리가 모르는 세상 얘기를 해 주셨으면 합니다."

일범은 무슨 말을 어떻게 해야 할지 난감했다. 그렇다고 말을 안 할 수도 없어 조심스럽게 입을 열었다.

"제가 다녀보니 생각했던 것보다 세상은 무척 넓고 신기한 것도 많았습니다. 더운 곳이 있는가 하면 추운 곳도 있고, 산과 강과 호수가 있는가 하면 며칠을 걸어도 풀 한 포기 보이지 않는 사막도 있지요. 제가 본 세상은 모두 나름대로 아름답고 신비로웠습니다. 대부분의 지역에 꽃들이 만발해 있고 여러 동물들이 어울려 놀며, 이곳과 마찬가지로 곳곳에 사람들이 마을을 이루며 살고 있지요."

여기저기서 질문이 쏟아져 나오기 시작했다.

"세상은 얼마나 넓은가요?"

"세상의 끝은 어디입니까?"

대강 이런 것들이었다. 육안 세상에 비해 과학 문명이 거의 발전하지 못한 원시 시대 단계가 분명했다. 일범은 그들의 질문에 성의껏 대답을 해주었다.

"우리가 살고 있는 이 세상은 그 거리나 넓이를 측정하기도 힘들 정도로 넓습니다. 그리고 이 세상은 평평하지 않고 둥급니다. 그래서 아무리 가도 끝이 없습니다. 한 없이 가다 보면 다시 원래 자리로 돌아오지요. 1년이 걸릴지 2년이 걸리지 모르겠지만요."

사람들은 모두 크게 놀라는 기색이 역력했다. 지구가 둥글다는 한 가지 사실에 대해서만도 완전히 새로운 충격 그 자체로 보였다. 대부분의 사람들이 믿기지 않는다는 듯 입만 벌리고 있는 가운데 족장 태원의 표정은 사뭇 진지했다.

"그렇다면 세상이 둥글다는 것을 확인할 수 있는 방법이 있을까요?"

일범의 짐작대로 족장은 역시 족장다웠으며 총명하고 지혜로웠다. 특별히 배운 것이 없었겠지만 과학적 사고를 하고 있었던 것이다.

"좋은 질문이십니다. 바다 멀리서 들어오는 배를 유심히 보면 항상 맨 윗부분부터 보이기 시작하여 점차 아랫부분이 나타납니다. 이것이 바로 세상이 둥글기 때문에 나타나는 현상이지요."

일범은 땅바닥에 그림을 그려가며 열심히 설명했다. 대부분의 사람들은 새로운 개념이 이해가 되지 않아 얼떨떨해 하고 있었지만 족장을 비롯한 몇몇 사람들은 일범의 설명에 몰입하기 시작했다. 일범이 계속 말을 이었다.

"월식을 보신 적이 있으시지요? 월식에 나타난 그림자가 바로 이 세상의 모습입니다. 그 그림자의 모양 역시 둥글지 않습니까? 해가 이 세상을 비친 그림자가 달에 나타난 것이지요. 해도 둥글고 달도 둥글고 이 세상 역시 둥근 것입니다."

일범의 얘기를 경청하고 있던 족장이 놀란 듯이 질문을 했다.

"지금 선생의 말씀은 우리 세상이 공중에 떠 있다는 말씀인가요? 게다가 한 자리에 있지 않고 떠다닌다는 건가요?"

이 질문에 일범은 당황하지 않을 수 없었다. 어디서부터 어떻게 설명을 해야 할지 고민이 되었기 때문이다. 전혀 기초 지식이 없는 사람들에게 자전과 공전, 태양계, 만유인력 등을 설명하기란 결코 쉬운 일이 아니었다.

그럼에도 불구하고 족장을 비롯한 몇몇의 새로운 지식에 대한 향학열은 뜨겁게 타오르고 있었다. 해가 지고 어두워지고 다들 자기 집으로 돌아갔지만, 그들 몇 사람은 밤새는 줄 모르고 일범의 말에 귀를 기울였다. 일범도 어느 새 그들과 혼연일체가 되어 있는 힘껏 설명하고 또 설명했다. 밤을 꼬박 새우고 동이 틀 무렵이 되어서야 그 모임은 마무리 되었다.

그런데 한 가지 이상한 일이 있었다. 이곳에 도착한 이래로 먹을 것은 고사하고 차 한잔이나 물 한잔 마실 것도 주지 않는 것이었다. 그뿐 아니라 거기 어느 누구도 먹거나 마시는 것을 볼 수가 없었다. 궁금했지만 눈치를 보며 집안 이곳 저곳을 둘러 보았으나, 아무리 찾아도 먹을 것은 전혀 보이지 않았으며 부엌이나 식당 그리고 화장실도 눈에 띄지 않았다. 먹을 것은 고사하고 먹는 것과 관련된 것은 그 어떤 것도 없었다. 그렇다면 이들은 먹지 않고 산다는 말인가? 그럴 수도 있을 것 같았다. 그렇지만 먹는 것 대신 어떤 방법으로든 에너지를 섭취해야 하지 않겠는가. 과연 그 에너지원은 무엇일까? 그 궁금증은 잠시 후 풀렸다.

해가 떠오르기 시작하자 족장 이하 모든 사람들은 바닷가로 모여들었다. 일범에게도 나가기를 권하여 일행에 합류하였다. 떠오르는 해는 크고도 장엄했다. 사람들은 그 해를 향하여 가슴을 활짝 펴고 크게 심호흡을 하기 시작했다. 그들은 해로부터 에너지를 직접 흡수하고 있었던 것이다. 그들의 피부가 유난히 맑고 매끄러운 이유도 태양의 에너지를 잘 흡수하기 위함이었다.

먹지 않고 사는 세상, 생각해 보니 일범이 가끔 막연히 꿈꾸었던 세상이었다. 먹지 않으니 약육강식도 없고 먹이사슬도 없고 생존경쟁도 없는 세상이 되지 않겠는가 하고 생각했던 그 세상이 현실로 이루어진 것이다. 일범은 자신의 마음에 의해 이루어진 세계임에도 그 오묘한 이치에 감격해 마지 않았다.

9. 진수와 고석

에너지를 충분히 흡수하고 난 후, 그들은 아침 운동을 시작했다. 체조를 하기도 하고 달리기를 하기도 하고 일부 극성스런 사람들은 바다에 들어가 수영을 하기도 했다. 그리고 어김 없이 일부는 춤과 노래를 시작했다. 운동을 하던 사람들도 하나 둘 합류하여 결국은 모두가 한바탕 가무를 즐긴 뒤에야 아침 모임은 끝이 났다.

춤과 노래는 그들의 일과에서 결코 빠질 수 없는 중요한 일로 여겨졌다. 먹는 일이 없으니 먹는 재미도 없고, 그러다 보니 그것을 대신할 만한 재미가 필요할 수 밖에 없었을 것이다. 그래서 찾은 대안이 바로 춤과 노래인 것 같았다. 먹고 살기 위한 일, 즉 사냥이나 농사는 물론 밥하고 설거지 할 일도 없으니 그만큼 시간의 여유는 많았고 그러다 보니 자연스럽게 그렇게 되는 것 아닌가 하는 생각이 들었다.

모임이 끝나고 흩어지는 가운데, 한 젊은 사람이 일범 앞으로 다가왔다. 지난 밤 끝까지 남아있던 일행 중 한 명이었다.

"저는 진수라고 합니다. 어제는 정말 소중하고도 귀한 말씀을 많이 들었습니다만, 꼭 여쭤보고 싶은 것이 있습니다. 이 세상은 어떻게 만들어진 것인지요? 아니면 누가 만들었는지요? 오래 전부터 생각하고 또 생각해 보았지만 답을 찾을 길이 없습니다. 부디 답을 알려 주시기 바랍니다."

자신을 진수라고 소개한 이 젊은이는 자못 진지했다. 나름 고민한 흔적도 역력했다. 일범도 알려주고 싶은 생각이 절로 들었다. 그렇지만 뭐라고 말해야 할지 알 수가 없었다.

"그것은 대답하기 어렵습니다. 다만 한 가지 말씀드릴 수 있는 것은 간절하게 알기를 원하고 알기 위해 지극 정성으로 노력하면 알게 된다는 것입니다. 무엇보다도 중요한 것은 우리의 마음입니다. 모든 것은 우리의 마음 속에 있습니다. 따라서 모든 일은 마음먹기에 달려 있다고 할 수 있습니다."

일범의 입장에서는 알고 있는 그대로 또 생각하고 있는 그대로 얘기한 셈이었다. 그러나 얘기를 듣는 입장에서는 알 듯 모를 듯 하는 눈치였다.

"이 세상도 누군가의 마음에 의해서 생겼다는 말씀이신지요? 그렇다면 그 누군가가 바로 이 세상을 만든 신이 아닐까요?"

"그렇게 생각하면 그럴 수도 있겠군요. 그것 역시 마음 속에서 좀더 정확한 답을 찾아 보아야 할 것 같습니다."

일범은 가능한 한 짧게 대화를 마치고 그 자리를 빠져 나오고 싶었다. 그러나 이미 주위에 몰려 둘의 대화를 듣던 다른 사람들이 일범을 그냥 보내려 하지 않았다.

"저는 고석이라고 합니다. 선생님 말씀을 들으니 참으로 많은 것을 생각하게 합니다. 저는 이제까지 세상이 어떻게 생겨났는지에 대해 크게 생각해 본 적이 없었는데 오늘 큰 깨달음을 얻은 것 같습니다. 무엇보다도 마음이 중요하다는 가르침이 마음에 와 닿습니다. 그런데 아까 지극 정성으로 노력하면 안 되는 일이 없을 거라고 하셨는데, 그 노력은 어떻게 해야 하는 것인지요? 노력도 방법을 알아야 하지 않겠습니까?"

여기저기서 공감하는 듯 고개를 끄덕이면서 일범의 답을 기다렸다.

"그 방법은 여러 가지가 있을 것입니다. 그것은 사람마다 다를 수도 있고 때와 장소에 따라 다를 수도 있겠지요. 각자 연구해 보시고 다른 분들하고 상의도 해 보시면 좋은 방법이 나올 거라고 생각합니다."

일범은 길게 얘기하는 것이 아무래도 마음에 걸렸다. 지금까지 얘기한 것만도 너무나 많지 않았나 생각하고 더 이상은 말을 삼가기로 마음을 먹었다. 이 세상은 오로지 이 세상 사람들에 의해 꾸려져 나가는 것이 옳지 않을까 하는 생각 때문이었다. 도움이 되고자 하는 마음에서 한 말이지만 그 결과가 어떻게 나타날지는 짐작이 가지 않았다. 어차피 큰 틀에서는 일범의 마음에 따라 변해 가겠지만, 그 변해가는 과정에 괜한 영향을 주는 것은 자연스런 그림에 불필요한 덧칠을 하는 것과 같다는 생각이 들었던 것이다.

그래서 더 이상은 대화를 피하고 이곳을 떠나야겠다고 마음 먹었다. 그러나 떠나기 전에 꼭 확인하고 싶은 것이 한 가지 있었다. 지난 번 이곳에 왔던 것이 아무리 길어도 한 달 남짓인데 그 사이에 사람들이 나타난 것까지는 그렇다 해도, 벌써 수십 세대를 걸쳐 그 조상이 누구인지조차 알 수 없을 정도로 어떻게 세월이 흘러갔느냐 하는 것이었다. 일범이 살던 집도 아직 새집이어야 하는데 불과 한달 여 사이에 완전히 고대 유적지처럼 변해버린 이유를 아무리 생각해도 알 수가 없었다. 그래서 일범은 다시 태원 족장을 찾아갔다.

"한 가지 궁금한 것이 있습니다. 조상 대대로 이곳에서 살아오셨다고 했는데, 맨 처음 이곳에 터를 잡은 조상이 누구며 그때가 언제인지 알 수 있겠습니까?"

"그것은 저도 알지 못합니다. 저의 할아버지의 할아버지보다도 훨씬 윗대의 일이다 보니 그것을 정확히 알고 있는 사람은 한 사람도 없습니다. 제가 들은 바로는 처음 우리 조상님이 이곳에 오셨을 때는 신의 집이 온전하게 있었다는 것입니다. 그 후 대재앙으로 인해 천지가 진동을 하고 많은 사람들이 죽고 다치는 난리를 겪을 때 신의 집도 무너진 것으로 알고 있습니다. 대재앙 얘기는 하도 많이 들어 어제 일 같이 생각이 됩니다만, 그것도 할아버지의 할아버지 이전 일이라고 하니 벌써 백 년은 훨씬 더 된 얘기 같습니다."

태원 족장은 자세하고도 친절하게 아는 대로 모든 얘기를 했지만 수수께끼는 전혀 풀리지 않았다. 아쉬운 마음에 일범이 한 마디 했다.

"기록이 남아 있지 않다는 것이 아쉽군요. 글자가 있다면 참 좋을 텐데요."

무심코 던진 한 마디에 태원의 눈이 빛났다.

"글자라니요? 그게 어떤 것입니까?"

"우리가 하는 말을 기호로 표시하는 것입니다. 말은 한 번 하면 허공에 사라져 버리지만 문자로 기록을 해 놓으면 영원히 보존을 할 수가 있지요."

일범은 또 괜한 말을 꺼냈나 자책하며, 이제는 정말 더 이상 이곳에 머물러서는 안되겠다고 생각했다.

태원 족장의 부락에 작별을 고한 일범은 이곳 저곳 발길 닿는 대로 마음 가는 대로 가보기로 했다. 다른 부락들도 사는 모습은 비슷비슷했다. 먹지 않고 사는 것은 모두 같았고 춤과 노래를 즐기는 것도 별반 다를 바 없었다. 전반적으로 단순하고 평화로운 것도 거의 예외가 없었다. 다만 부락 별로 조금씩 특색이 있어 문화의 차이를 느끼게 했다. 그런 저런 차이점에 재미를 느끼면서 부락들을 비교도 하고 육안 세상과도 견주어 보면서 일범은 모처럼 색다른 여행을 만끽했다.

조금은 다른 곳도 있었다. 다소 추운 지역이었는데, 그곳 사람들은 짐승의 가죽으로 옷을 해 입고 있었다. 짐승의 가죽이 필요하니 사냥을 하고 사냥을 하다 보니 사람들이 그만큼 거칠었으며 사람들이 거칠다 보니 짐승들 역시 거칠고 사람들을 피하거나 궁지에 몰리면 공격을 하기도 했다. 이곳 사람들은 외지인에 대해서도 친절하지 않고 경계를 하는 모습이 역력했다. 일범은 신변의 위험을 느껴 몰래 빠져 나오기도 했다.

그러나 그런 곳은 한두 곳에 불과했고 대부분은 너무 환대를 잘 해줘서 부담이 될 지경이었다. 일범은 태원 족장 부락을 떠나면서 마음 먹은 대로, 어디에 가서도 다른 부락의 얘기를 빼고는 일절 어떤 얘기도 하지 않았다. 다른 부락에서 보고 들은 얘기만 해도 할 얘기가 넘쳐났기 때문에 그들과의 대화에는 전혀 문제가 없었다.

시간은 쏜살같이 흘러 거의 여섯 달이 지났다. 이제 웬만큼은 이 세상을 돌아볼 만큼 돌아본 것 같았다. 그 동안 일범은 여기 사람들과 마찬가지로 그 어떤 것도 먹지도 마시지도 않았다. 먹을 것이 마땅치도 않았거니와 그들과 어울리다 보니 크게 배고픔을 느끼지도 못했다. 기왕 이렇게 된 것 견딜 때까지 견뎌보자 하는 생각도 들었다. 아무리 그렇다 하더라도 몇 개월씩 아무 것도 먹지 않고 견딜 수 있다는 것이 그저 신기할 따름이었다.

10. 경사

문득 너무 오래 있었다는 생각이 들자, 일범은 돌아가야겠다고 마음먹었다. 그러자 갑자기 배도 고파오고 수련원도 걱정이 되었다. 그러나 역시 그 무엇보다도 응원이 그리워졌다. 그래서 일범은 마음 세상을 나오기가 무섭게 바로 수련원으로 가서 응원을 찾았다.

수련원은 변함 없이 조용했으며 변화를 거의 느낄 수 없었다. 응원도 전혀 변함이 없는 모습이었다. 일범이 응원을 알고 난 후 가장 오랜 동안 떨어져 있었던 만큼 반가운 마음에 한달음에 달려갔지만 응원의 반응은 의외였다.

“일찍 오시네요. 좀더 시간이 걸릴 줄 알았는데요.”

반년 가까운 기간이나 떨어져 있었는데 일찍 온다고 하니 어안이 벙벙했다. 더구나 이상하다는 듯이 바라보는 응원의 눈빛에 일범은 당황하지 않을 수 없었다. 아니, 한 몇 년 다녀올 걸로 생각했다는 말인가 하는 생각도 들었다.

“나는 왜 이리 오래 걸렸느냐고 할 줄 알았는데 뜻밖이네요. 6개월이 그리도 짧게 느껴지던가요? 좀 서운한데요.”

일범이 다소 농을 섞어 투정을 부렸다. 그러자 응원의 눈이 갑자기 커졌다.

"6개월이라뇨? 다녀오겠다고 떠나신 게 바로 어젠데요. 뭔가 크게 착각하신 것 아닌가요?"

응원은 일범에게 뭔 일이라도 있는 것 아닌가 걱정하는 기색이 역력했다. 그러고 보니 어쩐지 6개월이라기에는 변화가 없어도 너무 없는 것 같았다. 최소한 계절이라도 바뀌어야 하는데 전혀 그렇지 않았던 것이다.

"참 이상하네요. 분명 나는 6개월을 지내고 왔는데, 와서 보니 여기는 하루 밖에 지나지 않았다니 어떻게 된 걸까요?"

둘은 대화를 멈추고 곰곰이 깊은 생각에 빠져 들었다. 이윽고 침묵을 깨고 응원이 입을 열었다.

"그 곳 시간이 빨리 가는 것 아닐까요?"

"내 생각도 같아요. 이곳의 하루가 그 곳의 6개월과 거의 같겠군요. 우리가 살던 집이 부서져 폐허처럼 되어 있었는데, 그 곳 사람들 얘기로는 몇 세대 전의 일이라고 하더군요. 그 때는 어떻게 된 것인지 이해가 되지 않았는데, 이제 알 것 같네요. 그리고, 그 동안 그 사람들처럼 아무 것도 먹지 않고 버틸 수 있었던 것도 실제로는 하루 밖에 지나지 않았기 때문이고요."

"예, 모든 것이 들어 맞네요. 그런데, 그 곳에 사람들이 있나요? 그리고 그 사람들은 먹지 않는다고요?"

처음 듣는 소리에 응원은 바짝 호기심을 느끼며 일범의 얘기를 기다렸다. 일범은 그 동안 마음 세계에서 보고 겪은 일들을 하나하나 풀어 놓기 시작했다. 일범의 얘기는 밤새는 줄 모르고 계속되었다. 응원은 얘기를 듣는 것만으로도 그저 놀랍고 신기할 따름이었다. 얘기에 얘기가 이어지고 질문과 대답이 꼬리에 꼬리를 물었다.

"참으로 대단하네요. 이제까지 마음 세계에 대한 많은 얘기를 들었지만 진인님의 얘기만큼 그렇게 크고 다양한 얘기는 처음입니다. 더구나 사람까지 살고 있다니요. 진인님은 마음에 우주를 품고 계시니, 걸어 다니는 우주시군요. 축하 드립니다. 그리고 이것은 진인님뿐 아니라 우리 마음수련인 모두의 경사스러운 일이기도 하네요."

응원의 일범에 대한 호칭은 자연스럽게 진인으로 바뀌었다. 그 단어 속에는 응원이 직접적으로 표현하지는 않았지만 지극한 존경의 뜻이 담겨있었다.

“기쁘다거나 자랑스럽다는 생각보다는 걱정과 책임감이 앞섭니다. 내 언행 하나하나뿐 아니라 작은 생각 하나까지도 마음 세계에 직접적인 영향을 줄 수 있다고 생각하니 부담스럽기 짝이 없습니다.”

“이를 말이겠습니까? 앞으로 더욱 더 신중하게 처신을 하셔야겠습니다. 항상 신변 안전에도 신경을 쓰시고요.”

일범의 말에 응원도 전적으로 동의하며 이들의 대화는 마무리 되었다.

다음 날이 되자 마음수련원은 활기에 넘쳤다. 일범의 소식을 듣고 전국 각지에서 밤낮을 가리지 않고 달려온 수련인들이 수십 명에 이르렀다. 이들은 하나 같이 일범의 일을 마치 자기 일인 양 기뻐하며 축하했다. 이제 그들에게 일범은 진인 이상의, 그 무엇과도 견줄 수 없는 절대적인 존재가 되었다.

축하 행사는 밤낮 없이 이어졌다. 축하 행사라고 해 봐야 겉으로 봐서는 특별한 것이 없었다. 그저 담소하고 사이사이에 수련도 하면서 마음으로 느끼는 평화와 행복을 즐기는 것뿐이었다. 사람들의 좋은 기가 충만하여 그런지 수련도 평소보다 훨씬 더 잘 되는 것 같았다.

드디어 며칠 동안 계속된 행사가 마무리될 시간이 되자, 수련인들 모두 한 자리에 모였다. 수련원장 성학철이 일어섰다.

“지금 우리는 마음수련인 역사상 가장 큰 경사에 참가한 영광을 누리고 있습니다. 대 경사에 걸맞게 충분한 시간의 행사도 가졌습니다. 그럼에도 불구하고 여기서 이대로 행사를 마치기에는 뭔가 아쉽습니다. 그래서 대 경사에 어울리는 기념할 만한 일을 한 가지 제안하고 싶습니다. 제가 그 동안 보니 진인님과 소응원 부원장님이 서로 마음은 있으면서도 말을 꺼내지 못하고 있는 것 같습니다. 오늘 이 자리가 두 분이 부부의 연을 약속하는 자리가 되었으면 하는데 여러분들 의견은 어떠십니까?”

성학철의 말이 끝나자 환호성이 터져 나왔다. 이구동성으로 그야말로 기가 막힌 발상이라며 우레와 같은 박수를 보냈다. 일범과 응원은 굳이 얘기할 필요도 없었다. 그저 때가 왔을 뿐이었기 때문이다. 다만 갑작스런 일이라 어색하여 어떻게 표정을 관리해야 하는지 모를 뿐이었다. 축하의 박수와 환호가 터지는 가운데, 두 사람은 연단으로 나갔다. 먼저 일범이 입을 열었다.

“선배님 동지님들께 감사 드립니다. 언제고 때가 오겠지 하고 기회를 엿보고 있었는데, 이렇게 먼저 알고 그 때를 만들어 주시니 그저 감사할 따름입니다. 제 마음은 오래 전에 정한 바 있으니 모든 절차는 여러분의 뜻에 따르겠습니다. 물론 응원님이 동의한다는 전제가 되어야겠지만요."

일범은 응원을 바라보며 수줍은 미소를 지었다. 수줍기는 응원이 더했다.

"저는 그저 진인님의 생각을 따르겠습니다."

응원은 겨우 한 마디만을 하고 얼굴이 빨개진 채 고개를 숙였다. 사람들은 약속이나 한 듯이 한 바탕 크게 웃었다. 응원은 더욱 더 몸 둘 바를 몰라 하며 급기야 일범 뒤에 숨고 말았다.

이어서 혼례 절차에 대한 회의가 시작되었다. 의견들이 오간 끝에 오늘은 간단히 공식적인 발표만 하고 혼례는 따로 날을 정해 치르기로 했다. 또한 그 날은 정심단 및 수련원의 대 축제일로 정하고 모두 모이기로 했다.

11. 혼례

시간은 쏜살같이 흘러 드디어 혼례일이 되었다. 그 동안 수련원 식구들은 혼례 준비에 여념이 없었다. 정심단 유사 이래 전례가 없는 진인의 혼례였기 때문에 처음에는 어떻게 해야 할지 가닥이 잡히지 않았다. 성학철이 준비위원장이 되어 모든 것을 진두지휘하면서 어느 정도 틀은 잡혔으나 신경 써야 할 세부적인 일들이 워낙 많았다.

우선 수백 명으로 예상되는 참석인원에 대한 숙식 문제에서부터 며칠 동안 계속될 행사의 내용 및 진행 담당자 선정 등 기획에서부터 점검에 이르기까지 할 일이 끝이 없었다. 이제까지 이렇게 많은 인원이 모이는 것 자체가 처음 있는 일이라 모두들 흥분과 긴장을 동시에 느끼지 않을 수 없었다. 외부에 의뢰를 하자는 의견도 있었으나 정심단 성격상 이를 수용할 외부업체는 없을 것이라는 결론으로 부결되었다.

모든 것은 수련인들이 그 동안 갈고 닦은 내공을 최대한 발휘하는 것에 초점을 맞췄다. 이제까지는 어느 누구도 수련은 하되 수련한 결과를 드러내거나 자랑하지 않았다. 누구에게 보이기 위한 것이 아닌 만큼 조용히 정진에만 힘썼기 때문이다. 그러나 이번만큼은 솜씨를 맘껏 뽐내거나 서로 실력을 겨루기도 하고 힘을 합쳐 혼자서는 할 수 없는 능력도 발휘해 볼 수 있는 기회를 만들어 보기로 했다.

수련인들은 저마다 기대 반 걱정 반이었다. 실력을 보일 기회가 되기도 하지만 한편으로는 경우에 따라 창피를 당하거나 자존심이 상할 수도 있다. 물론 뭐라 할 사람은 아무도 없다. 부족함을 느꼈으면 더욱 분발하면 그만이다.

드디어 기다리고 기다리던 시간이 되었다. 수백 명의 마음수련인들이 수련원의 넓은 뜰에 모두 모인 가운데 일범과 응원이 단 위에 올라 준비된 자리에 앉았다. 일범과 응원은 오늘을 위해 특별히 새로 지은 혼례복을 입었는데, 단아하면서도 우아한 자태가 보는 이들의 눈을 황홀케 하였다. 박수와 환호 소리가 한동안 계속되었다. 잠시 후 성학철이 연단으로 나갔다.

"친애하는 정심단 동지 여러분, 오늘 행사 주례를 맡은 성학철입니다. 오늘이 어떤 날인지, 얼마나 경사스러운 날인지는 제가 굳이 말씀드릴 필요가 없을 것이라고 생각합니다. 이 뜻 깊은 날을 맞아 이렇게 많은 동지들이 한 자리에 모여 여한 없이 기쁨을 나눌 수 있게 된 것을 더 없는 행복으로 생각합니다. 오늘이 제 생애 가장 뜻 깊고 기쁘고 행복한 날이 아닌가 합니다. 이런 자리가 마련될 수 있도록 해 주신 진인님께 감사 드리면서, 오늘의 이 마음이 앞으로도 영원히 계속되기를 바라는 마음으로 오늘 행사를 시작하겠습니다."

성학철이 잠시 말을 멈추자 기다렸다는 듯이 천문과 기상을 담당하는 박천태가 두 팔을 벌려 집운을 하기 시작했다. 집운은 구름을 모으는 것으로 원래 비를 오게 하기 위한 것이지만 오늘은 행사장에 햇빛을 가리기 위한 것이었다. 너무나도 화창한 날씨였기에 야외 행사하기에는 다소 햇볕이 부담스러웠지만 박천태의 솜씨로 행사장 위에는 옅은 구름이 드리워졌으며 그 사이로 몇 줄기의 찬란한 햇살이 조명처럼 쏟아졌다.

그러자 꽃을 담당하는 수십 명의 수련인들이 동시에 주변 화단의 꽃을 피우기 시작했다. 계절에 관계 없이 꽃이란 꽃은 모두 피기 시작했다. 매화, 동백꽃을 시작으로 진달래, 개나리, 목련, 철쭉, 튤립, 장미, 코스모스, 국화에 이르기까지 연중 볼 수 있는 꽃은 모두 있었다. 온갖 꽃들이 만발하자 행사장 분위기는 한층 무르익었다.

"감사합니다. 동지 여러분들의 실력이 대단합니다. 이제 신랑 신부는 식순에 따라 맞절을 하시기 바랍니다. 맞절은 신랑 신부가 서로의 배우자임을 확인하고 다짐하는 의미로 하는 것입니다. 이어서 여기 모이신 대중에게 인사를 하겠습니다. 이 역시 이제 두 분이 부부가 되었음을 고하고 잘 살겠다는 다짐을 하는 의미입니다."

일범과 응원은 차분하게 성학철의 진행에 따랐다. 일범과 응원이 고개 숙여 인사를 하자 우레와 같은 박수가 터져 나왔다. 이어서 수 많은 새들이 행사장 위를 가득 메웠다. 이 역시 수련인들의 솜씨였다. 동물을 잘 다루는 수련인 십 수명이 불러 모은 것이었다. 비둘기, 참새, 제비, 십자매, 카나리아는 물론이고 까치에 까마귀까지 새란 새는 모두 모여 조류 전문 동물원을 방불케 하였다. 새들은 끼리끼리 무리 지어 날아다니며 저마다의 자태와 노래 소리를 자랑하였다. 한 동안 다소 소란스럽기도 했지만 세상 어디에서도 볼 수 없는 아주 진귀하고도 즐겁고 재미있는 공연이었다.

“다음은 예물 교환 순서입니다. 신랑 신부는 준비한 예물을 서로에게 건네 주시기 바랍니다.”

성학철의 말에 따라 둘은 준비해 온 반지를 꺼냈다. 보기에는 그냥 흔한 반지처럼 보였으나 서로의 위치를 알 수 있고 위험에 처해 있을 때 알 수 있으며 상대방이 있는 곳으로 갈 수도 있도록 만들어진 특별한 반지였다.

예물 교환 이후에도 행사는 일주일간 계속 이어졌으며 신기한 기술과 재주가 속출하였다. 원래 정심단원들은 꼭 필요한 경우가 아니면 실력을 과시하는 것을 금기로 하고 있지만 이번 행사에서만은 모든 것이 예외였다. 마술처럼 보이지만 마술과는 근본적으로 다른 실제 상황들이 계속 벌어졌다. 흥에 흥을 더하니 저절로 신명이 나서 다들 앉아서도 어깨춤을 절로 추었다.

꿈만 같던 일주일이 순식간에 지났다. 이제 열기를 가라앉히고 일상으로 돌아갈 때가 된 것이다. 그러나 이번 행사는 두고두고 영원히 기억할 일생일대 최고의 이벤트였다. 비록 헤어진다 해도 절대 잊을 수 없는 추억으로 가슴에 남을 것임을 모두 알고 있었다. 그래서 오히려 아쉬움 없이 홀가분하게 웃으면서 작별을 했다.

그 많던 사람들이 떠나가고 수련원은 다시 조용한 원래 모습으로 돌아갔다. 한 바탕 일을 치른 후라 그런지 더욱 조용하여 쓸쓸한 느낌마저 들었다. 그렇지만 일범과 응원은 그런 주위 변화에 아랑곳 하지 않았다. 그들은 역시 뜨거운 청춘이었고 신혼부부였다. 그렇게 많은 사람들이 왁자지껄 떠들어댈 때나 그들이 모두 떠난 후 적막한 때나 일범의 눈에는 응원만이 응원의 눈에는 일범만이 있을 뿐이었다. 그들은 그렇게 시끄러운 와중에도 둘만의 시간을 즐겼다. 공식적으로 나서야 하는 자리가 아니면 아예 얼굴을 비치지도 않았다. 둘은 오로지 둘만을 위한 별도의 행사를 한 셈이다. 하루 종일 서로를 바라보고 웃고 껴안고 하기를 반복하였다. 때로는 부드럽게 때로는 격렬하게 그들은 마음이 가는 대로 더함도 덜함도 없이 그대로 표현하고 행동하였다.

그러던 어느 날, 신혼의 단꿈에서 채 깨어나기도 전에 느닷없는 불청객이 찾아왔다. 이번 행사가 뉴스에 소개된 것이었다. 아마도 누군가가 우연히 보고 신기하여 인터넷에 소개한 것이 뉴스에까지 나온 것 같았다. 짧은 뉴스였지만 그 파장은 대단했다. 정심단과 마음수련원이 인터넷 검색 1위에 오르는가 하면, 사실이다 아니다 하면서 연일 에스엔에스를 뜨겁게 달구었다. 급기야 기자들은 물론 궁금증을 참지 못하는 일반인들까지 수련원을 찾아 와 수련원은 그야말로 북새통을 이루었다.

정심단과 수련원은 당연히 비상이 걸렸다. 소문이 나고 사람들 입에 오르내리는 것을 어느 누구도 원치 않았기 때문에 가벼이 넘길 일이 아니었던 것이다. 전혀 예상치 못했던 초유의 사태에 어떻게 하는 것이 좋을지 아무도 해답을 내놓지 못하고 우왕좌왕할 뿐이었다.

결국 궁리 끝에 내놓은 안이 조용해질 때까지 잠시 수련원을 비우는 것이었다. 각자 살던 곳으로 돌아가 있다가 잠잠해지면 그때 다시 모이기로 하였다. 일범과 응원도 어디론가 떠나야 했다. 응원은 부모를 여의고 홀로 된지 오래였고, 일범도 집을 떠나 아예 소식을 끊은 지 몇 해가 지났다. 일범은 불현듯 이번 기회에 집에 가서 인사를 드려야겠다고 생각했다. 혼례도 치렀으니 당연한 일이기도 했다. 그 동안 워낙 큰 일들을 치르기는 했지만 너무 무심했구나 하는 생각도 들었다. 응원도 일범의 생각에 이의가 없었다.

오랜 만에 찾은 집은 변함이 없었다. 일범의 부모는 맨발로 뛰어나와 일범 부부를 맞았다. 일범 부모는 그저 반가워하고 기뻐할 뿐 그 어떤 것도 캐묻지 않았다. 그들도 뉴스를 통해서 일범 소식을 알았고 나름대로 짐작을 하고 있었다. 역시 부모는 부모였다. 궁금한 것이 한두 가지가 아니었지만 일범이 먼저 말하기 전에는 그 어떤 것도 묻지 않고 무조건 믿어 주었다.

또한 그들은 며느리인 응원을 무척 마음에 들어 했다. 응원 역시 일범의 부모, 즉 자신의 시부모가 퍽이나 편하고 다정하게 느껴졌다. 그 뿐 아니라, 집안 분위기 전체가 아늑하고 좋았다. 돌이켜 보면, 응원은 이제까지 이렇게 평범한 가정에서의 생활을 해 본 적이 없었던 것이다. 평범한 사람, 평범한 가정에서 누릴 수 있는 아기자기한 행복들을 처음으로 접한 것이다. 응원은 난생 처음으로 완전하게 긴장이 풀리는 편안한 기분을 느꼈다.

12. 신혼여행

신혼생활은 전혀 예상치 못한 응원의 시집살이로 시작되었다. 그러나 응원은 그것이 힘들거나 불편하지 않았다. 오히려 밥하고 빨래하고 청소하는 지극히 평범한 일들이 재미있고 신기할 따름이었다. 그렇게 평범한 것에 신기해 하는 응원이 일범의 부모에게는 역시 몹시 신기해 보였다. 일범의 부모는 행여라도 며느리가 힘들까 봐 가급적 쉬라고 권했으나 응원은 아랑곳 하지 않고 살림살이에 푹 빠져 들었다.

물론 일범과 단둘이 있게 되는 저녁 시간에는 달랐다. 둘만의 오붓한 시간을 맘껏 즐겼다. 그 뿐 아니라, 틈나는 대로 밖으로 나가 데이트도 하고 세상 구경도 하면서 그 동안 모르고 지냈던 일반 사람들의 일상을 만끽했다.

둘은 여기저기 다니면서 영화와 연극도 보고, 연주회도 가 보고, 햄버거, 피자도 먹어보고, 찻집과 생맥주집에도 가 보았다. 재래시장에서 국밥도 먹어 보고, 백화점에 가서 명품 브랜드 구경도 했다. 사람들이 무슨 재미로 살고 무엇을 위해 사는지 조금은 알 것도 같았다. 그 동안 너무 세상을 모르고 살았구나 하는 생각도 들었다. 그러면서 이번 기회에 좀더 확실히 세상을 배워야겠다는 생각도 했다.

수 많은 사람들 속에서 둘은 단지 평범한 청춘남녀였다. 어느 누구도 그들을 알아보지 못했으니까. 한번은 길가다 치한들을 만나 시비가 붙은 적도 있었다. 그런데 그들 중 우두머리로 보이는 사람이 타락수련인인 것 같았다. 그렇지 않아도 마음수련인 세계를 떠나 어떻게 살고 있나 궁금하고 걱정도 되었는데, 막상 그런 모습을 보니 혼내주고 싶은 마음보다도 안쓰러운 마음이 앞섰다. 개중에는 개과천선하여 백의종군하는 자세로 다시 수련인 세계로 돌아온 사람들도 있지만, 아직도 불한당 같은 모습으로 살고 있는 사람을 보니 일범과 응원은 가슴이 아팠다. 그 타락수련인도 나중에야 일범을 알아보고는 심히 부끄러운 얼굴로 돌아섰다. 돌아서는 그에게 일범이 한 마디 했다.

"그만 돌아오는 게 어떻겠습니까? 문은 항상 열려있으니."

그 말에 가던 발걸음을 움찔했던 그 타락수련인은 고개를 돌릴 듯 말 듯 망설이는 듯 하더니 이내 어둠 속으로 사라졌다. 그 뒷모습을 바라보며 일범은 왠지 그가 조만간 돌아올 것 같다는 생각이 들었다.

시간은 쏜살같이 흘러 몇 개월이 지났다. 어느 날 문득 일범이 응원에게 말했다.

"그러고 보니 우린 신혼여행을 아직 못 갔네요. 어디 한번 다녀

올까요?"

"그렇군요. 가는 거야 좋지만, 어디 생각해 둔 곳이라도 있나요?"

"물론 있지요. 응원씨만 좋다면 내 마음세계에 다녀 오는 것이 어떨까 하는데요."

"저야 물론 좋지요. 언제 갈까요?"

응원도 예감하고 또 기다렸던 제안이었기 때문에 망설임 없이 대답했다. 둘은 바로 갈 준비를 하기 시작했다. 그곳은 이미 100년 이상 지나 상황이 많이 바뀌었을 것이기 때문에 거기에 맞는 옷이나 소지품들을 준비할 필요가 있었다. 지난 번과 달리 이번에는 가급적 마음세계 사람들과 만나는 일이 없이 조용히 보고만 올 생각이었기 때문이다. 더 이상 그 세계에 어떤 영향을 주어서는 안되겠다는 생각에서였다.

일범은 지난 번에 갔을 때를 생각하니 감회가 새로웠다. 그 때 만났던 사람들은 이미 모두 세상을 떠났겠지. 문명은 얼마나 발전했을까? 내 영향으로 어떤 부작용은 없었을까? 이런 저런 생각이 꼬리에 꼬리를 물었다.

드디어 모든 준비를 마치고, 둘은 일범의 마음세계로 들어 갔다. 준비하는 것에 비해 정작 마음세계에 들어가는 것은 간단했다. 그냥 마음의 문만 열면 되는 것이니까. 그러나 들어가는 일범의 마음은 다른 어느 때보다도 긴장이 되었다. 내가 만든 내 마음세계가 분명하지만, 이제는 내 것만이 아니라는 생각이 뇌리를 흔들었다.

맨 먼저 도착한 곳은 역시 일범과 응원이 함께 지냈던 소위 신의 집 근처였다. 신의 집은 몰라보게 변해 있었다. 그 사이 복원 사업을 했는지 말끔하게 새 단장을 했다. 그 뿐 아니라, 원래 있던 건물 외에 별도의 더 큰 건물이 들어 섰는데, 사당 같기도 하고 제단 같기도 한 것이 의식을 치르기 위한 것으로 보였다. 그 밖에 주변 경관에도 많은 공을 들인 흔적이 역력했다. 피라미드나 만리장성 역사를 다시 보는 듯 해서 얼마나 많은 사람들이 고생을 했을까 하는 생각에 일범의 마음은 짠했다.

더더욱 놀라운 것은 사당처럼 보이는 건물 내에 있었다. 정면으로 보이는 벽면에 커다란 초상화가 걸려 있는데, 그 모습은 바로 일범이었다. 일범과 응원이 사태를 짐작하는 순간 긴장은 최고조에 달했다. 사람들 눈에 띄어서는 절대로 안 되는 결정적인 이유가 하나 더 생겼기 때문이다. 둘은 서둘러 가져간 도구로 변장을 하기 시작했다.

변장을 겨우 마치자 마자, 인기척이 났다.

"거기 누구십니까? 지금은 들어오시면 안 됩니다. 날이 밝으면 오세요."

어느 새 그들 앞으로 다가온 사람은 관리인으로 보이는 노인이었다. 그러고 보니 한 밤중이었다. 어두운 밤이라 사람들이 없는 것은 다행이었으나 날이 샐 때까지 있을 곳이 없다는 것이 문제였다. 일범이 노인에게 조심스럽게 말을 건넸다.

"길을 잘못 들어 이곳까지 오게 되었습니다. 근처에 어디 묵을 곳이 없겠는지요?"

노인은 일범과 응원의 행색을 번갈아 살펴보더니 천천히 대답했다.

"먼 곳에서 오셨나 본데 딱하게 됐습니다. 여기서 조금 내려 가면 여행객들을 위한 여인숙들이 있기는 합니다만, 시간이 늦어 문을 연 곳이 있을지 모르겠군요. 참, 거기서 조금만 더 좁은 길을 따라 들어 가면 정심원이라고 써 있는 집이 나올 겁니다. 거기는 항상 문이 열려 있고 도인이 한 분 계시는데 누가 가도 항상 환영을 해 줍니다. 조금 멀긴 하지만 그곳이 제일 나을 듯 합니다."

일범은 정심원이라는 말에 일순 깜짝 놀랐다. 정심원이라는 이름이 정심단과 겹치면서 뭔가 관련이 있을 것 같다는 예감이 들었기 때문이다. 또한 예상은 하고 왔지만 막상 글씨가 사용되고 있다는 말을 들으니 어서 그것이 보고 싶어 마음이 조급해졌다. 그래서, 노인의 느리지만 친절하고 자세한 안내에 정중히 인사를 하고 황급히 자리를 떴다.

노인의 말대로 얼마 지나지 않아 여인숙들이 모여 있는 마을을 나타났다. 예전에 왔을 때에 비하면 작은 마을은 아니었으나, 문을 연 곳은 한 곳도 없이 어둡고 적막하기 그지 없었다. 다만 이와는 대조적으로 하늘에는 별들이 찬란하게 빛나고 있었다. 마을을 끼고 오솔길로 접어드니 먼 발치에 불빛이 보였다. 그 불빛을 따라 걷다 보니 바로 그 집 앞에 다다랐고, 대문에 선명히 써 있는 정심원이란 글자도 볼 수 있었다.

일범은 그 글자를 보자 감격해 마지 않았다. 문자에 대한 말 한마디가 이렇게 결과로 나타나다니 정말 신기하기 그지 없었다. 응원도 덩달아 감탄해 마지 않았다. 이윽고 잠깐 동안의 흥분을 가라앉히고 둘은 안으로 들어갔다. 시간이 시간인지라 여기도 역시 조용하기는 마찬가지였다. 그러나 그들이 들어가기가 무섭게 바로 반응이 있었다.

“누가 오셨나요? 어서 오십시오.”

일범과 비슷한 연배로 보이는 청년이 빠른 걸음으로 나와 손님을 맞았다.

“하룻밤 신세를 질까 하고 왔습니다. 고명하신 도인이 계신다기에 인사도 드릴 겸 해서요.”

일범이 어색하게 인사를 건넸다. 그러자 청년은 빙그레 웃으며 답했다.

“이곳 정심원에 오신 것을 환영합니다. 그리고 고명한 것은 잘 모르겠습니다만, 사람들이 저를 청학도인이라고 부르니 도인은 도인인 것 같습니다. 하하하.”

초면의 어색함을 없애려는 듯 스스로를 청학도인이라 소개한 청년은 호탕하게 웃었다. 그 웃음에 전염이라도 된 듯이 일범과 응원도 따라 웃으며 안내를 받아 안으로 들어 갔다.

13. 청학도인

집은 아담하고 아늑했다. 그들은 그 중 제일 커 보이는 방으로 들어갔다. 서재 겸 거실로 쓰이는 방으로 보였다. 방 가운데 탁자를 중심으로 의자들이 놓여 있고 한 쪽 벽에는 책꽂이에 책들이 가지런히 꽂혀 있었다. 청학은 일범과 응원에게 앉기를 권했다.

"늦은 시간이라 피곤하실지 모르겠습니다만, 혹시 하실 말씀이 있으면 말씀하시지요."

"예, 저희는 피곤하지 않습니다. 도인께서만 괜찮으시다면 궁금한 것을 여쭤보고 싶습니다만……"

"아, 저는 괜찮습니다. 두 분이 멀리서 오신 것 같아 걱정이 될 뿐입니다. 하하하."

청학은 또다시 너털웃음을 웃었다. 일범과 응원 역시 이번에도 따라 웃었다. 그 웃음은 전염성도 있지만 어쩐지 마음을 편하게 해 주는 느낌도 있어 자꾸 웃게 만드는 묘한 힘이 있는 것 같았다. 아무튼 일범이 따라 웃으면서 말을 받았다.

"그런데 여기 보니 글자를 사용하시네요. 책도 있고. 언제부터 글자를 사용하셨는지요?"

"아, 글자요? 글자가 사용된 것은 벌써 50년이 넘었지요. 글자의 발명은 우리의 역사와 생활을 완전히 바꿔 놓았지요. 글자를 만드신 태원대왕은 참으로 위대한 분이라고 생각합니다. 대왕의 빛나는 업적이 한두 가지가 아니지만, 그 중에서도 글자의 발명은 다른 어느 것보다도 훌륭한 업적이라는 데는 이론이 없을 겁니다. 하하하."

"태원대왕이라고요? 왕이 직접 글자를 만드셨다는 말씀인가요? 참으로 대단한 분이시군요. 태원대왕께서는 지금도 살아 계신가요?"

일범이 가장 궁금하였던 것이 태원족장의 소식이었는지라, 태원대왕이라는 말에 귀가 번쩍 뜨였다.

"태원대왕은 이미 오래 전 돌아가셨지요. 제가 태어나기도 전입니다. 그러나 왕이 되신 후 나라의 체계를 잡고 글자도 만들고 과학을 발전시켜 많은 발명품도 만드는 등 대단한 업적을 남기셨지요. 그래서 모든 사람들의 존경을 받고 있고요. 지금은 그분의 수제자인 정원대왕이 왕위를 물려 받았지요."

"왕위는 왕자에게 물려주는 것이 아닌가요?"

"태원대왕은 왕위는 세습되어서는 안되다는 생각이 확고하셨지요. 심지어 왕자라는 말도 사용하지 못하게 하였으니까요. 또한 왕은 군림하는 것이 아니라 백성을 받드는 자리라는 것도 확실히 못박았습니다. 따라서 이 나라에서는 그 누구도 백성 위에 있는 사람은 없습니다. 직분이 다를 뿐이지요."

"참으로 더할 나위 없이 훌륭한 분이로군요. 또 다른 소개할 분은 없으신가요?"

"훌륭한 분이야 수 없이 많지만 두 분만 더 말씀을 드리지요. 두 분은 위대한 사상가요, 철학가로 쌍벽을 이루고 있으며 2대 성인으로 추앙을 받고 있습니다. 한 분은 진수라는 분으로 삼라만상은 절대자, 즉 신에 의해 창조되었고 우리 인간도 그 일부에 불과하니 항상 겸손한 마음을 가지고 신을 섬기며 신의 뜻에 살아야 한다고 주장하였습니다. 진수는 절대자인 신을 직접 만났으며 계시를 받았다고도 합니다. 신의 집을 복원한 분도 바로 이분입니다. 신의 집에는 진수가 보았다는 신의 초상화도 걸려 있습니다. 그러고 보니 손님 얼굴이 그 초상화를 많이 닮은 것 같습니다. 하하하."

청학은 농담처럼 말을 했지만, 일범은 속으로 뜨끔하여 말머리를 돌렸다.

"다른 한 분은 어떤 분인가요?"

"예, 고석이라는 분으로 그 분은 모든 것은 우리 마음에 따라 이루어진다고 주장했습니다. 따라서 우리 생에서 가장 중요한 일은 마음을 닦는 것이며, 마음을 잘 닦으면 못할 일이 없다고 했습니다. 이 세상을 완전히 바꿀 수도 있고, 아예 새로운 세상을 만들 수도 있다고요. 아무튼 이 두 분은 우리에게 많은 가르침과 아울러 숙제를 남기셨지요."

"듣고 보니 정말 대단한 분들이군요. 그런데 도인께서는 이 두 분에 대해 어떤 입장이신지 여쭤봐도 되겠는지요?"

그 동안 조용히 두 사람의 대화를 듣고만 있던 응원이 말문을 열었다. 응원은 처음부터 왠지 청학이 낯설지 않게 느껴져 어디서 본 적이 있었나 계속 곰곰이 생각하고 있다가 처음으로 입을 연 것이다. 청학은 응원의 질문을 기다렸다는 듯 바로 대답했다.

"저는 두 분을 똑 같이 존경합니다. 직접 만나 뵙지는 못했지만 두 분 다 제 마음의 스승으로 모시고 있지요. 제가 하는 일은 두 분의 사상을 좀더 정확히 그리고 좀더 자세히 기록하는 것입니다. 그런데, 알면 알수록 두 분의 생각에 큰 차이가 없는 것 같습니다. 표현 방식이나 시각의 차이는 있으나 내용면에서는 결국 하나가 아닌가 하는 생각이 자꾸 듭니다. 하하하."

"그럼 지금 하시는 일이 그리고 현재의 삶이 만족스러우신가요?

행복하신가요?”

응원의 다소 도발적인 다음 질문에 청학도 순간 심각한 표정이 되었다.

“분명 만족스럽고 행복하기도 합니다. 그런데 얼마 전부터 뭔가 허전하고 부족한 느낌을 지울 길이 없습니다. 요즘은 그것 때문에 밤낮 없이 노심초사하고 있지요. 그러면 그럴수록 떠오르는 것은 오로지 소유평이라는 이름뿐입니다.”

소유평이라는 이름을 듣는 순간, 일범과 응원은 소스라치듯 놀랐다. 특히 응원은 처음부터 청학이 어쩐지 낯이 익는다 생각했는데, 그 말을 듣고 보니 아버지의 젊은 모습이 틀림 없었다. 응원은 황급히 일어났다. 일범도 따라 일어났다. 그리고 둘은 청학에게 아니 소유평 진인에게 큰 절을 올렸다. 청학은 두 사람의 갑작스런 행동에 당황했다.

“왜들 이러시는지요? 영문을 모르겠습니다.”

“보여드릴 것이 있습니다. 보시면 아시게 될 겁니다.”

둘은 서둘러 우물로 가서 분장을 지우고 바로 다시 돌아왔다. 응원이 말했다.

"아버지, 저 응원이예요. 저를 알아 보시겠어요?"

응원이라는 말에 눈을 감고 잠깐 깊은 생각에 잠기는 듯 하던 청학은 함박웃음을 웃으며 응원의 두 손을 꼭 잡았다. 감격의 부녀 상봉이었다.

"잘 자라 주었구나. 고맙다. 그래 이제 모든 의문이 풀리는군. 그곳에선 먹고 마시는 것이 큰 일이었지. 여기서는 그럴 일이 없으니 편하긴 한데, 그 때 버릇이 남아 있어서 그런지 그것 때문에 허전한 것 같구나."

그러면서 천천히 눈을 돌려 일범을 바라보던 청학은 일범이 바로 신의 초상화 주인공임을 알고 너무 놀라 한 동안 입을 다물지 못했다. 이번에는 청학이 벌떡 일어나 일범에게 큰 절을 올렸다.

"과거에는 제가 아버지요, 선배였겠지만, 이제는 두 분이 스승이자 신이십니다."

더 이상의 말이 필요 없었다. 셋은 그저 서로를 바라보며 깊은 감회에 젖어갔다.

14. 화해

깊은 산 속에 작은 암자가 있었다. 그곳은 너무 외진 산골이어서 찾아 오는 사람도 거의 없었다. 말이 암자이지 너무 작고 초라해서 불상이 하나 모셔져 있다는 것 빼고는 그저 그런 오막살이집에 불과했다. 거기에는 주지라고 할 수 있는 노승과 그 노승이 키우는 두 명의 동자승이 있었다. 시주를 하러 오는 사람도 없으니 낮에는 자급자족을 위하여 밭 갈고 저녁에는 수도를 하는 하루하루가 항상 똑 같은 지루한 일상이 반복되었다.

주위는 너무나 적막하여 아무리 조용한 것을 좋아하는 사람일지라도 며칠을 견디지 못할 것 같은 삭막한 분위기였다. 게다가 노승은 워낙 과묵하여 동자승들이 말썽을 피워 혼낼 일이 있기 전에는 하루 종일 거의 한 마디도 하지 않았다. 동자승들도 덩달아 말이 없어 평소에는 사람이 살고 있다고 느껴지지 않을 정도였다.

동자승들은 학교 근처에도 가 본 적이 없이, 걸음마를 떼기 시작할 무렵부터 오로지 노승의 보살핌과 지도 속에서 자라났다. 큰 동자승이 한 살 위였는데 나이에 비해 체격이 큰 편이었다. 반면에 작은 동자승은 체구도 작고 야윈 편이어서 네댓 살은 차이가 나 보였다.

그런데 이 둘은 사이가 좋지 않았다. 어울릴 사람이 둘 뿐이라 서로 의지하고 친하게 지낼 수 밖에 없을 것 같은데, 실상은 전혀 그렇지가 않았다. 사이가 좋지 않은 정도가 아니라 서로 잡아먹지 못해 안달을 하는 형국이었다. 노승 앞에서는 전혀 내색을 하지 않았지만 노승의 눈만 벗어나면 가만히 있질 않았다. 그러나 힘의 차이가 나다 보니 정면으로 붙으면 항상 작은 동자승이 당하기만 했다. 처음에는 당할 때마다 울고 불고 난리가 났지만 시간이 지나고 회를 거듭할수록 웬만해선 눈도 꿈쩍하지 않았다. 그 대신 호시탐탐 기회를 엿보다가 뒤에서 갑자기 공격을 하거나 멀리서 새총을 쏘거나 하는 등 절대로 당하기만 하지는 않았다.

그 둘은 노승이 전혀 모를 거라고 생각하고 있었으나, 노승은 보지 않아도 모든 것을 알고 있었다. 사실 그들을 데려 올 때부터 이미 이런 사태를 예견하고 있었을 뿐 아니라, 바로 이 문제가 동자승들을 데려 온 이유이기도 했다. 노승은 스스로를 드러내지 않았으나 오랜 수도를 통해 높은 경지에 올라 있는 고승이었다. 노승은 벽을 보고 앉아서도 세상 일을 훤히 알고 있었을 뿐 아니라 전생까지도 꿰뚫어 보는 혜안을 가지고 있었다.

그러나 노승은 세상사에 나서지 않았다. 그 대신 후계자를 키우기로 마음 먹고 그 재목을 찾던 중 두 아이, 즉 지금의 동자승들을 데려오게 된 것이다. 물론 그 부모들을 설득하는 과정이 쉽지는 않았다. 큰 동자승은 그래도 나았다. 부모가 이해를 하는 편이어서 울면서도 아이를 내 주었다.

노승은 원래 이 아이 하나만 잘 키울 생각이었다. 그런데, 어느 날 등골이 오싹할 정도의 살기가 느껴져 무슨 일인가 헤아려 보다가, 멀지 않은 곳에 작은 동자승이 태어난 것을 알게 되었다.

이 둘은 여러 생에 걸친 철천지원수였던 것이다. 그 원한관계를 풀지 않고는 후계자를 키워봐야 그 결과가 뻔했다. 둘은 언젠가는 기필코 만나게 될 것이고 그렇게 되면 그들은 결국 서로를 파멸시키고 말 것이었다. 그러니 큰 동자승을 맡은 이상, 작은 동자승을 데려오지 않을 수 없었다. 노승 자신이 아니고서는 이 일을 해결할 사람이 없다는 것을 노승은 잘 알고 있었던 것이다.

그러나 이런 얘기를 어느 부모가 이해하고 믿을 것인가? 노승은 무려 백 일을 하루도 빼지 않고 찾아 가 정성을 다해 설득하고 또 설득했다. 결국 날 죽이고 데려 가라는 어머니의 절규를 뒤로 하고 빼앗듯이 아이를 데려왔다. 그렇게 해서 두 동자승은 영문도 모른 채 적과의 동침을 하고 있었다.

동자승들은 자라면 자랄수록 사이가 계속 벌어졌고, 싸움도 날이 갈수록 격해졌다. 평소에는 열심히 일하고 수도에 정진하여 나무랄 데가 없었다. 그러나 수도를 하면 할수록 서로에 대한 증오심도 그만큼 커졌다. 그들 자신도 그 이유를 알지 못했고 그래서 답답해했다. 그러면서도 둘은 노승이 자리만 비우면 내가 왜 이러지 하면서도 기다렸다는 듯이 맹렬히 맞붙었다. 그리고는 노승이 돌아오면 언제 그랬냐는 듯이 시침을 뗐다. 그들은 노승이 모를 것이라고 생각했지만, 노승이 모를 리가 없었다. 다만 모른 척 했을 뿐……

세월은 흘러흘러 어느 덧 동자승들은 어엿한 청년이 되었다. 육체적으로도 정신적으로도 노승의 마음에 흡족했다. 단 한 가지 해결 못한 것은 둘 사이의 증오 뿐이었다. 노승도 그 동안 백방으로 노력했으나 번번이 수포로 돌아갔다. 그리고 이제 마지막 기회만이 남아 있었다.

어느 날 노승은 아무런 말 없이 외출을 했다가 예상 외로 일찍 돌아왔다. 두 제자가 솟구치는 분기를 누르지 못하고 벼르다가, 이제는 더 이상 미루지 않고 끝장을 보리라 마음 먹고 마당 한 복판에 마주 서서 일전을 벌이려는 순간이었다.

"잠깐. 기왕에 싸우려거든 이걸로 싸워라."

노승은 어디서 구해 왔는지 그들 앞에 두 자루의 칼을 던졌다. 옛날 전쟁에서 쓰는 것 같은 장검이었다. 둘은 깜짝 놀랐다. 우선 노승이 그들의 싸움을 알고 있었다는 것에 놀랐고, 싸움을 말리지 않고 오히려 독려하는데 더욱 놀랐다. 그러나, 이상한 것은 거리낌 없이 노승의 말에 따르게 되는 것이었다. 둘은 한치의 망설임도 없이 칼을 집어 들었다. 어차피 노승도 알게 된 마당에 거리낄 것도 없이 이제야 말로 진검 승부를 내고야 말겠다는 의지만이 불타올랐다. 그리고 정신을 모아 상대방을 노려 보면서 있는 힘껏 칼을 내리쳤다. 이제껏 그런 칼을 구경해 본 적도 없는데 칼을 다루는 솜씨가 예사롭지 않았다. 둘이 휘두른 칼은 허공에서 섬광을 발하며 부딪혔다. 섬광과 함께 울리는 칼의 부딪히는 소리는 온 몸에 전율을 느끼게 했다.

그 소리를 듣는 순간 둘은 동시에 온 몸이 얼어붙는 것 같은 강한 충격을 느꼈다. 그리고, 그제서야 모든 것을 알 수 있게 되었다. 그들이 왜 그토록 서로를 죽도록 미워하게 되었는지, 그 원한의 시작과 끝을 간파하게 되었던 것이다. 모든 일은 너무도 오래 전에 지나갔고 돌이킬 필요도 의미도 없이 오직 감정의 골만 깊어 있었다는 것을. 둘은 처음으로 서로를 보면서 미소를 지었다. 그리고 서서히 다가가 서로를 굳게 끌어 안았다. 그리고 한 없이 눈물을 흘렸다. 그 동안 쌓였던 응어리를 모두 녹여내듯이. 둘은 이제 의형제가 되었다. 친형제 이상의 의형제였다. 그리고 노승에게 큰 절을 올렸다. 이제까지의 노고에 대해 더 이상 달리 표현할 방법이 없었다.

이제 노승은 정말 노승이 되어 있었다. 겉으로는 아직도 정정해 보였지만 어느 새 나이는 백 세가 넘었다. 그리고 할 일을 다했다는 생각과 함께 전신에서 모든 힘이 빠져 나가는 것 같았다. 때가 온 것을 직감한 노승은 두 제자에게 단 한 마디만을 했다.

"갈 길을 가거라."

더 이상의 말이 필요 없었다. 그리고 할 수도 없었다. 그 말과 함께 노승은 숨을 거두었던 것이다.

둘은 노 스승의 장례를 치르고 각자의 길을 찾아 헤어졌다. 노승의 뜻이 곧 그들의 뜻이기도 했다. 형은 환속을 했고, 동생은 암자에 그대로 남았다. 그들은 이제 다시 만나지 못한다는 것을 알고 있었지만 섭섭하거나 서운해 하지 않았다. 만나지 않아도 항상 마음으로 통할 테니까.

그리고 끝으로 그들은 그들의 이름을 새로 정했다. 형의 이름은 소유평이었다.

15. 인연

순영은 오늘도 여느 날과 마찬가지로 희망 노래방을 찾았다. 이 노래방은 그녀의 일터이자 꿈이었다. 가수가 꿈인 순영은 공부보다는 노래가 좋아 중학교 시절부터 노래방을 찾아 다녔다. 고등학교를 졸업한 지금도 진학이나 취업에는 관심이 없고 오로지 노래만 부르며 가수의 꿈을 키우고 있었다.

순영이 사는 곳은 아주 작은 도시였다. 순영은 이곳에서 태어나고 자랐다. 특별할 것이 없는 이 소도시에서 순영의 부모는 농사를 지으며 살아왔다. 그야말로 조용하고 평범한 곳에서 조용하고 평범하게 살고 있었다. 그들에게 유일한 낙은 외동딸인 순영이었다. 순영은 어릴 때부터 남들 앞에서 춤추고 노래하는 것을 좋아했다. 학교 행사를 포함해 기회 있을 때마다 무대에 서는 것도 마다하지 않았다. 아니 오히려 즐겼다. 그러면서 은연 중에 가수의 꿈을 키우고 있었다.

그러나 꿈을 이루기에 현실은 너무 멀리 있었다. 순영의 집은 먹고 사는 데 어려움은 없었으나 그 이상은 아니었다. 순영의 부모는 순영이 원한다면 대학 공부까지는 시켜 줄 생각을 하고는 있었지만 연예인 같은 얼마가 들어갈지 모르는 투자는 엄두조차 낼 수도 없었다. 순영이 원하는 것이라면 무엇이든 해 주고 싶은 마음이었지만 가수는 얘기가 달랐던 것이다. 재력도 없지만 있다

한들 어떻게 해야 하는지도 모르니 어쩔 수가 없는 일이었다. 순영에게도 현실을 이해시켜 분수에 맞는 일을 찾고 좋은 남자 만나 잘 살도록 하는 것이 최선이라는 생각뿐 이었다.

순영도 현실을 모르는 바가 아니고 부모의 마음도 이해하지 못하는 바가 아니어서 겉으로는 순응을 하는 듯 했으나, 실제로 노래 말고는 할 줄 아는 것도 하고 싶은 것도 딱히 없는 것이 문제였다. 그래서 뭐라도 해야지 해서 하고 있는 것이 친구 부모가 하는 노래방에서의 아르바이트였다. 노래방에서 순영이 할 수 있는 일은 극히 제한적이었고 따라서 급여도 보잘 것이 없었다. 다만 한 가지 좋은 것은 한가한 시간에 노래를 실컷 부를 수 있다는 것이었다. 순영의 부모는 순영이 대학에 가지 않을 바에야 기술이라도 배우기를 바랐으나 억지로 시키지는 않았다. 차라리 정 안되면 일찍 시집을 보내야지 하는 생각이었다.

순영은 가수가 되겠다는 다소 무리한 꿈을 제외하고는 크게 나무랄 데가 없는 딸이었다. 천성이 착해서 누구든 도와주는 것을 좋아했다. 집안 일은 물론이려니와 학교에서도 궂은 일은 도맡다시피 했다. 성격도 쾌활하여 누구나 순영을 좋아했다. 다만 공부에는 크게 흥미를 갖지 않아 대학 진학은 염두에 두지도 않았다.

해가 서쪽으로 기울기 시작하는 초여름 어느 날, 순영이 일하는 노래방에 한 청년이 불쑥 들어왔다. 안을 둘러 보던 청년은 순영과 눈이 마주치자 가볍게 눈인사를 하며 말을 건넸다.

"뭐 좀 먹을 수 있나요?"

다짜고짜 먹을 것을 달라는 말에 순영은 웃으면서 가볍게 대꾸했다.

"잘못 오신 것 같군요. 여긴 식당이 아니고 노래방인데요. 식사를 하시려면 길 건너 식당으로 가시는 것이 좋을 것 같네요."

그러자 청년은 겸연쩍게 웃었다.

"아, 예. 그것을 모르는 것은 아닌데, 가지고 있는 돈이 없어서. 뭐라도 좋으니 먹을 것을 주시면 돈은 나중에 드리겠습니다만."

남루한 차림의 청년은 몹시 배가 고파 보였고 순영은 그런 청년이 측은해 보였다.

"마침 손님도 없고 저도 식사를 하려던 참이니 같이 드시죠. 여기 앉으시겠어요?"

그렇게 순영은 청년과 초면에 느닷없이 밥을 같이 먹게 되었다. 청년은 몹시 야위었으나 눈빛은 빛나고 있었으며 매우 차분했다.

식사를 하는 내내 별다른 말도 없고 서두르는 기색도 없이 자기 집인 것처럼 편안한 모습이었다. 순영은 호감이 갔고 둘은 사귀는 사이가 되었다.

그러나 청년과 순영은 거의 모든 면에서 서로 달랐다. 우선 순영은 말이 많은 편이었으나 청년은 말이 별로 없었다. 언제나 얘기는 순영이 주로 했고 청년은 주로 듣기만 했다. 청년은 열심히 듣는 듯 하였으나 입가에 가벼운 미소를 짓는 것 말고는 별다른 반응을 보이지도 않았다. 그러다가 아주 가끔씩 별 일도 아닌 얘기에 놀라거나 신기해 하는 일이 있었다. 순영은 그런 그가 오히려 신기했다.

순영의 눈에 비친 청년은 세상 물정을 전혀 모르는 숙맥이었다. 멋도 모르고 유행도 모르고 커피도 모르고 노래도 몰랐다. 어디서 무엇을 하고 살았길래 순박해도 이렇게 순박할 수가 있나 할 정도였다. 화려한 도시 생활을 꿈꾸는 순영으로서는 시골에서조차 촌스럽기 그지없어 보이는 이런 남자와 사귀게 된 자신이 이상하고 신기할 정도였다.

반면에 순영의 부모는 그 청년을 마음에 들어 했다. 청년은 요즘 젊은 사람 같지 않게 예의 바르고 부지런했다. 농사 일이며 집안 일이며 뭐든지 잘했고 열심히 했다. 어느 틈엔가 청년은 순영의 가족과 한 식구처럼 지내고 있었다. 청년은 일만 잘하는 것이 아니었다. 세상 물정을 전혀 모르는 것 같으면서도 어쩌다 한번씩 내는 의견을 들어 보면 사리에 어긋남이 없어 저절로 무릎을 치게 하곤 했다. 그래서 순영의 부모는 집안 대소사는 물론 마을 일까지도 청년의 의견을 묻곤 했다. 언제부턴가 청년은 순영 집안의 정신적인 가장이 되었으며 나아가 마을의 실질적인 이장이 되어 있었다.

순영은 처음에 순박하고 순수해 보이는 청년의 모습에 색다른 호기심과 매력을 느꼈으나 갈수록 커져가는 청년의 존재감에 점점 부담감까지 느끼기 시작했다. 순영은 청년에게 하나씩 가르치면 야만에 가까운 촌티는 멋지고 세련되게 바꿀 수 있을 거라 생각했다. 실제로 청년은 순영의 뜻대로 멋도 배우고 유행도 알게 되었다.

그러나 그럴수록 순영이 청년에게 동화되어 가는 면도 적지 않았다. 예를 들면 예전에는 생각조차 하지 않았던 인생이란 무엇인가, 우리는 어디서 왔다가 어디로 가는가, 무엇을 하고 무엇을 위해 살아야 하는가 하는 것들에 대해 관심도 갖게 되었다. 인생을 깊고 진지하게 생각하는 것 까지는 좋았는데, 점점 심각하게 생각하는 지경에까지 이르게 된 것이다. 이는 결코 순영이 원하는 바가 아니었다. 순영에게 인생은 오로지 즐겁고 행복하기만 하면 되는 것이었던 것이다.

전혀 어울릴 것 같지 않은 두 사람이 우연히 만나 시간이 지남에 따라 서로 동화가 되어 갔지만 그 결과는 순영의 생각과는 정반대가 되었다. 청년을 세련되게 바꾸어 보겠다던 순영의 계획과는 달리 순영 자신이 청년을 닮아가고 있었던 것이다. 그러면서 서서히 순영의 마음 속은 온통 청년으로 가득 차게 되었다.

결국 화려한 가수의 꿈을 접고 순영은 오로지 청년만을 바라보며 살기로 마음을 먹었다.순영의 부모는 대환영이었다. 그래서 둘은 자연스럽게 결혼을 하게 되었다. 순영의 유일한 불만은 청년이 보다 적극적으로 청혼을 하거나 애정 표현을 하지 않는다는 것이었다. 왜 여자인 순영이 먼저 결혼 얘기를 꺼내고 매달리 듯 적극적으로 나서야 하는지 못내 아쉬웠다.

그러면서도 청년의 한결 같은 마음은 의심의 여지가 없어 그것으로 위안을 삼았다. 청년의 그런 성격을 처음부터 모르지 않았으니 새삼 문제 삼을 것도 아니었다. 둘은 신혼 생활을 만끽했으며 더할 나위 없이 행복했다. 순영은 예쁜 딸도 낳았다. 그 딸은 순영 부부의 사랑의 결실이었으며 순영이 간절히 바라던 바이기도 했다. 그래서 딸 이름도 순영의 뜻에 따라 응원으로 하기로 했다.

16. 이별(1)

순영은 결혼 후 더 없이 행복했다. 결혼 전에도 행복하지 않았던 적은 한번도 없었다. 항상 행복했고 주위 사람들까지 행복하게 했다. 그리고 그 행복은 다시 순영에게 어김 없이 되돌아왔다. 그런 선순환은 순영이 자라는 동안 계속 되풀이되었던 것이다.

그러니 순영은 불행이라는 것은 아예 무엇인지를 알지 못했다. 슬픔이나 괴로움 같은 감정도 느껴 본 경험이 없을 정도였다. 유년 시절 이래로 울어 본 기억도 아예 없었다. 순영에게는 인생이 바로 행복이고, 행복이 곧 인생이었던 것이다.

그러나 그것이 끝이 아니었다. 뜻하지 않게 소유평이라는 청년을 만나 순식간에 결혼까지 하여 부부 생활을 하게 되면서 새로운 차원의 인생의 맛을 알기 시작한 것이다. 이전까지의 행복이 사탕이나 과자 같이 달콤한 것이었다면, 결혼 후의 행복은 지구 상의 모든 산해진미가 어우러진 말로 형언할 수 없는 황홀한 맛이었다. 인생의 의미를 알지 못했던 철부지의 행복과 인생의 의미를 알게 된 후의 행복은 근본적으로 비교가 되지 않았다. 순영에게 결혼 생활은 한 마디로 낙원 그 자체였던 것이다.

너무나 행복한 나머지, 순영은 때때로 자신의 삶이 분에 넘치는 것은 아닌지 스스로에게 묻곤 했다. 혼자만 너무 행복한 것 같아

괜히 누군가에게 미안하고 죄스러운 마음까지 들 때도 있었다. 그러나 그것은 남편 소유평을 마주 하는 순간 씻은 듯이 사라지곤 했다.

순영에게 소유평은 단순한 남편이 아니었다. 인생의 동반자임은 물론 멘토이자 스승이며 나아가 종교와 같은 존재였다. 순영은 유평을 만나 새롭게 인생을 배웠고 세상도 알게 되었다. 처음에 유평의 겉모습을 보고 판단했던 자신이 얼마나 부족하고 어리석었던 지를 아는 데는 그리 오래 걸리지 않았다. 그러나 유평은 알면 알수록 그만큼 더 모를 사람이기도 했다. 그래서 순영에게 유평은 항상 새롭고 경이롭고 존경스러운 존재였다.

매일매일을 새롭게 태어나는 듯한 기분으로 결혼 생활을 만끽하던 순영은 그토록 바라던 예쁜 아기까지 얻게 되니, 행복감은 절정에 다다랐다. 그야말로 세상을 다 가진 듯했다. 그러면서 남편에 대한 고마움을 다시 한번 뼈저리게 느꼈고, 여기서 더 바라는 것이 있다면 그것은 과욕일 뿐 아니라 죄악이라는 생각이 들었다.

응원은 무럭무럭 자라났다. 순영이 그랬던 것처럼 주위의 사랑을 독차지 하면서, 예쁘고 곱게 자랐다. 순영은 응원을 바라보면 자신의 어릴 적 모습이 저절로 떠올라 자신도 모르게 감회에 젖곤 했다. 자연스럽게 순영의 관심은 유평에게서 응원에게로 기울어

지기 시작했다.

그러자 유평도 순영에게만 머물러있지 않게 되었다. 마을 사람들과 어울리는 빈도가 점차 늘어나기 시작하더니, 언제부턴가 집에서 얼굴을 보기 힘들 정도가 되었다. 그러나 순영은 크게 개의치 않았다. 그만큼 유평을 믿었던 것이다. 그리고 무엇보다도 순영 스스로 누구에게 의지하지 않고도 감당할 수 있는 힘이 생겼던 것이다.

유평이 밖에서 어떤 일을 하고 다니는지 순영은 한번도 먼저 물어보지 않았다. 궁금하지 않은 것은 아니었지만, 최소한 걱정은 되지 않았다. 순영의 부모가 사위 걱정을 해도 오히려 순영이 안심을 시켜 드렸다.

그러던 어느 날, 오랜 만에 집에 들어 온 유평이 순영에게 말했다.

“일체유심조라는 말이 있지 않소?”

“있지요. 모든 것은 마음먹기에 달려있다는 뜻 아닌가요?”

“그렇소. 그 말은 마음 수련을 잘 하면 원하는 모든 것을 이룰 수 있다는 뜻 아니겠소?”

"그렇겠지요. 저는 마음 수련이라는 것은 해본 적도 없고 그것이 무엇인지조차도 알지 못하지만 충분히 그럴 수 있을 것이라고는 생각해요."

순영의 이 말을 듣고 잠시 뜸을 들이던 유평이 조심스럽게 입을 열었다.

"사실은 그 동안 뜻이 맞는 몇몇 사람들과 함께 마음 수련을 해왔소. 이제 그 결과를 당신에게도 보여주고 싶소."

"예, 알겠어요. 무척 기대가 되는데요."

순영은 그 동안 유평을 통해 워낙 많은 신기한 것을 경험한 바지만 이번에는 또 어떤 것인지 몹시 궁금했다. 유평의 말하는 것으로 미루어 볼 때, 이번에는 지금까지의 그 무엇보다도 대단한 것임에 틀림 없다고 생각했기 때문이다.

순영과 유평은 결혼 후 처음으로 모처럼 둘만의 오붓한 여행을 떠났다. 신혼여행도 가는 둥 마는 둥 하였으니 어쩌면 신혼여행이라고 해도 과언이 아니었다. 그런 만큼 순영의 기분은 매우 들떠 있었으며, 그러면서도 왠지 이 여행이 둘만의 마지막 여행이 아닐까 하는 불안한 마음도 들었다.

그들이 도착한 곳은 한적한 산 속의 오두막집이었다. 겉보기에는 초라했지만 들어가 보니 깔끔하고 아늑하게 잘 꾸며져 있었다. 그곳에는 몇 사람이 더 있었는데, 유평이 말한 마음 수련을 하는 사람들로 보였다. 그들은 한결 같이 말이 없고 진지한 표정을 하고 있었지만 유난히 반짝이는 눈빛과 간간이 보이는 미소는 유평의 이미지와 별로 다를 바 없이 닮아 있었다.

그들은 간단한 목례로 순영에게 환영의 뜻을 표하였다. 순영도 가볍게 고개 숙여 인사에 답했다. 그러자 그들 중에 가장 연장으로 보이는 사람이 말했다.

“오시느라고 수고 하셨습니다. 그리고 오늘의 이 경사를 축하 드리며, 이런 경사스러운 자리에 함께 하게 된 것을 무한한 기쁨으로 생각합니다.”

“아, 예. 감사합니다. 그렇지만 저는 잘 모르고 그냥 따라온 것뿐입니다.”

예기치 못한 너무나 깎듯한 축하인사에 순영은 다소 당황하였다. 유평은 그런 상황에는 아랑곳 하지 않고 한 쪽에 열려 있던 조그마한 방의 문을 조용히 닫았다. 그 방은 얼핏 보기에 그냥 빈 방이었다. 유평은 잠시 눈을 감고 정신을 집중하는 듯 하더니 문을 조심스럽게 열고 순영을 데리고 그 안으로 들어갔다.

순영은 깜짝 놀랐다. 그곳은 조금 전의 작은 방이 아니었다. 무릉도원이 있다면 바로 여기가 아닐까 생각했다. 파란 하늘, 푸른 초원, 맑은 물, 시원한 바람, 형형색색의 꽃 무엇 하나 마음에 들지 않는 것이 없었다.

"여기가 바로 내 마음 속이요. 그러니까 당신은 지금 내 마음 속에 들어와 있는 거요. 무엇보다도 이렇게 내 마음을 당신한테 송두리째 보여줄 수 있게 되어 기쁘오."

순영은 이제까지 들어 본 적도 없고 상상조차 해본 적이 없는 일이 자신에게 일어난 것에 대해 놀랍고 기뻤으며 남편인 유평에게 고맙기 그지 없었다. 세상에 무엇 하나 부러울 것이 없이 행복했는데, 이런 생각할 수 없는 일까지 경험을 하게 되니 이제 죽어도 여한이 없겠다고 생각했다.

그러다가 '아, 이러다가 정말 죽는 것 아닐까' 하는 생각에 정신이 번쩍 들었다.

"응원은 아직 엄마가 필요한 나이고 나도 응원을 두고 죽고 싶지는 않은데 왜 이렇게 죽음을 생각할까? 더구나 아직 젊고 신혼이고 남편을 사랑하고 남편도 나를 이렇게 사랑하는데……"

도무지 알 수 없는 불안한 마음에 잠자코 유평을 바라 보았다. 유평은 순영의 마음을 아는지 모르는지 그저 미소만 짓고 있을 뿐이었다.

17. 이별(2)

여행에서 돌아오는 길에 순영은 만감이 교차했다. 그것은 여행을 떠날 때 느꼈던 벅찬 기대와 흥분과는 완전히 반대되는 부담스럽고 무거운 느낌이었다. 그런 상상할 수조차 없었던 새롭고 신비한 세상을 보는 순간은 분명 환희의 절정이었다. 세상에 나 같이 복 많은 사람이 또 있을까 하는 생각과 함께 이제 죽어도 여한이 없다는 생각도 했다. 그러나 돌아오는 내내 뇌리를 떠나지 않는 것은 어떻게 내게 이런 과분한 행운이 올 수 있었을까 하는 것이었다.

순영은 여행에서 돌아온 이후에도 내내 그 생각에서 벗어나질 못했다. 분명 더 바랄 나위 없이 행복한데, 그것이 부담이 되었고 그 부담감이 점점 더 순영을 괴롭히고 힘들게 하고 있었다. 편하게 생각하자고 내가 잘못한 것은 없지 않느냐고 해도, 그러면 그럴수록 순영의 마음은 더욱 불편해지고 뭔가 죄를 짓고 있는 듯한 마음만 가득 찼다.

급기야 순영은 병을 얻었다. 무슨 병인지도 알 수 없는 병이었다. 증상도 다양해서 열이 겁이 날 정도로 몹시 오르는가 싶다가 체온이 갑자기 뚝 떨어져 저체온증이 되는가 하면, 불면증에 며칠 밤을 뜬 눈으로 지새우다가 반대로 며칠씩 깨어날 줄을 모르고 잠만 자기도 했다. 어떤 날을 머리가 아파 종일 어쩔 줄 몰라 하고, 어떤 날을 가슴이 아파 견디지 못해 했다. 그 중에서도 가장 심한 증상은 역시 열이었다. 열이 오를 때는 한 없이 올라 온 몸이 불타오르는 것처럼 붉게 물들었다. 다른 사람이 손을 대면 화상을 입을 정도였다. 그렇게 열이 오를 때 순영의 고통은 말로 표현할 수 없을 정도였다.

병원에서도 진단을 내리지 못하고 처음 보는 증상이라고 더 큰 병원을 소개만 할 뿐이었다. 그러나 소개를 받고 찾아간 병원도 대답은 마찬가지였다. 온갖 검사를 다 해도 결론은 항상 모르겠다였다.

현대 의학으로도 치료는 커녕 원인조차 밝히지 못하는 상황이 되자, 유평은 스스로 해결하기 위해 백방으로 알아보고 온갖 수단을 동원하기 시작했다. 그러나 그 역시 큰 도움이 되지 못했다. 유평은 아내의 병도 고치지 못하는 자신의 무능을 자책하는 것 이외에 별달리 할 수 있는 일이 없었다.

한 가지 특이한 것은 그렇게 고통스러운 가운데에서도 순영은 정신만은 아주 말짱하다는 것이었다. 말짱할 정도가 아니라 아프기 전보다 오히려 더 맑고 총기가 더 했다. 유평이 기억하지 못하는 세세한 것까지 순영은 기억하고 있었다. 그 뿐 아니라 약속이나 가족 행사와 같은 것도 하나도 빼지 않고 챙겼다.

병은 점점 더 깊어갔다. 증상이 심할 때는 순영 본인은 물론이고 순영을 바라보는 가족들까지도 괴로움에 진저리를 쳤다. 그러면서도 순영은 차차 자신의 병에 적응을 해 갔다. 아프면 아픈 대로 힘들면 힘든 대로 피할 수 없으면 즐기겠다는 태도인 것 같았다. 순영은 더 이상 통증을 두려워하거나 힘들어하지 않게 되었다. 오히려 고통이 심할수록 미소를 잃지 않았다. 속을 모르는 사람들은 이제 나은 것 아닌가 하고 착각할 정도였다.

그러나 병은 더 심해질 뿐이었다. 다만 병이 심해지면 심해질수록 순영의 고통에 대한 인내심도 그만큼 더 커졌다. 그리고 무엇보다도 순영에게 힘이 되고 위로가 되는 것은 병의 원인이 무엇인지 알게 되었다는 것이었다. 그것은 한 마디로 너무 행복해서 생긴 병이었다. 물론 순영 자신의 일방적인 진단이긴 하지만, 순영은 자신의 진단이 틀림없다고 확신하고 있었다. 과유불급이라고 했던가? 아무리 좋은 것도 지나치면 부족함만 못하다는 것은 예외가 없는 것 같았다. 너무나 행복해서 순영 자신이 감당할 수 없는 지경에 이르게 된 것이었다.

순영은 자신의 상황을 있는 그대로 받아들이기로 마음먹었다. 그리고 나니 마음이 한결 편해지고 고통도 덜해지는 것 같았다. 이 세상에 자기와 같이 행복에 겨워 아픈 사람은 없을 거라는 자부심 아닌 자부심도 가지게 되었다.

순영은 이 병이 낫지 않을 것이라는 것을 감지했다. 시간이 얼마 남지 않았다는 것도 알았다. 그러나 그다지 슬프지 않았다. 오히려 기쁘게 갈 수 있을 것 같았다. 여기서 뭘 더 바라겠는가? 남편 유평과의 너무나 짧은 결혼 생활이 아쉬울까? 전혀 아니었다. 시간에 관계 없이 순영과 유평은 더 바랄 나위 없는 결혼 생활을 만끽했다. 순영은 유평과 결혼한 것만으로도 아니 유평을 만난 것만으로도 더 이상 바랄 것이 없다고 생각했다. 어린 응원을 두고 가는 것도 큰 문제는 아니었다. 어린 응원에게 아직은 엄마가 필요할지 모른다. 그러나 엄마가 없어도 응원은 잘 자랄 것이 틀림없다. 생각이 여기에 이르니 마음이 그렇게 평온할 수가 없었다. 마음수련을 하면 바로 이런 마음의 평화를 얻는 것이 아닌가 하는 생각도 했다.

"이제 갈 때가 된 것 같아요. 그 동안 고마웠어요."

순영의 이 말에 유평은 두 손을 꼭 쥔 채 그저 바라볼 뿐이었다. 할 말이 없는 것은 아니었지만, 굳이 말을 할 필요도 없었다. 둘은 말을 하지 않아도 서로의 마음을 너무나 잘 알고 있었던 것이다.

그렇게 순영은 유평과 응원의 곁을 떠나갔다. 슬픔을 이기고 기쁘게 떠났고, 또 그렇게 보냈다. 누군가와 이별을 한다는 것, 그것도 사랑하는 사람과 영원히 이별을 한다는 것이 얼마나 괴로운지 경험을 해 보지 않고는 알지 못할 것이다. 경험을 해 보지 않고 아는 것은 마치 사랑을 책으로 아는 것과 별반 다르지 않을 것이다. 유평도 오랜 기간에 걸친 마음수련을 통해 인간사의 희로애락을 모두 알고 또한 그 모든 것을 극복했다고 생각했으나 막상 실제로 겪어보니 그게 아니었다. 유평은 순영과 만나면서 피상적으로만 알았던 세상을 몸소 체험하고 새롭게 배웠다. 그러나 무엇보다도 이별을 통해 순영은 유평에게 큰 가르침을 주었다.

순영이 없는 도시는 유평에게 더 이상 의미가 없었다. 순영의 장례를 마치고 유평은 그 동안 정들었던 도시와도 이별을 고했다. 이제 아장아장 걷기 시작한 응원을 데리고 정처 없이 길을 떠났다. 아내 잃고 엄마 없는 어린 딸을 데리고 떠나는 모습은 서글프고 처량하기 짝이 없어 보였다.

그러나 꼭 그런 것만은 아니었다. 순영과 마찬가지로 유평은 이미 한 순간에 그 모든 것을 극복하고 있었다. 더구나 유평에게는 응원이 있었다. 유평에게 응원은 순영의 화신이기도 했다. 응원을 보고 있으면 순영이 살아 돌아온 듯한 환상에 빠져들곤 했다.

이별은 또 다른 시작이기도 하다. 이별이 있기에 새로운 만남이 있고, 그 만남은 또다시 이별로 이어진다. 언제인지를 몰랐을 뿐 순영과의 이별도 만날 때부터 정해져 있었고, 응원과도 언젠가는 어떤 형태로든 이별을 하게 될 것이다. 그러니 새삼스럽게 이별을 슬퍼할 이유는 없다고 유평은 생각을 되뇌었다.

18. 청학국사

일범과 응원을 만나고 난 후 청학의 삶은 완전히 변했다. 이전까지 학문을 탐구하는 연구자요 도를 닦는 구도자였다면, 이제부터는 모든 세상 이치를 깨우친 석학이요 선지자가 된 것이다. 이제까지도 자타가 공인하는 도인이었지만, 지금과는 차원이 달랐다. 과거에는 겨우 걸음마를 막 떼기 시작한 어린아이 수준이었다면 지금은 최고 수준의 육상선수 급이라고나 할까?

청학 자신도 처음에는 자신의 능력이 전혀 믿기지 않았다. 그러나 시간이 지남에 따라 스스로를 인정하기 시작했다. 그럴 수 밖에 없는 것이 그 동안 그렇게 알고자 했지만 답을 찾지 못해 애를 태우던 문제들이 완전히 해결 되었기 때문이다. 평생 걸려도 나올 것 같지 않던 해답이 너무나 선명하게 눈 앞에 펼쳐졌던 것이다.

청학은 찾아오는 손님들에게도 본인이 터득한 바를 전하기 시작했으며, 그 얘기를 전해 들은 사람들 역시 전과는 전혀 다른 반응을 보였다. 전에는 고개를 끄덕이거나 박수를 치는 정도였다면, 이제는 큰절을 올리거나 기쁨의 환호성을 지르는 등 격한 공감과 지극한 존경심을 나타냈다.

청학의 한 마디 한 마디는 듣는 이의 심금을 울렸으며, 그 어느 누구도 실망시키지 않았다. 청학의 소문은 꼬리에 꼬리를 물었으며, 정심원은 밤낮을 가리지 않고 찾아오는 사람들로 인산인해를 이루었다. 청학은 급한 대로 정심원 인근 넓은 공터에 야외 집회장을 만들고 시간을 정해 방문객을 맞이했다. 날마다 오전, 오후, 저녁 세 차례에 걸쳐 강연을 했는데, 이것은 보통 강행군이 아니었다. 한번 강연을 시작하면 보통 세 시간 이상 걸리기 때문에, 하루 세 번 강연은 결국 하루 종일 쉴 틈 없다는 것을 뜻했다. 청학은 초인적인 정신력으로 버텼지만 그도 체력에는 한계를 느끼고 있었다.

그럴 즈음 청학에게 새로운 제안이 들어왔다. 방방곡곡에서 청학을 연사로 초청한 것이다. 초청에 응하면서 강연 시간은 자연스럽게 줄어들었다. 그러면서도 강연을 듣는 청중 수는 전보다 훨씬 많아졌다. 한번에 모이는 인원이 전보다 몇 배 늘어났기 때문이다.

청학의 강연은 분야를 가리지 않았다. 사상이나 철학은 말할 것도 없고, 정치와 과학, 문학과 예술 등 청중이 원하는 것이면 무엇이든 강연의 주제가 되었다. 그리고 청학의 강연은 말로만 그치지 않았다. 필요에 따라 직접 보여주기도 하고 실험을 하기도 하였다. 사람들은 서서히 청학은 모르는 것이 없는 사람으로 인식하기 시작했으며, 미래를 예측할 뿐 아니라 미래를 개척할 수도 있을 것이라고 생각하기에 이르렀다. 이것은 결코 실제 이상의 과한 평가가 아니었으며, 그럴 만한 근거도 있었다.

어느 곳에선가 사람이 날 수 있겠느냐는 질문을 받았다. 청학은 그 자리에서 불을 피우고 연기를 만들어 기구를 띄웠다. 처음에는 개나 고양이 같은 가축을 태워서 올렸지만 곧이어 사람도 태웠다. 이를 본 사람들은 이 역사적인 장면에 흥분을 감추지 못했지만, 청학은 이에 그치지 않았다. 나무로 글라이더를 만들어 날려 보이면서, 언젠가 미래에 과학이 발달하면 비행기를 타고 날아다닐 수 있게 될 것이라고 단언하였다.

이 소식은 그 당시 왕이었던 정원에게도 전해졌고, 정원은 즉시 청학을 불렀다. 청학이 궁으로 들어가 알현하자, 정원은 청학을 극진히 맞았다.

“청학 선생의 높은 명성은 이미 듣고 있었습니다만, 이제야 모시게 되었습니다. 부디 이 나라 발전을 위하여 고견을 아끼지 말아주시기 바랍니다.”

“대왕의 선정이야말로 모르는 사람이 없을 것입니다. 지금 이대로 더 이상 바랄 바가 없을 것으로 보입니다만, 국정에 도움이 되었으면 하는 몇 가지를 말씀 드리겠습니다. 우선 앞으로 인구가 늘어날 것에 대비해야 할 것입니다. 현재 해마다 5 퍼센트 이상의 인구증가율을 보이고 있습니다. 이 같은 추세로 인구가 늘어난다면 불과 10년 이내에 현재 인구의 1.5배가 될 것이며 15년 이내에 2배가 될 것입니다. 그런데 인구증가율 자체도 5 퍼센트에 머무르지 않고 계속 가파르게 올라갈 것이기 때문에 인구도 그만큼 더 빠르게 늘어날 것입니다. 인구의 증가는 의학의 발전과 밀접한 관계가 있습니다. 의학이 계속 발전함에 따라 사망률이 그만큼 줄기 때문입니다. 또한 평균수명이 늘어나는 것도 인구증가의 원인이 됩니다. 인구가 늘어나게 되면, 그에 맞는 도시계획이 필요하게 됩니다. 도로와 주택은 기본이고 공공기관 및 상가, 병원 등 생활에 필요한 시설들이 적절히 준비되어야 할 것입니다. 평균수명의 증가로 노인의 비율이 높아지기 때문에 노인에 대한 대책 또한 필요합니다. 노인은 자력으로 생활을 할 수 없으므로 국가에서 보살펴 줄 수 있어야 할 것입니다."

청학은 거침 없이 자신의 생각을 쏟아내다가 잠시 숨을 돌리며 정원의 얼굴을 바라보았다. 정원은 전혀 생각해 보지 않은 인구문제, 노인 문제 등의 얘기를 들으며 엄청난 충격을 받았다. 지금까지는 전혀 문제가 없었고 그래서 고민 한번 해보지 않았지만, 청학의 말을 들어보니 너무나도 당연한 얘기였다. 그런데, 도대체 청학은 어떻게 이런 생각을 할 수 있었으며, 자신은 왜 그런 것을 생각조차 하지 못했을까? 잠깐의 대화만으로도 청학은 정말 대단한 사람이라고 찬탄해 마지 않았다.

"과연 청학 선생의 식견은 타의 추종을 불허하시는군요. 지금 말씀하신 것만으로도 나라 일에 큰 도움이 될 것 같습니다. 그런데, 지금 당면한 과제 중의 하나가 내 뒤를 이을 왕을 정하는 일입니다. 내가 태원대왕으로부터 왕위를 물려받은 지 이미 오래 되었고 나이도 들었으니 이제는 후계를 정해야 할 것 같습니다만."

"그것에 대해서는 추천 드리고 싶은 방법이 하나 있습니다. 바로 선거라는 제도입니다. 자천 또는 타천으로 몇 명의 후보군을 정한 다음 전 국민의 투표를 통해 이 후보군 중에 가장 지지를 많이 받은 사람으로 정하면 될 것입니다. 이것은 어느 한 사람이 아닌 모든 국민이 주인이 되는 제도라고 할 수 있습니다."

청학의 제안에 정원은 놀란 입을 다물지 못했다. 선거라니, 투표라니, 어떻게 그런 발상을 할 수 있을까? 후계 때문에 그렇게 오랜 동안 고민을 했지만 찾지 못한 답을 청학은 너무도 쉽게 간단히 내놓고 있지 않은가?

"청학 선생, 선생의 고견은 어느 것 하나 버릴 것이 없는 듯 합니다. 그래서 끝으로 간절한 청을 하나 드리니 부디 물리치지 말아 주십시오. 앞으로 제 곁에 머물면서 저를 도와 주시기 바랍니다."

뜻 밖의 제안이었고 전혀 원하는 바가 아니었지만, 청학은 도저히 정원의 청을 뿌리칠 수가 없었다. 그 눈빛이 워낙 간절했기 때문이다. 그리고 속세의 일을 한번 해보는 것도 나쁘지는 않겠다고 생각했다.

"대왕의 뜻이 그러하오니 미력하나마 힘 닿는 데까지 최선을 다 해보겠습니다. 그러나 제가 떠나고 싶을 때는 언제나 떠날 수 있도록 약속하여 주시기 바랍니다."

정원은 기뻤고 기꺼이 청학의 조건을 들어 주었다. 이로써 청학은 궁에 머물게 되었고 나라의 스승 즉 국사로 불리게 되었다. 바야흐로 청학국사의 시대가 열리게 된 것이다.

19. 복수

청학은 국사가 되자마자 대대적인 개혁 작업에 착수하였다. 먼저 왕에게 모든 권력이 집중되어 있던 것을 입법, 행정 및 사법의 삼권으로 분리하여, 어느 한 개인이나 집단이 권력을 독점할 수 없도록 제도화하였다. 또한 입법, 행정, 사법의 수장은 직접 선거로 선출함으로써, 민주화의 기틀을 확립하였다.

청학의 개혁은 정치제도에만 머물지 않았다. 경제와 과학, 교육, 문화, 복지 및 보건에 이르기까지 사회 전 분야에 걸쳐 혁신적인 안을 제시하고 직접 진두지휘하여 그 안을 실현하였다. 청학이 추진한 일은 거의 모두 대대적인 성공을 거두었다. 그럴 수 밖에 없는 것이, 이전 세상의 경험을 대부분 기억하고 있는 데다 모든 일을 사심 없이 공명정대하게 처리했기 때문이다.

청학은 권력이나 재물, 또는 명예 따위에 욕심이 없었기 때문에, 옳다고 생각하는 바를 추호도 거리낌 없이 추진하였으며, 그 결과 또한 괄목할 만 하였다. 세상 이치를 터득할 만큼 터득한 터라 그 어떤 것에도 흔들리거나 현혹되지 않았으며, 이렇게 한 세상 보내겠구나 하고 생각했다.

아닌 게 아니라 청학이 국사로 있는 수십 년간 태평성대는 계속되었다. 그 사이 몇 차례의 선거가 있었고 그 때마다 입법, 행정,

사법의 수장들은 계속 바뀌었지만, 국사의 자리는 신성불가침과도 같았으며 거의 종교처럼 여겨질 정도였다. 청학은 항상 마음을 비우고 자리에 연연한 적이 한번도 없었지만, 아무리 정치지도자가 바뀌고 시대가 변하여도 국사만큼은 변함 없이 청학이 추대되었던 것이다. 청학은 한 마디로 온 국민의 존경과 사랑을 한 몸에 받았다.

새파란 나이에 국사가 된 청학은 어느 새 중년을 넘어 노년에 접어들게 되었다. 청학은 그 동안 한결 같이 국가와 국민을 위하여 몸과 마음을 오롯이 바쳤다. 그 사이 청학의 머리는 반백이 다 되었으며, 체력도 서서히 떨어져 갔다. 또한 체력이 떨어져 감에 따라 마음도 함께 지쳐가고 있었다. 수십 년을 쉼 없이 달려 온 터라 몸도 마음도 지쳐버린 것이다. 특히 몸보다도 마음이 훨씬 더 지쳐 있었다.

청학은 몸도 마음도 쉬고 싶었고 그런 마음이 듦과 동시에 서서히 나태해 지기 시작했다. 처음에는 눈에 띄지 않는 정도였고 청학 자신도 대수롭지 않게 생각했다. 그러나 차차 정도가 심해져 청학을 가까이 하는 사람들 입에서 국사께서 왜 저러시지 하는 말들이 흘러 나오기 시작했다.

그런 즈음에 청학은 이상한 병까지 얻게 되었다. 그것은 일종의 종기였는데, 일반 종기와는 사뭇 달랐다. 우선 크기가 어린 아이

손바닥 정도로 컸으며, 한번 생긴 종기는 벌겋게 성을 내고 있어 좀처럼 가라앉을 기미를 보이지 않았다. 게다가 더 기가 막힌 것은 종기 모양이 사람 얼굴을 하고 있다는 것이었다. 눈, 코, 입, 귀가 그대로 있는 데다 심지어 말까지 했다. 가장 힘든 것은 그 종기가 말을 할 때마다 말로는 표현할 수 없을 정도의 극심한 고통이 따른다는 것이었다.

처음에는 무릎 부위에 하나가 생기더니 점차 여기저기 늘어나 견딜 재간이 없었다. 전국의 명의란 명의가 다 모여 치료를 해 보았지만 백방이 무효였다. 수술까지 시도해 보았지만 생살을 도려내는 것과 다를 바 없을 뿐 아니라, 종기들이 소리를 질러 대고 수술 해 봐야 다시 나오게 될 거라고 엄포를 놓는 바람에 의사들도 겁이 나 손을 댈 수가 없었다. 청학의 병환 소식은 삽시간에 전국으로 퍼져 나갔으며, 국가적으로 가장 큰 걱정거리가 되었다.

청학은 누울 수도 앉을 수도 없었으며, 그렇다고 서 있을 수도 없었다. 종기들은 그 어떤 경우에도 시비를 걸었다. 서 있으면 왜 서 있느냐고, 걸으면 왜 걷느냐고 사사건건 시비를 걸었다. 시비를 건다는 것은 말을 한다는 것이고, 말을 한다는 것은 바로 죽음과 같은 고통이 뒤따른다는 것을 의미했다. 청학은 날로 병약해 갔으며 죽을 날만 기다리는 처지가 되었다. 차라리 지금 당장 죽고 싶다는 생각이 뇌리를 떠나지 않았다. 너무나 고통스러워 이제는 정말 어떻게든 죽어야겠다고 마음을 먹는 순간, 종기들이 입을 열었다.

"왜, 이제 더는 못 견디겠어? 그래서 죽으려고?"

청학의 속마음을 꿰뚫어 보는 듯이 비웃으며 물었다.

"그래, 알면서 뭘 묻나. 나야 죽는 게 두렵지는 않으나, 도대체 왜 이런 고통을 받아야 하는지 죽더라도 그거나 알았으면 좋겠다."

청학이 마지막 남은 기력을 다하여 말했다. 그러자 대장 격인 무릎에 있는 종기가 말했다.

"그래, 오랫동안 잘 참았으니 이제는 얘기를 해 줘야겠군. 당신은 기억을 못하겠지만 아주 오래 전 우리는 당신 때문에 억울한 죽음을 당한 사람들이야. 그 당시 우리는 한 나라의 장군들이었지. 당신은 정승이었고. 그런데 이웃 나라에서 쳐들어와 전쟁을 하게 되었지. 이웃 나라는 병력이 막강하여 우리는 도저히 승산이 없었어. 그래도 우리 장군들은 끝까지 싸울 것을 주장했어. 물론 결국은 질 거라는 것을 모르는 바는 아니었지만, 마지막 한 사람까지 죽기로써 싸우는 것이 당연한 도리라고 생각했지.

그러나 당신 생각은 달랐어. 무의미한 싸움으로 많은 희생을 치르는 것보다, 화친을 하는 것이 낫다고 주장했어. 그러기 위해서는 상대국에 뭔가 화친의 징표를 보내야 하는데, 항전을 주장하는 일곱 명의 장군 목을 바치면 해결될 것이라는 안을 내놓은 거야. 나라와 백성의 안위를 위해 우리 일곱 명을 희생시키자는 것이었지. 그 바람에 우리는 어쩔 수 없이 목이 잘려 이웃 나라에 바쳐진 거야. 그것으로 전쟁은 끝이 났지만 우리는 구천을 떠돌며 복수를 다짐했지.

그러나 복수는 쉽지 않았어. 왜냐하면 당신은 그 일을 겪고 난 후 나름대로 반성을 하고 수련을 닦기 시작했기 때문이야. 워낙 열심히 또 꾸준히 했기 때문에 우리가 공격을 할 틈을 주지 않았어. 그래서 우리도 서서히 지쳐갈 무렵, 드디어 당신에게 틈이 생겼지. 바로 최근 당신이 나태해져 마음이 풀어진 틈을 우리가 이렇게 공격을 할 수 있게 된 거지.

사실 우리의 복수심도 세월과 함께 많이 사그라졌고, 당신도 긴 세월 동안 좋은 일을 많이 했을 뿐 아니라, 우리에게 사감이 있어서 그런 것도 아니니 이런 정도로 복수는 끝내려고 해. 그 동안 고생 많았고 이제 서로 너무 미워하지 않았으면 해. 우리도 꼭 이러고 싶었던 건 아니니까. 우리가 이제까지 지켜봤지만 당신은 참 바르게 살았어. 그건 인정하고 존경해. 앞으로도 계속 그렇게 잘 살기 바라고, 우리도 이제 우리 나름대로 열심히 살 거야. 그럼, 이만 작별하자고."

말이 끝나기가 무섭게 종기들을 거짓말처럼 사라져 버렸다. 청학은 긴 악몽 속에서 깨어난 기분이었다. 그러나 그 악몽은 워낙 충격이 커서 쉽게 잊혀질 것 같지는 않았다. 또한 까마득한 옛날 기억조차 할 수 없는 일까지도 내가 지은 업은 언제고 결국은 나에게 돌아오고 만다는 이치를 새삼 뼈저리게 느꼈다. 그러면서도 한편으로는 오랫동안 미뤄온 숙제를 해버린 것 같은 후련함으로 마음은 한결 가벼워졌다. 원로 국사의 건강을 걱정하던 국민들도 소리 높여 만세를 불렀다.

청학은 이제 물러날 때가 되었다고 생각했다. 쉬기 위해서가 아니라 또 다른 일을 위해서, 또 다른 인생을 위해서. 청학은 편하게 지낼 수 없는 운명이었고, 누구보다도 청학 자신이 그것을 잘 알고 있었다. 모든 사람들이 아쉬워하고 간곡히 만류를 했지만 청학의 결심은 요지부동이었다. 청학의 결단이 돌이킬 수 없음을 알게 된 사람들은 결국 청학의 앞날을 축복하며 환송해 주었다. 이로써 청학의 시대는 대단원의 막을 내리게 되었다.

20. 재회

청학을 만나고 난 후 일범과 응원은 다시 종전과 다름 없는 평범한 일상 속으로 돌아왔다. 겉으로 달라진 것은 전혀 없었으나 속으로는 너무나 많은 심경의 변화가 있었던 것은 물론이다. 특히 응원은 청학과의 만남이 도저히 믿기지 않아 꿈과 현실을 구별하지 못할 정도의 정신적 혼란과 충격을 겪지 않을 수 없었다.

그러나 이번 경험은 부정적인 면보다는 긍정적인 면이 훨씬 더 많았다. 그 동안 알고 있었던 것, 안다고 생각했던 것들에 대한 선입견을 없애고 새로운 혜안을 가지게 되었던 것이다. 이제 일범과 응원은 어제의 그들과는 차원이 다른 사람이 되어 있었다.

마음수련원은 여전히 개점 휴업 상태였다. 다만 단원들이 교대로 지키기만 하는 수준으로 유지되고 있었다. 그러나 정심단원들은 오히려 전보다 더욱 돈독하게 연락을 주고 받으며 정보를 교환하고 사건을 처리하며 향후 계획을 추진했다. 그 중 핵심 단원들은 간간히 만나기도 하고 일범 부부를 찾아 오기도 했다. 그러다 보니 자연스럽게 일범의 본가는 정심단원들의 아지트가 되었다. 일범의 본가는 평범하고 아주 흔해 보이는 작은 집이었지만 모임에 불편함을 느끼지 못했다. 오히려 아늑하고 편했다. 굳이 깊은 산속에 들어가야 할 이유가 있나 하는 생각이 들 정도였다. 그만큼 정심단은 장소가 문제되지 않았다.

그러던 중 반가운 일이 생겼다. 응원이 뜻 밖에 임신을 했던 것이다. 다소 지루하리만치 조용했던 정심단으로서는 오랜 만의 사건이자 경사였다. 단원들은 모두가 자신의 아이라도 되는 양 들떠서 하루하루 날을 꼽으며 응원의 출산을 기다렸다.

드디어 기다리고 기다리던 날이 되어 응원은 사내아이를 낳았다. 아이의 이름은 항선이라 지어졌다. 항선의 출생은 정심단에도 새로운 활력을 불어넣는 계기가 되기에 충분했다. 무엇보다도 흩어져 있던 단원들이 마음수련원에 다시 모이게 되었다. 그 동안 제대로 만나지 못하여 꼭 필요한 것 이외에는 제대로 얘기할 수 없었던 단원들은 그간의 밀렸던 회포를 풀면서 즐거운 시간을 즐겼다. 물론 겉으로는 전혀 떠들썩한 분위기가 아니었다. 원래 시끄러울 이유도 없었지만 지난 번 사건도 있고 해서 각별히 주의를 하였기 때문이다.

그나마 다소 들떴던 분위기도 시간이 지남에 따라 잠잠해져 갔다. 수련원은 사람들이 없을 때나 다름이 없을 정도로 항상 조용했다. 오로지 항선의 웃음소리만이 때때로 고요함을 깨뜨렸다. 항선은 누구를 보더라도 웃고 즐거워했다. 그런 항선은 모든 사람들에게 기쁨을 안겼다.

항선은 자라면서 수련원의 마스코트이자 주인공이 되었다. 사람들은 진인인 일범보다 항선 보기를 더 원했다. 누구나 항선을 보면 세상 모든 걱정 근심이 사라지고 마음이 평안해짐을 느꼈다. 항선은 항상 유쾌하고 활발했다. 하루 종일 수련원 곳곳을 누비고 다녔다. 넘어져 무릎을 다치고 이마가 깨져도 개의치 않았다. 피가 나고 아파도 울지 않았다. 항선의 눈에 비친 세상은 그저 아름답고 신기한 듯 했다. 항선은 한번 관심을 가지면 호기심이 완전히 풀릴 때까지 눈을 떼지 못했다. 궁금증이 오늘 풀리지 않으면 내일이고 모레고 풀릴 때까지 관찰을 계속하는 집념을 보였다. 특히 항선은 사람들을 좋아했다. 처음 본 사람도 항선은 낯설어 하는 법이 없었다. 어린아이가 먼저 환하게 웃으며 다가오니 그 웃음에 넘어가지 않을 사람이 없었다.

그렇게 세월이 흘러 몇 년이 지나갔다. 그 몇 년은 계절의 변화를 빼고는 달라진 것이 없이 조용했다. 한 가지 유일한 변화가 있다면 항선의 성장이었다. 단원들 모두 항선이 자라는 것만 보면서 세월을 보냈다. 특별히 하는 일도 없이 무료한 듯 보냈지만 그래도 불만은 없었다. 마음이 맞는 동지들과 같이 생활한다는 것만으로도 그들은 행복했다. 더구나 항선의 자라는 모습을 보는 것은 크나 큰 낙이었다. 사람들은 특별할 것 없이 혼자인 듯 함께 사는 이곳이 천국이요 낙원이 아닐까 하는 생각을 하고 있었다.

일범과 응원도 같은 생각이었다. 그 동안 보통 사람들은 도저히 상상조차 할 수 없는 엄청난 것들을 체험해 본 그들이지만 지금처럼 마음이 평화롭고 행복한 때는 없었던 것 같았다. 더도 덜도 말고 지금같이만 살았으면 하는 생각도 들었다. 그런 생각이 드는 이유는 뭘까? 문득 일범은 그런 의문이 생겼다. 어찌 보면 무료하기 짝이 없는 따분한 생활의 연속이었고, 특별히 하는 일도 없었기 때문이다.

그러다가 문득 응원과 눈이 마주쳤다. 응원도 이심전심이었다. 서로의 눈을 마주보며 생각을 이어가던 둘의 눈은 약속이나 한 듯 자연스럽게 마당에서 뛰어 놀고 있는 항선에게로 돌아갔다. 한참을 그렇게 바라보던 둘은 역시 약속한 것처럼 고개를 끄덕이며 미소 지었다. 그것은 단순히 항선의 노는 모습이 귀엽고 대견해서가 아니었다. 인생의 가장 큰 기쁨과 행복은 역시 단란한 가족 속에 있었다. 그 어떤 부귀영화도, 그 어떤 큰 깨달음도 가족과 함께 하는 행복을 넘어서거나 대신할 수는 없었던 것이다. 그토록 귀하게 생각하고 존경의 대상이 되게 한 마음의 문도 마찬가지였다. 그 모든 것을 다 합해도 가족과는 견줄 수가 없었다.

역시 행복은 작고 소박하고 가까운 곳에 있었다. 그것을 이해하고 인정하는 순간, 일범과 응원은 이제까지 경험해보지 못한 벅찬 환희와 희열을 느꼈다. 참으로 오랜 수련과 역경을 헤치고 얻은 결론이어서 더욱 그랬다. 그러나 한편으로는 다소 허무하기도 했다. 가까운 길을 너무 돌아온 것 같았기 때문이다. 마치 지척을 두고 지구를 한 바퀴 돌아서 온 느낌이라고나 할까? 어쨌거나 결론은 화목한 가정이야말로 행복의 극치라는 것이었다.

이런 상념에 잠겨 있는 그들 앞에 언제 왔는지 항선이 서 있었다.

"아버지 어머니는 무슨 생각을 그렇게 하고 계세요? 제가 오는 것도 모르고요."

항선이 장난기 가득하게 씩 웃으며 물었다. 항선은 천진난만한 어린아이면서도 때로는 세상 이치를 다 아는 어른 같은 면모를 보이기도 해서 사람들을 깜짝 놀라게 하곤 했다. 입을 떼기 시작하면서부터 누가 가르친 것도 아닌데 부모에 대한 호칭도 아빠 엄마가 아닌 아버지 어머니를 사용했다.

"아, 항선아. 그냥 이런 저런 생각을 좀 하느라고 네가 오는 것도 몰랐구나. 그래, 무슨 할 얘기라도 있니?"

응원이 자세를 고쳐 앉으며 다정하게 말했다. 일범도 덩달아 자세를 고쳤다.

"그렇지 않아도 오늘은 두 분께 드릴 말씀이 있어요. 다름 아니라, 아버지 어머니는 저를 잘 모르시는 것 같아서요."

"우리 항선이를 잘 모르다니 무슨 말인지 잘 모르겠구나. 너는 둘도 없는 우리의 사랑스러운 아들이자 소중한 보물인데, 그것 말고 더 알아야 할 게 있다는 거니?"

응원이 의아하다는 듯이 항선과 일범을 번갈아 보며 물었다. 일범도 궁금하다는 듯 고개를 갸웃거렸다.

"하하하, 그러게요. 저도 망설였는데, 오늘은 말씀을 드리고 싶네요. 청학을 기억하시죠?"

항선은 여전히 웃고 있었지만 웃음 뒤에는 자못 진지함이 배어 있었다. 청학이라면 마음 세계에서 만났던 청학도인 말인가? 그 청학도인을 항선이 어찌 알까? 일범과 응원은 소스라치게 놀라며 빙긋이 웃고 있는 항선의 얼굴을 뚫어져라 바라보았다. 그리곤 잠시 후 놀란 입을 다물지 못한 채 서로를 바라보았다. 그 미소는 지금도 생생히 기억되는 바로 청학도인의 미소였다. 응원의 눈에는 그리도 잊지 못하던 아버지 소유평의 미소이기도 했다. 셋은 묵묵히 서로의 손을 잡았다. 그리고 미동도 하지 않은 채 그대로 있었다. 한참을 지나 응원이 환하게 웃으며 들릴 듯 말 듯 낮은 목소리로 중얼거렸다.

"이렇게 오실 줄은 몰랐죠. 아버지."

마음의 문

저자_ 신경호
편집 및 발행처_ 구로피엔피(주)
발행일_ 2019년 12월 31일
주소_ 서울시 금천구 가산디지털 1로 142 더스카이밸리 1차 918호
전화_ 02-869-1281~3
팩스_ 02-869-1284
인쇄_ 아주프린텍

책값_ 15,000